谈学品教

初中数学教与学的创新实践

黄金雄 / 著

北京燕山出版社
BEIJING YANSHAN PRESS

图书在版编目（CIP）数据

谈学品教：初中数学教与学的创新实践 / 黄金雄著
.—北京：北京燕山出版社，2021.12
ISBN 978-7-5402-6185-6

Ⅰ.①谈… Ⅱ.①黄… Ⅲ.①中学数学课—教学研究
—初中 Ⅳ.①G633.602

中国版本图书馆CIP数据核字（2021）第180731号

谈学品教：初中数学教与学的创新实践

著　　者	黄金雄
责任编辑	李　涛
出版发行	北京燕山出版社
地　　址	北京市丰台区东铁匠营苇子坑138号C座
电　　话	010-65240430
邮　　编	100079
印　　刷	北京政采印刷服务有限公司
经　　销	新华书店
开　　本	170mm×240mm　16 开
字　　数	284千字
印　　张	15.75
版　　次	2022年4月第1版
印　　次	2022年4月第1次印刷
定　　价	45.00元

前 言

FOREWORD

2021年，是我从教的第22个年头，从青年时期靠着对教育事业的一腔热忱冲锋陷阵，到现如今对初中数学教师专业化更深刻的思考，身负“人民教师”的职责，面对“未来栋梁”的期待，我在行动中探索，只为找到更加科学的数学教学方法。

“教学研究”是在行动中沉淀的思考，在思考中推进的行动，无论是剖析现象背后的原因，还是寻找解决问题的方法，行则思不难，思则行可易，不盲行，不空想，走着！

“课例赏析”是与学生一次次精彩的成就，每每回首玩味，总觉得意犹未尽，提醒自己还可以做得更好。教学如同跳高，亦是缺憾的艺术，有生为伴，每节课都是浪漫，赏着！

“课改前沿”是戴着镣铐的舞蹈，它如此的与众不同，甚至无法用一些简单的形容词来评价它，它是我们的日常，又指导着我们的日常，它像团队的孩子，长着！

“教学创新”是冲在浪尖的眺望，这一朵是“大数据”，那一朵是“互联网+”……观赏时很刺激，采撷时很有挑战。它调皮又可爱，总是逗弄我们望向它，追着！

“课题研究”是交付自己的规整答卷，字字句句都是心血研磨，日日夜夜都期待颗粒归仓，它是千言万语，亦是无声无息，它像一个戴着方帽的学生，等待拨穗的那一刻，盼着！

谈学品教，无论哪一个字，对于我都是学府一座，不敢妄谈，只是走着、赏着、长着、追着、盼着，过好一个为师者的每一天罢了。

作 者

2021年8月28日于顺德

目 录

CONTENTS

第一章 教学研究

基于深度教学的变式问题设计与教学分析 …………………………… 2
优化例题教学，促进高效学习 …………………………………… 13
如何在“例题教学”中渗透数学思想方法 ………………………… 21
在初中函数教学中把握数形结合思想，促进有效解题 ……………… 31
项目学习《测量建筑物的高度》教学设计 ………………………… 39
深度学习视角下初中数学习题作业进阶设计策略 ………………… 52
基于深度学习的深度备课策略 …………………………………… 60
基于变式训练的中考二轮专题复习策略 …………………………… 74

第二章 课例赏析

二次函数一般式化成顶点式教学思考 ……………………………… 84
对初中数学教育开展第二课堂活动的探讨 ………………………… 89
用“公式法”解一元二次方程教学案例 ………………………… 100

第三章 课改前沿

沙滘初级中学数学科“五环建构”课堂教学模式解读 ……………… 114
沙滘初级中学数学科试卷讲评课模式 …………………………… 118

沙滘初级中学数学科“五环建构”教学模式 …… 120
数学课堂上如何做到有效展示研究 …… 126

第四章　教学创新

核心素养视角下提高初中生数学课堂参与度的思考 …… 130
基于“互联网+”的初中数学综合实践活动课教学策略 …… 138
信息技术与初中数学课堂教学深度融合 …… 150
基于线上教学的初中数学作业设计策略 …… 157
挖掘教材资源　提升数学素养 …… 164
信息技术下的初中数学可视化教学 …… 171
聚焦课堂　开拓创新　巩固落实 …… 185
求变　求新　求实 …… 192

第五章　课题研究

《初中数学例题教学的有效性探究》结题报告 …… 200
《初中数学“综合实践”课教材校本化探索与实践》结题报告 …… 208
《基于网络研修的名师工作室建设研究》中期报告 …… 219
《信息技术与初中数学课堂教学深度融合案例研究与实践》结题报告 …… 230

第一章 1 教学研究

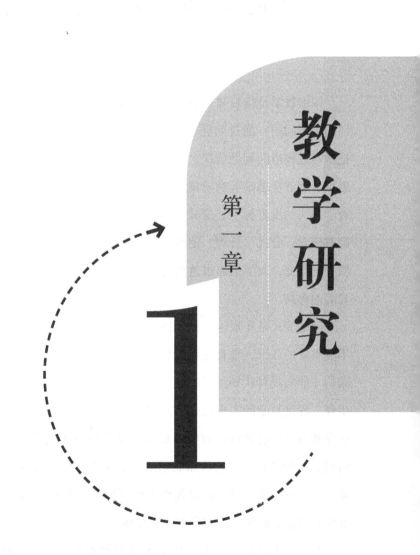

基于深度教学的变式问题设计与教学分析

深度教学是指教师在教学实践中针对表层教学的局限性，设置具有挑战性的学习问题，通过问题驱动把教学引向深处，激活学生以往的知识经验，把学习过程指向问题解决，进而促进学生认知能力、问题解决能力、批判性思维、创造性思维等高阶能力的提高。在数学教学中，变式练习则成为深度教学落实的重要抓手。变式练习，指在一定的教学条件不变的基础之上，教师对概念、公式、公理、定理等数学命题进行有目的的转化，并使它们的本质特征不变，而学生通过这些练习掌握数学本质的同时，思维能力也能得到显著的提高。

问题变式是实现深度教学的重要途径之一，唯有变化的情境才能实现对不变本质的认识，唯有变化的形式才能实现对稳定技巧的巩固，唯有变化的结构才能实现对认知图式的迁移，唯有变化的应用才能检验思维强度的真实生长。深度教学的实现也是变式训练的显著成效之一。变式训练强调教师的引导和设计，这是深度教学开展的先决条件；变式训练总是先破后立，立而再破，不断挑战已有的认知成果，这是深度教学开展的方式；变式训练需要调动学生的全面思维，这是深度教学开展的保障；变式训练具有天然的梯度和生长轨迹，这是深度教学效果的体现。

基于以上认识，笔者在教学实践中摸索出了进行变式设计的三种方法，以期达到“深度教学”的目的。

一、精研课标明方向，变式深究显厚度

《义务教育数学课程标准（2011 年版）》（以下简称《课标》）指出：“学生的数学学习内容应当是现实的、有意义的、富有挑战性的，这些内容要有利于学生主动地进行观察、实验、猜测、验证、推理与交流等数学活动。”《课标》中强调教师要激活学生对学习的好奇心和求知欲，以典型习题为本，探究一题多解，打破学生的固化认知，培养起学生多层次、多方向的发散性思维，建立数学学习的自信心，对数学有恰当的认识，养成质疑和独立思考的习惯。

初中数学学习要抓住两点——基础知识与基本技能。依据课标，教师通过变式教学抓住数学本质，精心设计变式练习，对教材的例题、练习题等进行改造，以一题多问、一题多解的设计促进学生学习，对基础知识和基本技能进行串联，既避免题海战术中的重复练习，减轻学生学业负担，又帮助学生对所学知识融会贯通，形成自己的思维体系，获取基本的活动经验，拓展学习的深度。

问题 1：已知，在 Rt$\triangle ABC$ 中，$\angle C=90°$，$AC=6$，$BC=8$，求 AB 的长。

学生先独立思考，然后小组交流，教师再指导总结，让学生明白这里重点要解决三个方面的问题：一是怎么画，二是怎么想，三是怎么写。

接着提出如下变式问题：

变式 1：（变问题）直角三角形两边长分别为 6 和 8，求斜边上的高。

变式 2：（变条件）已知直角三角形的两边长分别为 6 和 8，求第三边长的平方。

变式 3：（变背景）学校有一块长方形花圃，有极少数人为了避开拐角走“捷径”，在花圃内走出了一条“路”（如图 1 - 1 所示）。他们仅仅少走了__________步路（假设两步为 1m），却踩伤了花草。

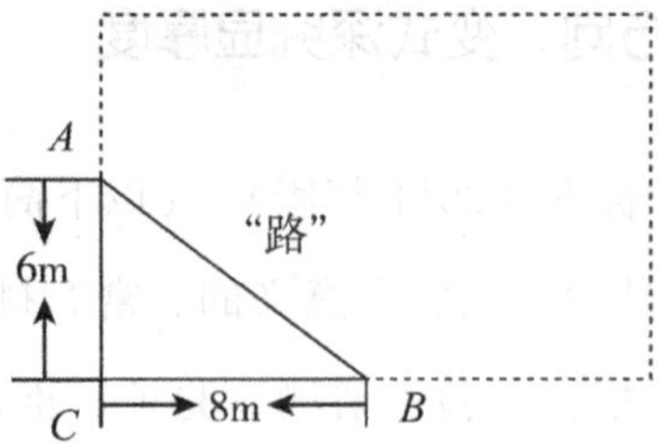

图 1－1

变式 4：（变图形）如图 1－2 所示，若点 D 在边 BC 上，将 AC 沿 AD 翻折，点 C 的对应点 C' 恰好落在斜边 AB 上，求折痕 AD 的平方。

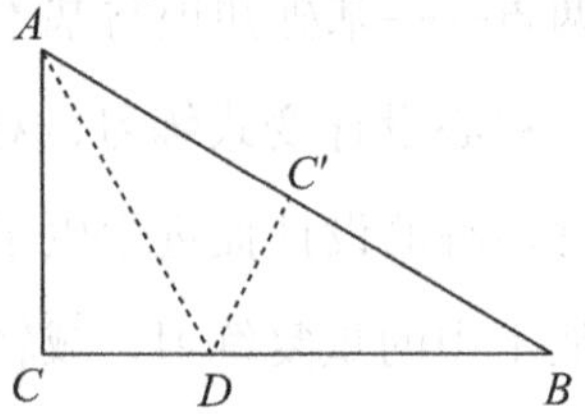

图 1－2

学生有了问题解决经验，在三个“怎么”方向的指引下，学生独立探究之后，师生共同互动研讨，形成了本节课探究的高潮，培养了学生的“四基四能”，较好地发展了学生的探究能力与创新能力。

教学分析：这是一组涉及勾股定理的变式问题。对于勾股定理的教学，《课标》中指出，要能“探索勾股定理及其逆定理，并能运用它们解决一些简单的实际问题”。案例中，原问题是直接运用勾股定理求斜边，但没有给出图形，目的是让学生首先对图形进行操作，树立画图意识，培养画图分析习惯。变式 1 在原问题基础上又向前迈了一步，传递给学生一个信息，面积法也是求线段长的有效方法；变式 2 要求学生学会审题，要能读出与原问题条件中不同的地方，进而运用分类讨论将问题解决，并让学生明白分类讨论的原因及方法；变式 3 将数学问题迁移到生活中，培养学生运用问题的能力，体现转化的数学思想，同时渗透数学育人的功能；变式 4 是化静为动，突出在图形变换中运用勾股定理解决问题，体现了定理的多次使用，让学生能够不断抓住当前所需“图形”，培养学生提炼图形、分析问题的能力。这里通过不断变式（变问题、变条件、变背景、变图形），让学生逐渐形成勾股定理的“直观认知”和经验积累，在头脑中建构起有效结构模型，更好地培养学生分析问题、解决问题及应用问题的能力。借横纵关联式教学设计，拓展思维的宽度，实现知识与知识、知识与方法之间的普遍联系，最终达成以变式设计实现普遍联系的深度教学的目的。通过对原题的改编变式，让学生跳出原有的认知，并对自己的探究过程进行反思，问题拾级而上，由薄至厚，让其不断丰富，其间有分类讨论、转化思想、面积法、图形变换、多次运用定理、问题的迁移运用等。

变式问题教学就是要通过“问题分析—板书示范—变式引领—求解验证—建立模型—积累经验”等思维活动过程，落实问题解决的整体建构性，让学生知其然，知其所以然，知何由以知其所以然。

二、典型例题添新曲，变中不变显深度

变式绝不能离开课本例题，因为例题多是关联学生的生活实际，用学生平常生活中的或能激发兴趣的问题情境引出知识点。若能抓住课本典型例题做适度的创新性变式，以一题多变逐步拓展设问，可以帮助学生拓展思维的宽度，分清易混淆的知识点，提高学生的思维灵活性，培养他们的认识能力、理解能力和解决问题的能力。

在一元二次方程应用等综合问题的教学中，我们会发现：在课堂上，学生对知识似乎掌握得不错，课堂的巩固练习多数也完成得不错，但是在检测的时候，反馈就不太理想。题目一旦稍作改变，与所学的例题有点不一样，较多学生就不会做或者根本就无从下手。仔细分析一下原因：一是教师教学就题讲题，缺乏必要的问题变式，学生难以形成对问题深入分析的习惯及迁移运用能力；二是缺少变式问题驱动，部分学生学习流于表面，懒于思考，

只会对例题做纯模仿，生搬硬套；三是没有变式问题之“质疑思辨”，学生易于形成思维定式，总是按照某种习惯的思路去思考问题。当习惯性思维与解决问题的路径不一致时，思维将无法跳出某个框架，难以解决问题。因此，教学时需要教师通过设计变式问题，以“变”立新，用“变”驱动，引“变”启思，为学生的数学学习搭建新的平台，使数学学习活动有新的出发点、新的理解，具备新的含义，丰富练习的形式、内容。

问题2：（北师大教材九年级上册第45页习题2.6第2题）如图1-3所示，某农场要建一个长方形$ABCD$的养鸡场，鸡场的一边靠墙（墙长25m），另外三边用木栏围成，木栏长40m。若养鸡场面积为168m^2，求鸡场垂直于墙的一边AB的长。

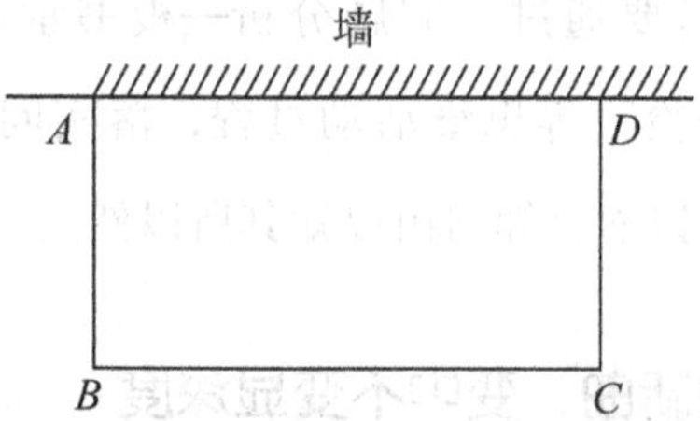

图1-3

变式1：如图1-4所示，改建两个大小相同的矩形养鸡场，求鸡场垂直于墙的一边AB的长。

变式2：如图1-5所示，墙对面有一个2m宽的门，若养鸡场面积为168m^2，给出你的设计方案。

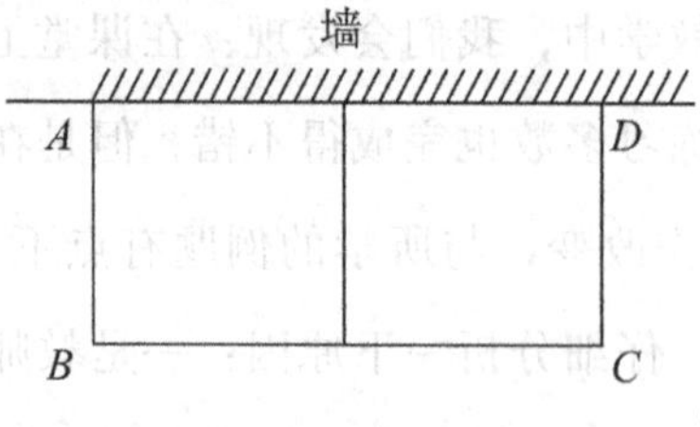

图1-4

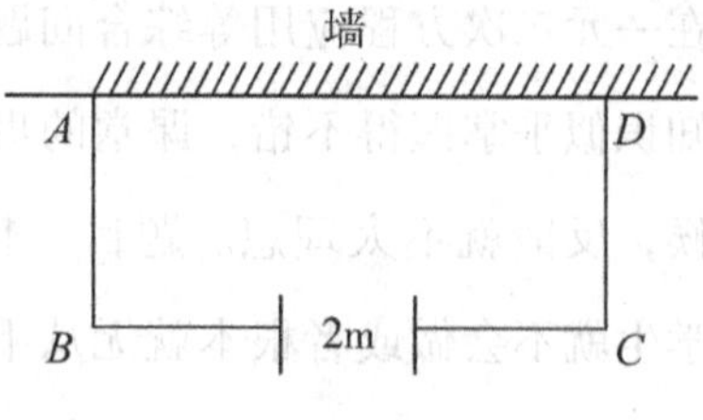

图1-5

变式 3：如图 1－6 所示，墙对面有一个 2m 宽的门，中间用木栏隔开，求鸡场面积最大时，给出你的设计方案。

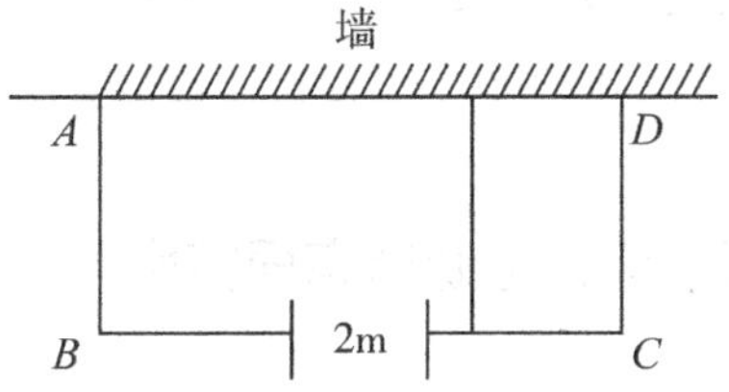

图 1－6

教学分析：对于基础薄弱的学生，不能正确理解题意，不设未知数，直接把墙长作为 AD 的长，计算出 AB 后，全然不顾养鸡场面积这个已知条件；有一定基础的同学，懂得引入未知数，设 AB 为 x，懂得找到等量关系，但由于不懂或错误地用含 x 的代数式表示 BC，从而建立一个错误的方程，无法准确求解；优秀的学生能建立方程求解，但质疑能力不足，未能检验两个根是否符合实际情况，导致解答有思维漏洞。对此展开变式训练，目的在于让学生借助几何直观思考，把未知量进行代数化的表达，同时注意题目隐含条件的分析，突破两个关联量的代数表示。

变式 1 给予学生改错和肯定自我的机会，增强学生的自信；为了更好地培养学生用字母表示数的能力，以及充分发挥学生的空间想象力，增加变式 2，让学生的思维得到发散，把同一类问题归一，旨在检测学生对问题的分析能力，进一步培养学生的几何直观及代数运算、推理、分析能力，而把两个变式合二为一，变化图形得到变式 3，将问题提高到二次函数的最值应用问题，提高学生对问题的深度思考，有利于归纳总结和突破教学难点。三道围绕一元二次方程的应用问题的变式，层层递进，变中不变，让学生经历从特殊到一般，再到方法迁移的思维过程，是对深层次问题本质做深掘。不同之处是用含 x 的代数式表示另一个量的时候有所不同，但可帮助学生利用类比方法，独自解决问题。

变式练习帮助学生把知识、方法归类，多向变通，促进深度学习。在这里，要达到深度教学，需要加强设问的深度以实现思维深度的提升，要达到教学的深度，就要加强问题的变式，提高设问的深度，实现思维深度的提升，通过学法指导，让变式迁移始终发生在学习过程之中，突破思维节点，以实现深度教学。

三、习题变式拓新路，由低渐高显宽度

笔者在研究习题变式中发现，多数考题源于教材题目改编，是指向基于教材的更深层次思考和应用迁移，是对学生考虑问题的广度的拓宽，由此，习题课中开展变式练习，通过解题分析与综合、分类与比较、抽象与概括、联想与想象等思维过程，可发展学生的应用意识和应变技巧，提高学生思维的灵活性，开拓学生的解题思路，培养学生的解题能力，与深度教学理念吻合。

然而，稍不留意，变式练习往往会只停留在巩固知识领会水平，缺乏引导学生探究解决问题的基本思路，归纳解题方法的设计。好的变式练习设计能使一个个数学教学活动不断深入，在课堂上让学生在变式探究中实现知识迁移，逐渐完善原有知识、经验，主动建构个人数学知识体系，促进深度学习产生。

问题3：（北师大教材九年级上册第16页课堂练习第1题）已知：如图1-7所示，E 为平行四边形 $ABCD$ 边 AD 的中点，且 $BE=CE$. 求证：四边形 $ABCD$ 是矩形。

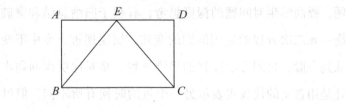

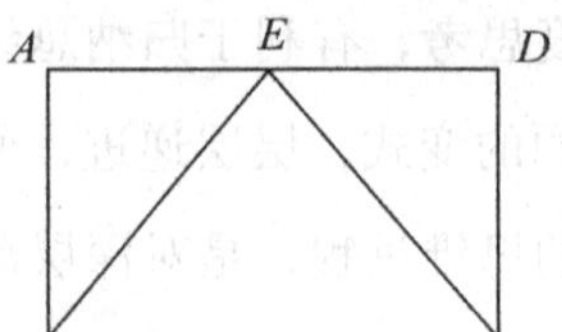

图1-7

变式 1：如图 1－8 所示，在矩形 $ABCD$ 的边 AB 上取一点 E，连接 CE 并延长，和 DA 的延长线交于点 G，过点 E 作 CG 的垂线与 CD 的延长线交于点 H，与 DG 交于点 F，连接 GH. 求证：$DF \cdot FG = HF \cdot EF$.

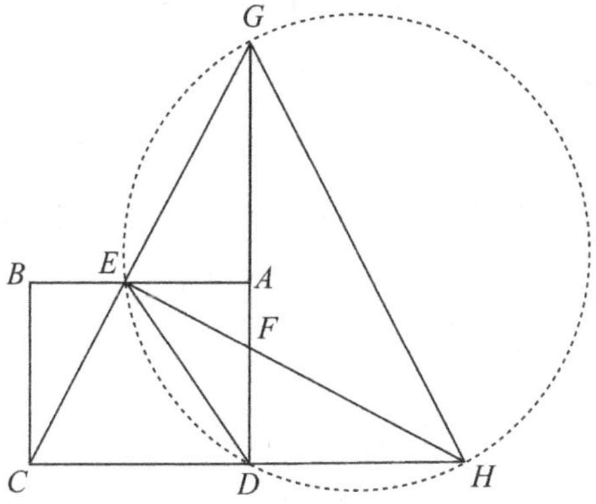

图 1－8

变式 2：在变式 1 条件下，连接 DE，求证：$\angle CDE = \angle CGH$。

变式 3：如图 1－9 所示，$CD = DH = 8$，$BC = 6$，点 G 从 A 点出发以每秒 1 个单位长的速度在射线 DA 方向运动，当 $\triangle CDE$ 与 $\triangle CHG$ 相似，求时间 t 的值。

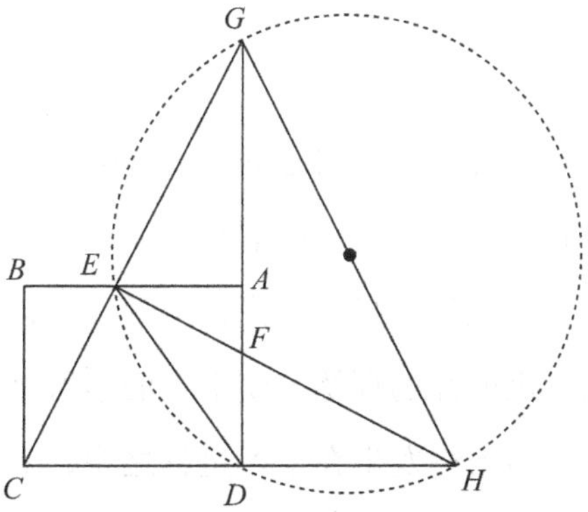

图 1－9

教学分析：本题依据习题特征挖掘课本原题素材，将阶梯式的变式教学设计提升到分类讨论，使学生对知识的进行“层进式”学习，对知识的内在结构逐层深化。变式1在原问题结论变为条件的背景下拓展思维的广度，由三角形全等转向相似探究，渗透从特殊到一般的转化，引导学生从集中的思维转化为先发散再集中的思维方式，同时对思维的严谨性和辩证性也提出了更高的要求；变式2是变式1的深入探究，重在培养学生有序思考和关联思维的好习惯，在变化中找不变，在一大堆的图形特征中找到最核心的图形关系，同时还可以关联“隐圆法”解决问题，打通多种方法的内在联系，让学生能够触类旁通；变式3是一个从数到式，从定量向变量思维发展，从应用模型到建立模型的变式，学生需要更强的思维力，完成三种转变，才能够实现思维深度的突破。

在案例变式教学中，以原问题证明特殊四边形为切入点，通过变式问题设计，让学生证全等、找相似、会联想，然后化静到动，动中思维，培养学生深度思维能力。通过变式训练让学生明确变式的依据、条件、总体方向和思路，探究“变化”的数学问题的过程也是深度学习的过程，引导学生懂得发散多角度，尝试多途径去思考问题，让每个学生的思维都得到更深层次的发展。

四、教学感悟

要达到教学的深度，就要加强问题的变式，提高设问的深度。学生经历了探究问题解决的过程，学会分析，获取解决问题的经验，实现思维深度的提升。教师注重教法，重视学法指导，优化教学设计，这样可以避免教学过程中简单的、重复的、机械性的训练，使学生的学习是主动的、专注的、理解的、高水平的，让迁移始终发生在学习过程之中，实现以突破思维节点为目的的深度教学。

1. 设计问题线，循教学本真

学生学习数学就是经历思维旅行，好的课堂教学对学生的影响久远，这就要求教师教学时回归教学本真，在尊重教材的基础上，要敢于突破，做到活用，要善于将相关内容整合、变形、变式、引申、拓展等。以上问题设计以教材内容为依托，将其向横处延展，向纵处挖掘。比如，问题1将问题条理化、层次化，通过“四变设计”（变问题、变条件、变背景、变图形）抓问题关键和数学本质，既解决了问题，也培养了学生的能力与素养。

基于深度教学的变式问题设计，是要从不同角度、层次、情形、背景去变化数学中的问题，引导学生通过多侧面、多角度、多渠道地深度思考问题，挖掘问题的本质，突破思维节点，串联知识点之间的联系的一种设计方法。以上三种设计也可以根据具体问题进行组合使用，以期达到最佳的教学效果，真正实现走向思想、方法和逻辑的深度教学。

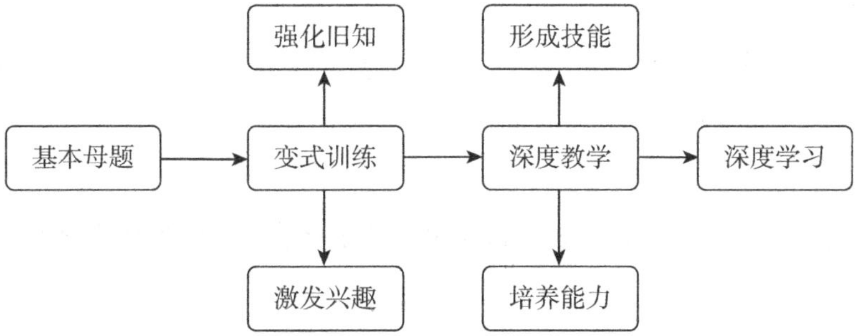

图1－10

2. 搭建“关联线”，形成知识链

关注知识间的联系及图形间的关系。反观以上问题教学，问题2与问题3从构建一元二次方程解决问题与相似三角形的判定及性质切入，通过由浅入深的变式，关注了思维“源点”，形成了联系“线”，构成“知识链”，并从中体会一与多、正与反、动与静、难与易、具体与抽象、特殊与一般等辩证思维，让学生学会从不同层面认识事物，突出本质，以此打通学习路径，激发兴趣，启发思路，点燃思维，寻到方法，得出结论，从而学会思考，学会学习。

特别需要注意的是，变式练习是教学设计中某个环节的形式，目的在于开展深度教学，而深度教学的开展效果，又是以深度学习的进程来进行评价的。故变式练习的设计一定要考虑学生实际的认知起点，遵循认知发展的规律，非以“多变”为目的，而以“多思”为目的；非以“教”为着陆点，而以“学”为着陆点；非以“增加题目”为手段，而以“整合题目”为方法；非以“技能”为闭环，而以“创造”为突破。长此以往，方能通过变式练习的精巧设计达到深度教学的功效，最终实现深度学习的目的。

参考文献

[1] 中华人民共和国教育部．义务教育数学课程标准（2011 年版）[M]．北京：北京师范大学出版社，2012.

[2] 李军，魏强．聚焦思维：数学教学的根本要义——以“勾股定理（第 1 课时）”教学为例 [J]．中学数学教学参考（中旬），2021（6）：10—13.

注：本文在《中学数学教学参考》2021 年第 9 期发表。

优化例题教学，促进高效学习

——谈初中数学课堂例题教学的创新设计策略

数学新授课少不了“例题教学”，而传统的数学例题教学过分强调教师的主导作用，常常是教师讲，学生听，学生在课堂上处于被动地位，很难主动地学习、思考，久而久之，学生的主动性受到压抑，进而影响学生智能的发展和素质的全面提高。如一些教师在例题教学中，将审题分析与例题解答等一一“包办”，如此的教学使学生接受的信息过于繁杂，且学生往往以听为主，参与教学活动的感官单一，易于疲劳，致使学生很难参与到教学活动中来。这样的课堂较沉闷，学生听得苦，教师教得累，效率低。

例题教学应突出解题关键点，作答的易错点，作为教师，应提供一个平台给学生自主学习与合作学习，先学后教，当堂提高。学生通过分析问题，找到解决问题的方法，多种感官参与教学，手、脑、耳、眼、口交替使用。这样有利于消除学生上课疲劳，提高学生参与教学活动的程度。那么如何将数学课堂例题教学的低效变高效呢？我认为可以从以下几个方面做细做实。

一、课前——精心设计例题、创新学习视角

例题是数学知识的载体，它集知识性、典型性、探索性于一身，更是学生学习数学知识的范例。学生学习数学知识，培养数学能力，发展数学智力和创新精神，主要是通过例题教学实现的。设计的例题应抓基础，重过程，

渗透思想，突出方法，强调应用，注重创新，拓宽视野，提高能力，应以“问题”为核心，“讨论”为手段，“探究”为途径，“发现”为目的。例题的形式和内容应稳中求变，变中求新，新中求精，给学生带来新奇与挑战，启发与冲击；设计的例题要有思考空间，思维的广度，思维的深度，解题思路的自由度；例题的安排要尽可能地兼顾全体学生，并有预见性。

例如，北师大九年级下册第二章《二次函数与一元二次方程》第1课时的例题，笔者把它设置为表格形式。表格本身就是一个很好的思维导图，不仅能直观、明了地揭示例题中二次函数 $y=ax^2+bx+c$ 的图像与 x 轴交点的个数与一元二次方程 $ax^2+bx+c=0$ 的根的个数之间的数学关系，而且能化繁为简，从而帮助学生理清头绪，扫除思维障碍。

表1－1　《二次函数与一元二次方程》第1课时例题

二次函数图像	图像与 x 轴的交点	一元二次方程	方程的根
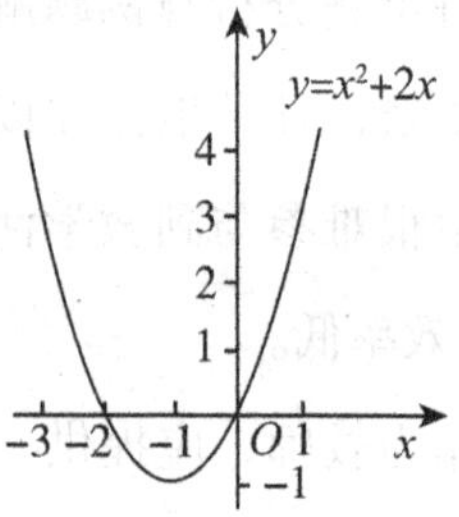	与 x 轴有两个交点：(−2，0)、(0，0)	$x^2+2x=0$	$x_1=-2$，$x_2=0$
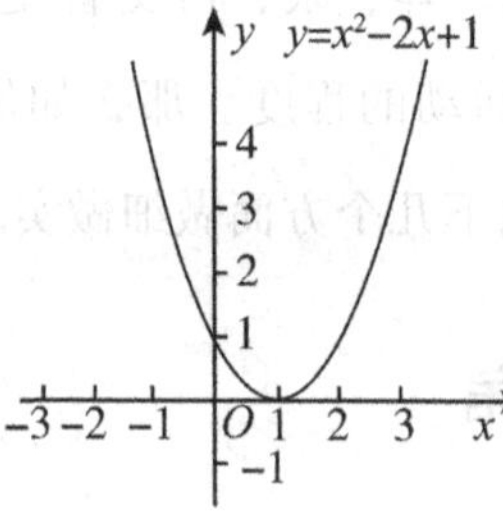	与 x 轴有一个交点：(1，0)	$x^2-2x+1=0$	$x_1=x_2=1$

续 表

二次函数图像	图像与 x 轴的交点	一元二次方程	方程的根
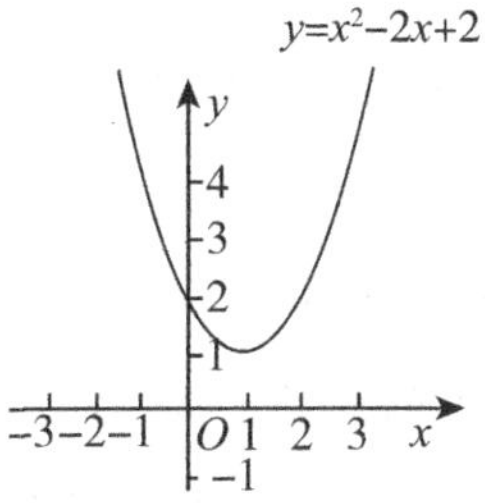	与 x 轴没有交点	$x^2-2x+2=0$	方程无实数根

填表总结：二次函数 $y=ax^2+bx+c$ 的图像与 x 轴的交点的坐标与一元二次方程 $ax^2+bx+c=0$ 的根的关系。

表 1－2

$y=ax^2+bx+c$ 的图像与 x 轴相交	b^2-4ac 的情况	$ax^2+bx+c=0$ 根的情况
与 x 轴有两个交点	$b^2-4ac>0$	有两个不相等的实数根
与 x 轴有一个交点	$b^2-4ac=0$	有两个相等的实数根
与 x 轴没有交点	$b^2-4ac<0$	没有实数根

通过课前对例题精心设计，主要是帮助学生学习例题建立了一种新的视角，培养学生多维度、多层次思考问题和解决问题，构建全面系统的结构化思维模型。此例题设计成表格形式，主要是应用数形结合数学思想揭示数学问题的本质特征，让学生从具体的形象认知过渡到抽象的数据分析，由单一的数据分析过渡到数据的关系认知，给学生一个学习数学和应用数学的工具性数学模型。例题课前精心设计大大地丰富了例题教学方法，提升了学生的认知水平和深度，进一步培养了学生的创新能力。

二、课中——教师巧妙引导，大胆“放足”时间

例题教学是初中数学教学中极为重要的内容，卓有成效的例题教学，不仅能让学生熟悉数学基本知识在解决问题中的应用，反过来也会加深学生对

基本知识的领会和理解。由于很多例题具有多种解法，所以在讲解例题时，教师要积极引导学生对同一问题多方面、多角度地进行思考，努力发掘出问题中丰富的内涵，寻求问题的多种解法，这不仅能培养学生的发散性思维能力，而且能让学生从中优选出自己最容易掌握或具有创造性的解法，这对提高他们的学习兴趣和创新能力是大有益处的。

例如，北师大教材九年级上册第23页例题：如图1-11所示，已知四边形$ABCD$中，E、F、G、H分别是AB、BC、CD、DA的中点，顺次连接E、F、G、H得到四边形$EFGH$. 请你猜想四边形$EFGH$的形状，并对你的猜想加以证明。

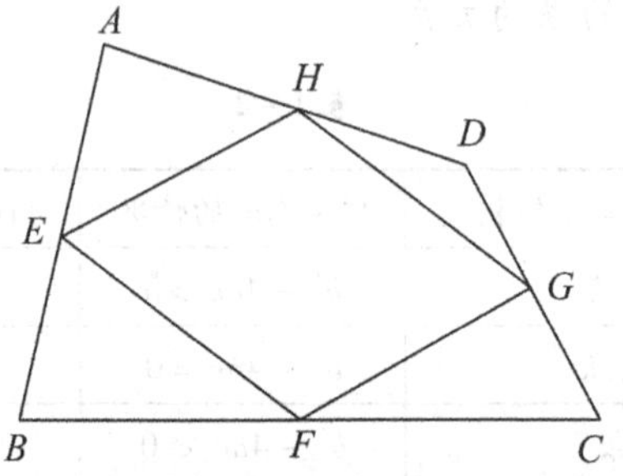

图1-11

本例题主要考查对中点四边形、三角形的中位线定理、正方形的判定、矩形的判定、菱形的判定等知识点的理解和掌握，综合性较强。在例题教学中，笔者始终坚持由浅入深、由易到难，层层加码，步步深入的做法，有意识地将问题进行引申和扩充，然后指导学生对例题的问题进行探讨：①若连接BD，根据三角形的中位线定理得到$EH/\!/BD$，$EH=\frac{1}{2}BD$，$FG/\!/BD$，$FG=\frac{1}{2}BD$，推出$EH/\!/FG$，$EH=FG$，根据一组对边平行且相等的四边形是平行四边形得出四边形$EFGH$是平行四边形。②若顺次连接对角线相等的四边形各边中点，则所得的四边形的四条边都相等，故所得四边形为菱形。若顺次连接对角线互相垂直的四边形各边中点，则所得的四边形的四个角都是直角，故所得四边形为矩形；若顺次连接对角线相等且互相垂直的四边形各边中点，则综合上述两种情况，故所得的四边形为正方形。

在例题问题解决的过程中，重视培养学生对信息材料的处理能力和数学模型的建立能力，体会解决问题策略的多样性，在经历与体验中主动构建模型，以激发思维、启迪智慧、拓宽视野，逐步使思维向广处联想，向纵深发展，培养学生分析问题和解决问题的能力，更好地掌握解题技能，促进学生的核心素养的提高，因此在讲例题前应做到敢“放”。

1. 放足时间思考

在课堂上要多给学生创造一些自主学习思考的机会，多留一点思考的时间，对例题的中点四边形的边和内角与原四边形的对角线的关系进行探究，使学生逐步学会有根有据地想，掌握思维的策略，这是提高讨论有效性的重要环节。这时作为教师一定要沉住气，千万不要提示，等他们自己会提示自己了，他们也就会思考了，问题也就解决了。教师只管大胆地看他们思考，你只要调动他们的积极性，让他们始终保持思考的热情就可以了。

2. 放足时间讨论

分组合作，讨论解疑，目的是激发学生的学习兴趣，促进学生主动参与学习过程，提高学生分析问题和解决问题的能力，促进学习能力的发展。在讨论中，使学生的思维在交流和碰撞中得到发展，培养学生的创造精神和创新意识。在讨论过程中，学生得出什么结论并不是最重要的，重要的在于学生“想了什么”“怎么想的”，即学生分析问题、解决问题的思辨过程才是最重要的。这也是学生相互学习共同促进的关键环节，在这个环节中，不仅仅是优秀学生帮助后进生，更是让全体学生把思路打开，每个学生都可以提出不同的观点。根据讨论内容的不同和学生的年龄特点，应当选用不同的方法，提高讨论的有效性。如对于一些比较复杂的问题，教师可以把它分解成若干小问题或列出讨论提纲，让学生讨论；由于学生空间表象不够丰富，可以为学生提供实物、模型、图片等，让学生在观察、比较、操作中进行讨论。对书上有提示性问题的地方，也可以让学生结合看书，按要求进行讨论，教师全面掌控，由小组长负责组织，围绕问题进行交流、讨论，甚至争论。首先在组内三个层次中分层一对一讨论，共同研究解决问题，仍然解决不了的向上一层同学请教，这样既能提高效率，又能解决问题。注意讨论时要控制好时间，进行有效讨论，要做好勾画记录。同时注意总结本组好的解题方法和规律，以便展示。教师要巡回收集学生讨论中仍然解决不了的问题，以备针对性点拨。

3. 放足时间展示与点评

课堂因展示而精彩，展示点评、总结升华：小组通过讨论交流，把构建的知识网络或提炼的典型解题思路，展示到黑板上，由学生讲解点评解题的关键点，作答的易错点。由于课堂时间的限制，学生不能一一展示，每个组选一名代表，同时到黑板上展示，教师要充分利用好前、后黑板和小黑板、投影仪。在展示的过程中，其他小组成员可以用其他颜色的笔对展示内容进行补充或修改，同时也可以进行小组间展示。未参加黑板展示的学生将自己的成果写在导学案上，相邻两个小组成员之间互相交换并给对方修改和批阅，在批阅的过程中既学习了其他同学的优秀创意和想法，又可以注意到容易出错的地方，这种展示方法可用于训练量较大的内容或拉练检测。假如这个“工作”学生可以胜任的话，那教师最好仍“袖手旁观”。教师要对展示的内容和展示的学生有设计，确保展示点评的针对性和有效性。学生准备展示和展示点评的过程本身就是一种很好的学习，展示的内容不一定全是准确的答案，也可以是错误的教训，展示过程中教师要巡回指导，认真思考，努力让学生最大限度地掌握当堂课内容。当然，教师在学生展示和点评过程中要高度集中掌握和了解学生真实的学习状况，根据学习状况去掌控展示时间，适时地提出错误及漏掉的知识点。记住，大家都会的不展示，都不会的更不展示！

三、课后——引导学生反思、实现一题多变

使学生养成反思的习惯，才能增强“题性”“题感”，逐步形成“模块”，不断吸取其中的智育营养，才能感悟出隐藏于模式中的数学思想方法。这就是从量的积累到质的变化的过程，只有靠“反思—消化—吸收”，才能“升华”。

（1）反思思维过程。把点评的解题前的思维过程过滤一遍，和自己的思维过程进行对比，取长补短。这是最重要的，但又是学生常忘记做的，他们认为只要听“懂”了就“会”了，殊不知课上的“懂”是师生共同参与努力的结果，要想自己“会”，必须有一个“内化”的过程，而这个过程必须从课内延伸到课外。切记从“懂”到“会”必须有一个自身“领悟”的过程，这是谁也无法跳过的过程。

（2）反思解题过程，特别是解题的严密性和科学性，题中易混易错的地方，找出错误原因和解决办法，提高辨析错误的能力。

（3）反思一题多解。思考本题的多种解法，从中比较孰繁孰简，孰优孰劣，久而久之，就具备了对每一道题在最短时间内找到最优方法的能力。

（4）反思一题多变。对于一道题，不局限于就题论题，而要进行适当变化引申，一题变多题，拓宽思路，提高应变能力，防止思维定式的负面影响。

（5）反思对题目的整体印象，即解决此题所用的数学思想方法、题目的来源、知识和题目的联系、与以前做的题目的联系、有无一般性的规律等。

四、教学感悟

要达到例题教学的有效，学生学习的高效，需要教师加强课前、课中精心的教学设计，通过问题驱动把教学引向深处，时时以激发学生的学习动机

为前提、以引发学生质疑为实质、以帮助学生解惑为关键来进行例题教学，激活学生以往的知识经验，把学习过程指向问题解决，进而促进学生认知能力、问题解决能力、批判性思维、创造性思维等能力的提高，让教学内容真正成为学生学的内容，实现思维深化，使学生成为数学问题的探索者和解决者。

如何在“例题教学”中渗透数学思想方法

例题是数学知识的载体，它集知识性、典型性、探索性于一身，更是学生学习数学知识的范例。例题教学课堂上，教师就是抓住例题来引导学生学习数学知识，培养数学能力，渗透数学思想方法，发展数学智力和创新精神。

数学思想方法不同于一般的数学知识，它呈现的方式是隐蔽的，我们很难从书本上直接看到，因此，数学思想方法的教学应用“渗透”方法，即在课堂上传授知识，在技能训练中找数学思想方法。教师要狠抓“双基”教学，认真钻研教材，在教材中挖掘数学思想；在备课中真正领会教材编者的用心；在知识推理、归纳、小结、复习中注意收集和整理数学思想方法在解题中的应用；在课堂教学上要注意引导启发学生探索知识的发展过程；在概念、定义的引入，例题的讲解中，恰到好处地指出相关的数学思想方法，或在其旁用彩笔醒目地标注出“转化”“数形结合”等，虽然用字不多，却起到了“画龙点睛”的作用。经过反渗透、公开介绍和应用强化，久而久之，学生就能获得知识上的飞跃，提高数学素质。

教学实践表明：在讲授数学概念、公式、定理的形成过程中渗透数学思想方法，就能发展抽象概括能力和逻辑思维能力；在例题教学中运用数学思想方法启发学生发现解题思路，寻求解题规律，就能培养学生分析问题和解决问题的能力。总之，加强数学思想方法的教学就能优化课堂教学，有利于把握好能力目标的发展点，培养学生的创新意识，进而提高学生的数学素质。

一、在概念教学中渗透数学思想方法

数学概念是现实世界中空间形式和数量关系及其本质属性在思维中的反映，人们先通过感觉、知觉对客观事物形成感性认识，再经过分析比较、抽象概括等一系列思维活动而抽取事物的本质属性才形成概念。因此，概念教学不应只是简单地给出定义，而要引导学生感受及领悟隐含于概念形成之中的数学思想。

比如绝对值概念的教学，七年级数学上册是直接给出绝对值的描述性定义（正数的绝对值取它的本身，负数的绝对值取它的相反数，零的绝对值还是零），学生往往无法透彻理解这一概念而只能生搬硬套。如果我们采用数形结合的思想方法，用数轴这一直观形象来揭示“绝对值”这个概念的内涵，例如我们可以在教学中按如下方式提出问题引导学生思考：①请同学们将下列各数0，3，-3，5，-5在数轴上表示出来；②3与-3，5与-5有什么关系？③3到原点的距离与-3到原点的距离有什么关系？5到原点的距离与-5到原点的距离有什么关系？这样引出绝对值的概念后，再让学生自己归纳出绝对值的描述性定义；④绝对值等于7的数有几个？你能从数轴上说明吗？

通过上述教学方法，学生既能更透彻、更全面地理解绝对值的概念，又渗透了数形结合的数学思想方法，这对后续课程中进一步解决有关绝对值和不等式问题，无疑是有益的。

二、在定理和公式的教学中展示数学思想方法

著名数学家华罗庚说过：“学习数学最好到数学家的纸篓里找材料，不要只看书上的结论。”这就是说，对探索结论过程的数学思想方法的学习，其重要性绝不亚于结论本身。数学定理、公式、法则等结论，都是具体的判断，其形成大致分成两种情况：一是经过观察、分析用不完全归纳法或类比等方法得出猜想，然后再寻求逻辑证明；二是从理论推导出发得出结论。总之这

些结论的取得都是数学思想方法运用的成功范例。因此，在定理公式的教学中不要过早给出结论，而应引导学生参与结论的探索、发现、推导过程。搞清其中的因果关系，领悟它与其他知识的关系，让学生亲身体验创造性思维活动中所经历和应用到的数学思想和方法。

例如，在探索九年级数学下册例题“圆周角定理”时，从度数关系的发现到证明体现了特殊到一般、分类讨论、化归以及枚举归纳的数学思想方法。在教学中我们依次提出如下富有挑战性的问题让学生思考：

（1）圆周角的度数是否与圆心角的度数存在某种关系？圆心角的顶点就是圆心！就圆心而言，它与圆周角的边的位置关系有几种可能？

（2）让我们先考察特殊（见图 1－12）的情况下二者之间有何度量关系。

（3）其他两种情况（见图 1－13 和图 1－14）有必要另起炉灶重新证明吗？如何转化为前述的特殊情况给予证明？

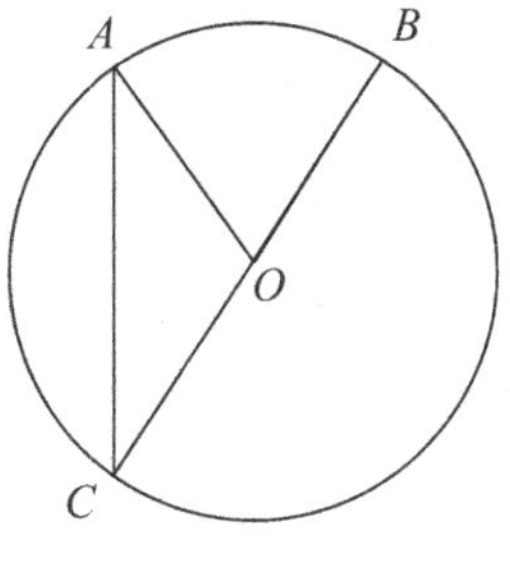

图 1－12

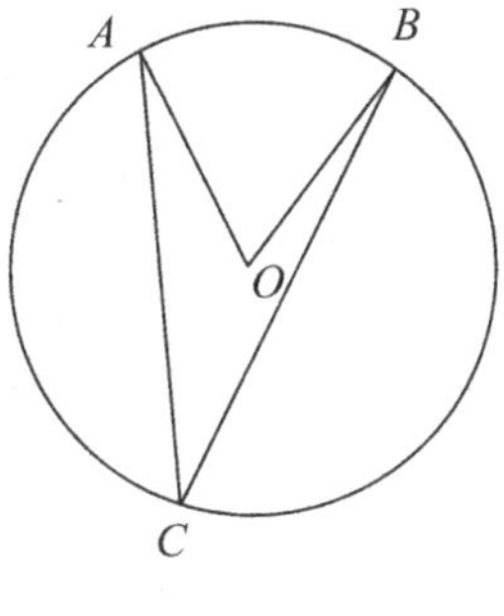

图 1－13

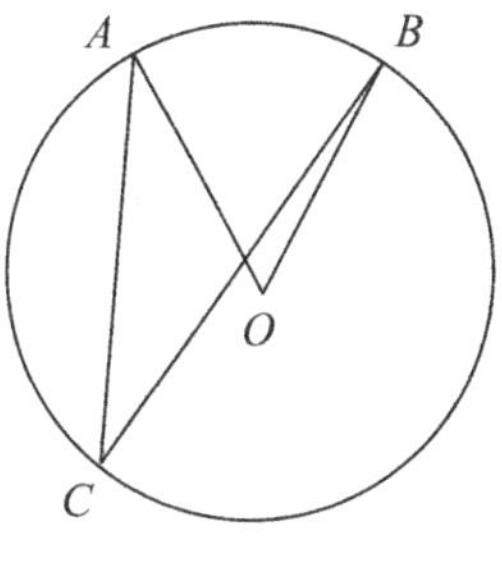

图 1－14

（4）上述的证明是否完整？为什么？

显而易见，由于以上引导展示了探索问题的整个思维过程所应用的数学思想方法，因而较好地发挥了定理探讨课型在数学思想方法应用上的教育和示范功能。

三、在问题解决探索过程中揭示数学思想方法

许多教师往往会发现这样一个问题：题目讲得不少，但学生总是停留在

模仿型解题的水平上，只要条件稍稍一变就不知所措，学生一直不能形成较强的解决问题能力，更谈不上创新能力的形成。究其原因就在于教师在教学中仅仅是就题论题，殊不知授之以“渔”比授之以“鱼”更为重要。因此，在数学问题探索的教学中，重要的是让学生真正领悟隐含于数学问题探索中的数学思想方法。使学生从中掌握关于数学思想方法方面的知识，并使这种“知识”消化吸收成具有“个性”的数学思想，逐步用数学思想方法指导思维活动，这样在遇到同类问题时才能胸有成竹，从容对待。

例如，八年级上册在多边形的内角和的求法的教学中，其教学结构可设计成“设问—猜想—论证—反思”四个环节。首先创设问题的情境，激发探索欲望，渗透化归思想。具体引导方法如下：

三角形的内角和为180°，那么多边形的内角和是多少度呢？请大家求一求下面多边形的内角和。

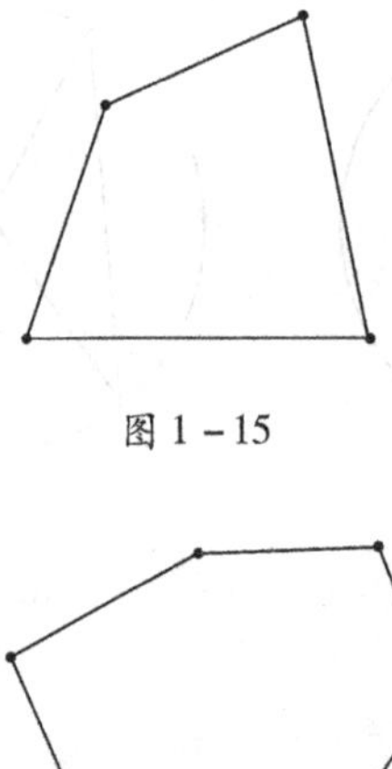

图1－15

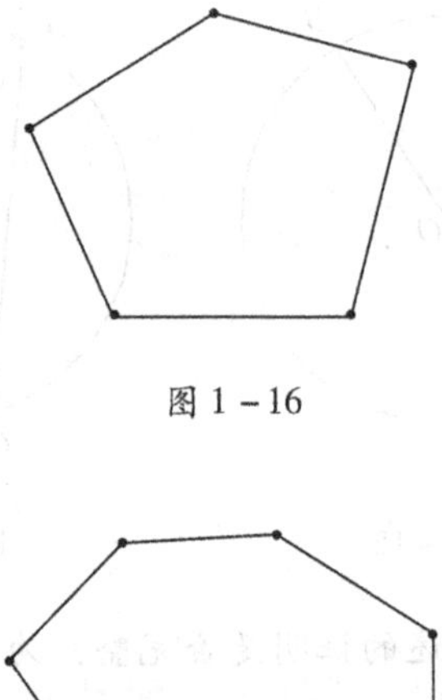

图1－16

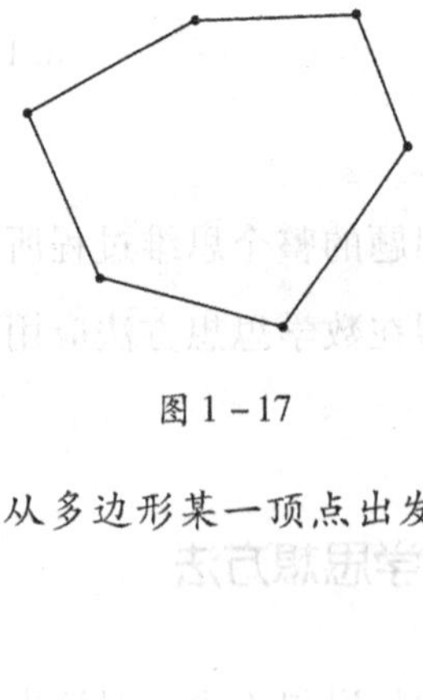

图1－17

图1－18

探索：从多边形某一顶点出发，引对角线，你能根据这个方法填写表1－3吗？

表 1－3

形状	边	分成三角形个数	对角线（条数）	内角和	与 180°的关系
三角形	3	1		180°	1×180°
四边形					
五边形					
六边形					
七边形					
……					
n 边形					

总结：n 边形的内角和公式为________________。

从三角形到 n 边形呢？你能给出多边形的内角和与它们的边数及分割为三角形的个数之间的关系吗？从中能发现什么规律？猜一猜，多边形的内角和等于多少？在学生得出猜想以后接着探索论证方法，为了充分展示思维过程，揭示化归思想，教师又进行下面的一环接着一环的启发和提问：如何证明上述猜想？我们已经看到多边形内角和可以化归为三角形来处理，那么这种化归是唯一的吗？一点与多边形的位置关系如何？哪一种是对我们论证最为可取的？在学生得出结论后，再反思探索过程，优化思维方法，师生最后及时小结：在上面的探索过程中，我们发现化归思想在解决问题中起到了很大的作用，又是什么促使我们选择这种数学思想方法来获得问题的顺利解决？这是由于我们首先从简单的多边形——四边形、五边形、六边形开始，在特殊的情况下求得问题的解决，再把解题中得出的思想方法运用到解决一般多边形的过程中去。这种从特殊到一般的探索数学问题的数学思想方法是解决数学问题的一种很有用的方法，它对我们今后的解题也会很有帮助，我们要逐步掌握它。

显然上述的教学活动中，由于让学生亲自参与问题的探索过程，从而大大激发了学生的求知兴趣，并使学生在学习和探索中感受和领会到了数学思想方法。

四、在知识的归纳总结中概括数学思想方法

数学思想方法贯穿在整个中学数学教材的知识点中，以内隐的方式融入数学知识体系。要使学生把这种思想内化成自己的观点，应用它去解决问题，就要适时归纳概括各种知识所表现出来的数学思想。概括数学思想方法要纳入教学计划，要有目的、有步骤地引导学生参与数学思想的提炼概括过程，特别是章节复习时在对知识复习的同时，将统领知识的数学思想方法概括出来，增强学生对数学思想的应用意识，从而有利于学生更透彻地理解所学的知识，提高独立分析、解决问题的能力。

概括数学思想方法主要指两个方面：一是揭示事物普遍的、必然的本质属性。例如，在研究九年级下册两圆的五种位置关系问题时，最终可通过化归思想方法，概括统一为两圆的半径的和或差与它们的圆心距之间的大小关系；二是要明确数学思想和数学知识之间的联系，将抽取出来的共性推广到同类的对象中去，将复杂的方程转化为简单的方程，从而认识到化归思想是换元法的高度概括。

五、在考试复习中突出数学思想方法

就数学而言，数学知识是基础和源泉，数学思想方法是精髓，只有运用数学思想方法，才能将数学的知识和技能转化为分析问题和解决问题的能力，才能形成数学素质。因此，一定要在复习巩固数学知识的同时，深刻领会数学思想方法，把握数学学科的特点，以适应考试的要求。近年来高考试题重在考查考生对知识理解的准确性、深刻性，重在考查知识的综合灵活运用。它着眼于知识点新颖巧妙的组合，试题新而不偏，活而不难；着眼于多角度、较全面地对数学思想方法、数学能力的考查，从而考查考生的思维品质，充

分展示其思维过程。

2008 年佛山中考第 20 题：对于任意的正整数 n，所有形如 n^3+3n^2+2n 的数的最大公约数是什么？

【评分标准】

第一类解法（**直接推理**）：

$n^3+3n^2+2n=n(n+1)(n+2)$ ……………………………… 1 分

因为 n、$n+1$、$n+2$ 是连续的三个正整数，……………………… 2 分

所以其中必有一个是 2 的倍数、一个是 3 的倍数，………………… 3 分

所以 $n^3+3n^2+2n=n(n+1)(n+2)$ 一定是 6 的倍数，………… 4 分

又 n^3+3n^2+2n 的最小值是 6，………………………………… 5 分

（如果不说明 6 是最小值，则需要说明 n、$n+1$、$n+2$ 中除了一个是 2 的倍数、一个是 3 的倍数，第三个不可能有公因数，否则从此步开始以下不给分）

所以最大公约数为 6. ………………………………………………… 6 分

第二类解法（**归纳**）：

情形 1：当 $n=1$ 时，$n^3+3n^2+2n=6$，所以最大公约数为 6. ……… 2 分

（若回答最大公约数为 2 或 3，只给 1 分）

情形 2：当 $n=1$、2（或其他任意两个正整数）时，$n^3+3n^2+2n=6$、24，

所以最大公约数为 6. ………………………………………………… 3 分

（若回答最大公约数为 2 或 3，给 2 分）

情形 3：当 $n=1$、2、3 时，$n^3+3n^2+2n=6$、24、60，

所以最大公约数为 6. ………………………………………………… 4 分

（若回答最大公约数为 2 或 3，给 3 分）

注：若归纳之后再用推理方法说明，则与第一类解法比较给分。

本题考查代数式求值、归纳的思想方法、数学的分类讨论思想等，要是

平时教学弱化数学思想渗透，学生作答此题难度就较大，而且还对学生信念和毅力等进行了考查，这是对情感态度的课程目标方面进行了有益的尝试，因此中考数学试题这种积极导向决定了我们在教学中必须以数学思想指导知识、方法的运用，整体把握各部分知识的内在联系。只有加强数学思想方法的教学，优化学生的思维，全面提高数学能力，才能提高学生的解题水平和应试能力。

复习有别于新知识的教学。它是在学生基本掌握了中学数学知识体系、具备了一定的解题经验的基础上的复课数学，也是在学生基本认识了各种数学基本方法、思维方法及数学思想的基础上的复课数学。其目的在于深化学生对基础知识的理解，完善学生的知识结构，因此在考试的知识复习中，我们不能单纯地把学过的知识像流水账一样再讲一遍，要将知识归类，加大数学思想方法的训练，用数学思想指导基础复习，在基础复习中培养思想方法，着重提高学生的解题能力，注意把不同章节、不同分支而性质又相同的内容归纳到一起，比如在函数、方程、不等式中就包含有大量数形结合的例子。理性思维的培养，对学生全面素质的提高、分析能力的加强、创新意识的启迪都是至关重要的，在考试复习中要引导学生加以认真领悟，灵活掌握，使学过的知识经过整理加工融会贯通起来，起到事半功倍的效果。

知识内容的复习如此，综合性的复习练习也要如此。我们要在综合性强的练习中进一步形成基本技能，优化思维品质，使学生在多次的练习中充分运用数学思想方法，提高数学能力。因此，在复习、练习过程中，我们主要的是要注意分析探求解题思路时数学思想方法的运用，要适当地把这些题目进行分类，可以按照所学过的数学思想方法的分类，有重点、有层次地进行训练，从而使学生更注重思想方法的训练，在考试中能更好地灵活运用不同的数学思想方法。尤其要注意数学思想方法在解决典型问题中的运用。

例如：(2010 年佛山中考第 22 题)

（1）请在坐标系中画出二次函数 $y = x^2 - 2x$ 的大致图像；

（2）根据方程的根与函数图像的关系，将方程 $x^2 - 2x = 1$ 的根在图上近似地表示出来（描点）；

(3) 观察图像，直接写出方程 $x^2-2x=1$ 的根。(精确到 0.1)

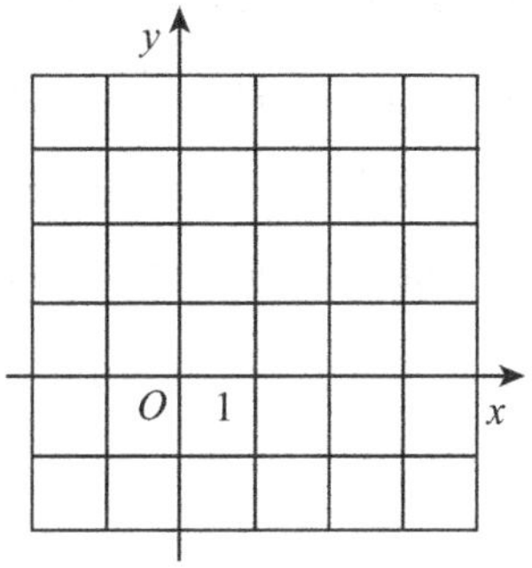

图 1－19

此题目的是让学生体会二次函数和一元二次方程的关系，同时也为将来解那些没有精确解法的方程提供了一种思路。对于一元二次方程来说，图像解法看起来意义不大，但这种求近似解的方法无疑体现了一种思想方法，因此具有一般性。

同时我们要用数学思想指导知识、方法的灵活运用，进行一题多解的练习，培养思维的发散性、灵活性、敏捷性；对习题灵活变通、引申推广，培养思维的深刻性、抽象性；组织引导对解法的简捷性的反思评估，不断优化思维品质，培养思维的严谨性、批判性。对同一数学问题的多角度审视引发的不同联想，是一题多解的思维本源。丰富、合理的联想，是对知识的深刻理解及类比、转化、数形结合、函数与方程等数学思想运用的必然。数学方法、数学思想的自觉运用往往使我们运算简捷、推理机敏，是提高数学能力的必由之路。

除此之外，经过模拟训练后应查漏补缺。一般来说，通过复习，学生已掌握了绝大部分的知识与方法，只有极少数的知识与方法是他个人的薄弱环节，这时我们应指导学生对每次考试中出现的问题认真分析，发现自己在知识、能力和方法上的缺陷，加以弥补，直到掌握为止。同时我们在给学生讲解题目时也要注意知识点与思想方法的结合，不能就题目而论题目，一定要在讲解题目时让学生掌握相关的数学思想方法。

布鲁纳曾经指出：掌握数学思想方法可以使数学更容易理解和记忆，更重要的是，领会数学思想方法是通向迁移大道的“光明之路”，如果把数学思想和方法学好了，在数学思想和方法的指导下运用数学方法驾驭数学知识，就能培养学生的数学能力，使数学学习较容易。通过以上的论述，显然，数学思想方法是我国素质教育发展的重要一环，加强数学思想方法的教学，是我国数学教学改革的新视角。

参考文献

邬东山．渗透数学思想方法提高学生思维素质［J］．小学数学教育，2001（1）．

注：本文在华南师范大学《中学数学研究》2012 年第 2 期发表，荣获佛山市二等奖。

在初中函数教学中把握数形结合思想，促进有效解题

教学实践表明：在初中函数知识形成的过程中渗透“数形结合”数学思想方法可以发展学生抽象概括能力和逻辑思维能力，在函数教学中运用“数形结合”数学思想方法启发学生发现解题思路，寻求解题规律，能培养学生分析问题和解决问题的能力。总之，在初中函数教学中加强“数形结合”数学思想方法的教学就能优化课堂教学，有利于把握好能力目标的发展点，培养学生的创新意识，进而提高学生的数学素质。

一、以形助数，利用形的直观性开拓函数解题思路

许多教师往往会在函数教学中发现这样一个问题：虽然给学生讲了很多的例题，但是只要题目条件稍稍一变，学生就无从下手，更别说举一反三了。因此，数学教学重要的是让学生真正领悟隐含于数学问题中的数学思想，逐步形成用数学思想指导思维活动的习惯。

例 1：（北师大教材九年级上册第 155 页改编）若 $A(x_1, y_1)$，$B(x_2, y_2)$，$C(x_3, y_3)$ 是反比例函数 $y=\frac{2}{x}$ 图像上的点，且 $x_1<x_2<0<x_3$，则 y_1、y_2、y_3 的大小关系正确的是（　　）

A. $y_3>y_1>y_2$　　　　B. $y_1>y_2>y_3$

C. $y_2>y_1>y_3$　　　　D. $y_3>y_2>y_1$

考点：反比例函数图像上点的坐标特征。

分析：先根据反比例函数 $y=\frac{2}{x}$ 的系数 $2>0$ 判断出函数图像在第一、三象限，在每个象限内，y 随 x 的增大而减小，再根据 $x_1<x_2<0<x_3$，判断出 y_1、y_2、y_3 的大小。

解答：∵ 反比例函数 $y=\frac{2}{x}$ 的系数 $k=2>0$，

∴ 该反比例函数的图像如图 1－20 所示，该图像在第一、三象限，在每个象限内，y 随 x 的增大而减小，

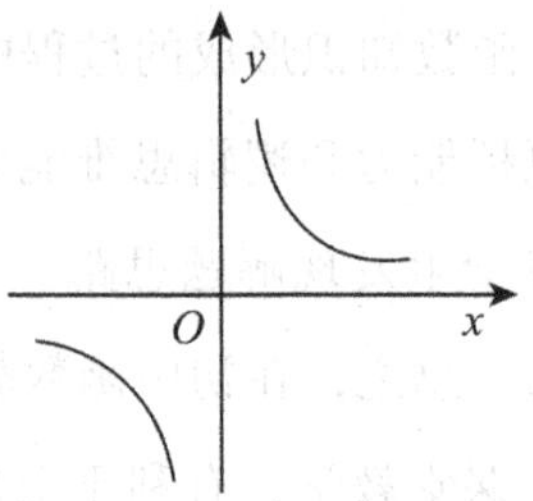

图 1－20

又∵ $x_1<x_2<0<x_3$，

∴ $y_3>y_1>y_2$.

故选 A.

点评：本题考查了反比例函数图像上点的坐标特征。注意是在每个象限内，y 随 x 的增大而减小。不能直接根据 x 的大小关系确定 y 的大小关系。

例 2：（北师大教材九年级上册第 164 页改编）已知一次函数 $y_1=x-1$ 与反比例函数 $y_2=\frac{2}{x}$ 的图像交于点 A（2，1），B（－1，－2），则使 $y_1>y_2$ 的 x 的取值范围是（　　）

A. $x>2$　　　　B. $x>2$ 或 $-1<x<0$

C. $-1<x<2$　　　　D. $x>2$ 或 $x<-1$

考点：反比例函数与一次函数的交点问题。

分析：先画出函数的图像，根据图像，分别在第一、三象限求出反比例函数的值大于一次函数的值时 x 的取值范围。

解答：从图像上可知，当 $x>2$ 或 $-1<x<0$ 时，反比例函数的值大于一次函数的值。故选 B.

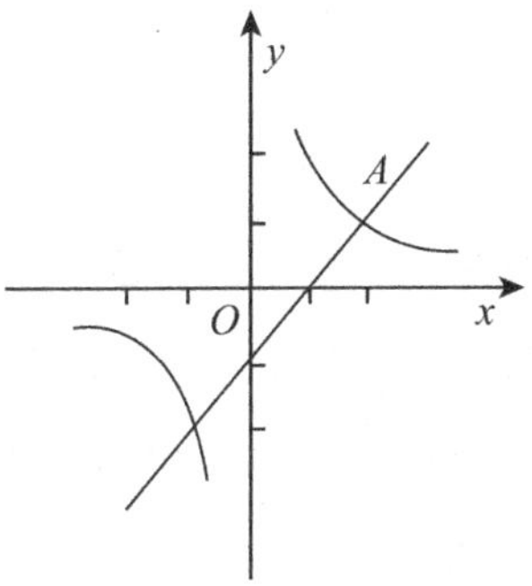

图 1－21

点评：学会利用图像，确定 x 的取值范围。

二、以数解形，揭示函数图形中的数的本质

函数与其图像的数形结合浑然一体。一个函数可以用图形来表示，而借助这个图形又可以直观地分析出函数的一些性质和特点，这为数学的研究与应用提供了很大的帮助。因此，函数及其图像凸显了数形结合的思想方法。教学时我们应注重数形结合思想方法的渗透，探索由图形到数量联系与规律，即“以形助数”，就是将图形信息转化为代数信息，使要解决的问题实现数形转化，这样就会收到事半功倍的效果。例如，学习函数的性质时，采用数形结合的思想，使抽象的性质具体化，直观化，形象化。

例 3：如图 1－22 所示是反比例函数 $y=\frac{m-2}{x}$ 的图像，那么实数 m 的取值范围是________________。

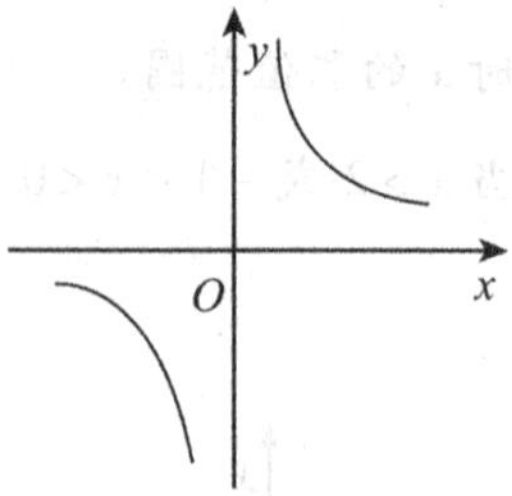

图 1－22

考点：反比例函数的图像，数形结合思想。

分析：根据反比例函数的图像与系数的关系直接解答即可。

解答：根据反比例函数图像在坐标系中的位置，可判断反比例函数的系数>0，即$m-2>0$，故$m>2$.

故答案为$m>2$.

点评：本题主要考查了反比例函数的图像性质，要掌握它们的性质才能灵活解题。

例 4：如图 1－23 所示，点 A 在双曲线 $y=\frac{k}{x}$ 上，$AB\perp x$ 轴于 B，且$\triangle AOB$ 的面积 $S_{\triangle AOB}=2$，则 k 的值为（　　）

A. 2　　B. 4　　C. -2　　D. -4

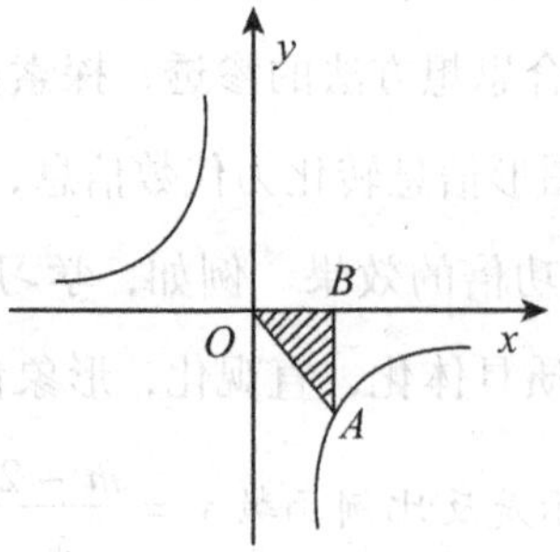

图 1－23

考点：反比例函数系数 k 的几何意义。

分析：根据 k 的几何意义以及函数所在的象限即可确定。

解答：$\because S_{\triangle AOB}=2$，

$\therefore |k|=4$，

$\because$ 函数在第二、四象限，

$\therefore k=-4$.

故选 D.

点评：反比例函数 $y=\frac{k}{x}$ 中 k 的几何意义是经常考查的一个知识点，这里体现了数形结合的思想，做此类题一定要正确理解 k 的几何意义。

三、数形互换，巧用数形结合思想，解决函数相关综合问题

中考数学函数题中很多都是与坐标系有关的，其特点是通过建立点与数即坐标之间的对应关系，一方面可用代数方法研究几何图形的性质，另一方面又可借助几何直观得到某些代数问题的解答。关键是找到数与形的契合点，灵活地采用“几何问题代数化，代数问题几何化”的数形结合思想，找出契合点。在数学函数教学中，突出数形结合思想，有利于学生从不同的侧面加深对问题的认识和理解，提供解决问题的方法，也有利于培养学生将实际问题转化为数学问题的能力。

例 5：（2010 年佛山中考第 22 题）

（1）如图 1－24 所示，请在坐标系中画出二次函数 $y=x^2-2x$ 的大致图像；

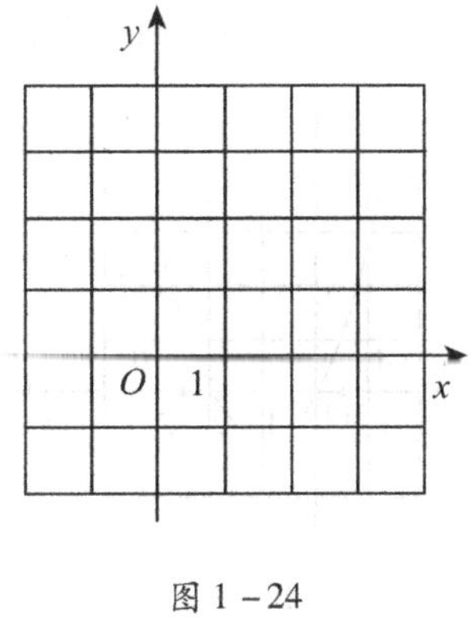

图 1－24

(2) 根据方程的根与函数图像的关系，将方程 $x^2-2x=1$ 的根在图上近似地表示出来（描点）；

(3) 观察图像，直接写出方程 $x^2-2x=1$ 的根。（精确到0.1）

考点：画二次函数的图像，图像法求一元二次方程的近似根。

分析：考查的内容是画二次函数的图像及方程的根与二次函数图像的关系。方程的根与函数图像的关系这个知识点对于学生来说是一个难点，需要学生有数形结合的思想。这道题的3个小题实际上分别是三个步骤，第一步画二次函数图像，第二步在图像上描点，第三步看图像直接写答案。

答题情况：部分考生随便画一条抛物线，在第（2）小题中描当 $y=1$ 时抛物线上的两点不准确导致失分。

错误解法：

(1) 如图1－25所示，只标出当 $y=1$ 时抛物线上的两点；

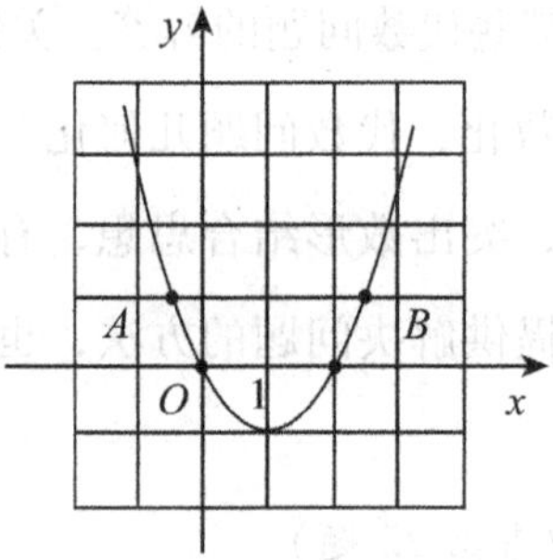

图1－25

(2) 如图1－26所示，只标出 x 轴上的两点；

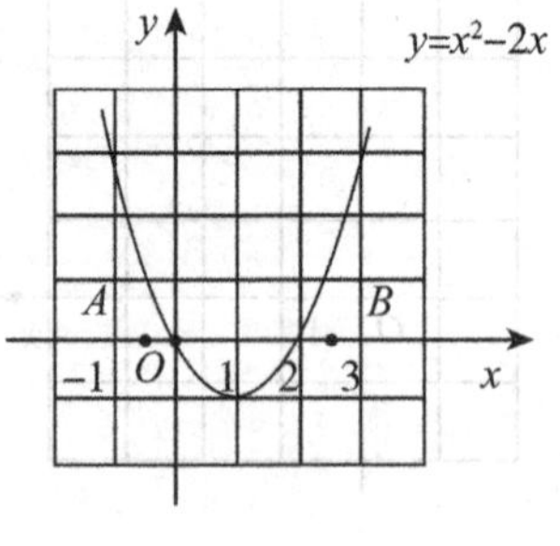

图1－26

正确解法：正确给出点 M、N 给 2 分。（没有作 $y=1$ 的直线或线段的扣 1 分）

方法一：如图 1－27 所示。

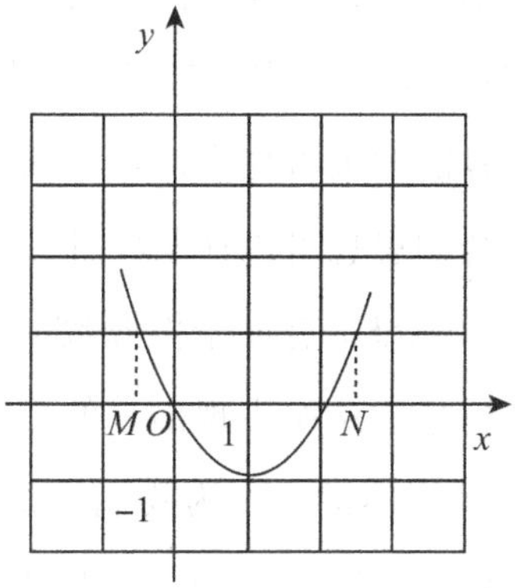

图 1－27

方法二：如图 1－28 所示，利用平移得到与 x 轴的两个交点。

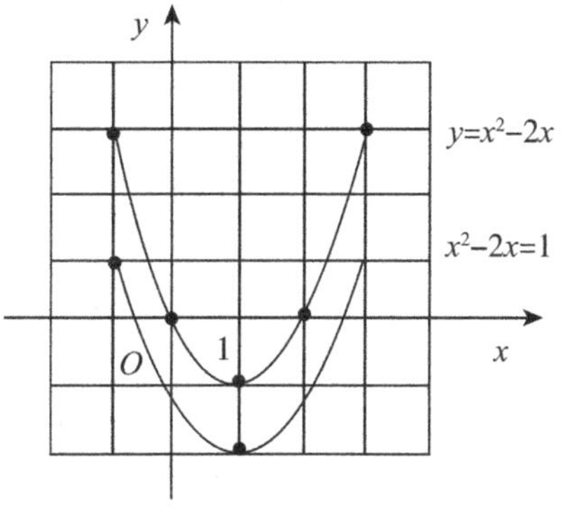

图 1－28

第（3）小题是在第（2）小题的基础上，观察图像直接写出方程的根，但如果第（2）小题没能描对点，就会直接影响第（3）小题的得分，而且答案中 $x_1=-0.4$，$x_2=2.4$ 这两个数值不能有误差也导致了一部分学生失分。

初中二次函数的内容很多，有画图像、平移、有关性质、求解析式及应用等，特别是数形结合思想的应用，是学生感到困难的知识，也是高中学习其他函数的基础。因此在教学中要落实好每个知识点，关注基础知识的教学，关注知识的发生过程，关注学生的思维过程。进行函数的教学时，要注重图像画法与应用的教学，怎样取点，取哪些关键点，怎样描点，怎样连线都要教会学生，不要忽略这些细节。如在画抛物线图像时，抛物线的“光滑”变化趋势学生画得不好，今后的教学要多给时间让学生去动手画。

数和形是初中数学内容的两大板块和两条主线。数形结合是数学解题中常用的思想方法，数形结合的思想可以使某些抽象的数学问题直观化、生动化，能够变抽象思维为形象思维，有助于把握数学问题的本质；另外，在解决有关问题时，数形结合思想方法所表现出来的思路上的灵活、过程上的简便、方法上的多样化是一目了然的，它为我们提供了多条解决问题的通道，使灵活性、创造性的思想品质在其中得到最大限度的发挥。

注：本文在华南师范大学《中学数学研究》2015 年第 3 期发表，
荣获 2018 学年广东省教学论文评比一等奖。

项目学习《测量建筑物的高度》教学设计

一、项目学习概述

1. 开展年级

九年级。

2. 项目简介

如何测量建筑物的高度。我们知道可以利用数学解决一些实际问题，现在我们学了三角函数后，当然也要学以致用，所以我们这次是用“三角函数”知识来测量以学校操场为水平面的其他物体的高度。

我们的学生在研究性项目学习方面相对欠缺，学习了解直角三角形的内容之后，为了进一步提高学生对知识的运用，能应用解直角三角形解决一类观测实际问题，对学校的旗杆、建筑物、背后山的高度进行测量，本节课重点研究底部不可以到达的物体的高度，进一步了解数学建模思想，促进深度学习，能将实际问题中的数量关系转化为直角三角形中元素之间的关系。

二、项目学习团队

教师：佛山市初中数学教育教学研究沙滘初级中学基地团队。

学生：实验教师所在学校的班级。

执教：黄金雄。

三、项目学习目标与任务

（一）教学目标分析

1. 知识与技能

（1）经历活动设计方案。

（2）经历运用仪器进行实地测量以及撰写活动报告的过程。

（3）能利用直角三角形的边角关系的知识解决实际问题。

2. 过程与要求

（1）经历活动设计方案，自制仪器。

（2）能够设计方案、步骤，能够说明测量的理由。

（3）回顾、整理已学过的测高方法以及相关知识，综合运用直角三角形边角关系的知识解决实际问题。

（4）经历运用仪器进行实地测量以及撰写活动报告的过程。

（5）能够对所得到的数据进行分析，能够对仪器进行调整和对测量结果进行矫正，从而得出符合实际的结果。

（6）能综合应用直角三角形的边角关系的知识解决实际问题。

（7）能够综合运用直角三角形边角关系的知识解决实际问题，提高解决问题的能力。

（8）体会数形之间的联系，逐步学会利用数形结合的思想分析、解决问题。

3. 情感态度与价值观

（1）积极参与数学活动过程，并能在活动过程中积极想办法。

（2）培养不怕困难的品质，发展合作意识和科学精神。

（二）教学重、难点

教学重点：让学生经历设计活动方案、运用自制测角仪进行实地测量以及撰写活动报告的过程。

教学难点：能够对所得的数据进行分析，能够对仪器进行调整和对测量的结果进行矫正，从而得出符合实际的结果。

（三）项目学习任务

任务一： 确定测量目标：测量威斯广场大楼的高度。

任务二： 探索测量方法。

与测量高度有关的知识包含：全等三角形（北师大版七年级下册第四章）、勾股定理（北师大版八年级上册第一章）、相似三角形（北师大版九年级上册第四章）、三角函数（北师大版九年级下册第一章）等。

任务三： 小组分工。

以 5 位同学为一小组，合作完成以下任务：

1. 课题研究所要解决的主要问题

（1）测量倾斜角。

（2）测量底部不可以到达的物体的高度。

2. 通过对以下内容的研究来达成目标

（1）先在课堂上讨论、设计方案。

（2）进行室外操场实际测量，活动结束时，应要求学生写出活动报告。重点是让学生经历设计活动方案、自制仪器或运用仪器进行实地测量以及撰写活动报告的过程。

表 1－4

需要完成的事情	完成的方法	主要负责人
搜集资料	搜集网上的资料及记录活动数据的记录	
进行测量、计算	集体使用工具，一起测量	
完善知识点应用	思考不同算法中需要运用的知识点	
完善三角函数	运用三角函数进行计算	

续 表

需要完成的事情	完成的方法	主要负责人
利用数据出题	利用测量数据结合已有知识出题	
总结	具体记录测量过程及解决问题的过程	
总结	数学模型	

任务四：实施测量，完成实践报告。

表 1－5

<table>
<tr><td>课题</td><td colspan="4"></td></tr>
<tr><td>测量示意图</td><td colspan="4"></td></tr>
<tr><td rowspan="4">测得数据</td><td>测量项目</td><td>第一次</td><td>第二次</td><td>平均值</td></tr>
<tr><td></td><td></td><td></td><td></td></tr>
<tr><td></td><td></td><td></td><td></td></tr>
<tr><td></td><td></td><td></td><td></td></tr>
<tr><td>计算过程</td><td colspan="4"></td></tr>
<tr><td>活动感受</td><td colspan="4"></td></tr>
<tr><td>负责人及参加人员</td><td colspan="4"></td></tr>
<tr><td>计算者和复核者</td><td colspan="4"></td></tr>
<tr><td>指导教师审核意见</td><td colspan="4"></td></tr>
<tr><td>备注</td><td colspan="4"></td></tr>
</table>

任务五：活动报告。

① 分析活动结果，深入思考活动结果。

② 收获。

如何将实际问题转化为数学问题？

如何获得解决问题所需要的数据？

如何在活动中学会团队合作？

如何联系实际，学会反思，总结教训？

以上这些，对培养学生的综合素养，促进深度学习，无疑具有重要的现实意义。

③ 吸取经验。

④ 知识积累。

到目前为止，你有哪些测量物体高度的方法？

利用太阳光下的影子测旗杆的高度；（三角形相似的判定条件和性质）

利用标杆测旗杆的高度；（三角形相似的判定条件和性质）

利用镜子的反射测旗杆的高度；（三角形相似的判定条件和性质）

利用直角三角形的边角关系测量物体的高度。

三角函数建立数学模型。

……

任务六：总结学习及评价。

总结与反思。（实践后总结、反思整个研究性学习过程，提出改进意见）

通过对比今天的活动，你能说说测量物体的高度的方法有什么优势吗？

（四）教学方法与手段

数学教育应当是数学再发现的教育，本节课积极倡导学生动手实践、自主探究、合作交流的学习态度，通过动手实践、合作探究、交流讨论，使学生经历发现知识的过程，获得分析和解决问题的能力，变“学会”为“会学”，获得广泛的数学活动经验，从而成为学习的主人。

依据学生的认知发展规律和建构主义的教学理论，本节课把重点放在“合作与探究”上，“以思维为主线”去组织和设计教学过程，运用引导发现法、分组讨论法，使学生的思维过程自然流畅，知识建构系统、连贯，在层层推进的探究过程中，思维得以发展，能力得以提高。根据这一指导思想，本节课采用“情景模拟—诱导发现—问题解决 总结思想”的教学方法。

四、项目学习实施过程设计

表1-6

<table>
<tr><th colspan="2">项目学习阶段</th><th>学生活动</th><th>教师活动</th><th>起止时间</th></tr>
<tr><td colspan="2">第一阶段：动员和培训（初步认识项目学习、理解研究方法）</td><td>先在课堂上讨论、设计方案</td><td>结合教材内容讲解</td><td>3月12日至3月20日</td></tr>
<tr><td rowspan="2">第二阶段：课题准备阶段</td><td>提出和选择课题</td><td>①小组提出测量的对象和方案。
②实地测量物体的高度。
③测量底部可以到达的物体的高度。
④测量底部不可以到达的物体的高度</td><td>组织学生讨论</td><td rowspan="2">3月21日至4月15日</td></tr>
<tr><td>成立项目学习小组</td><td>①各小组成立后，选定组长，学习讨论小组合作学习评价量规。
②进行小组分工，小组内分工可以为收集资料小队、计算小队、校队等</td><td>①在学生自愿成组的前提下，合理调配各组成员，有利于能力较弱的学生也可以安排到工作。
②制定合作学习规则（或者合作学习评价量规）提供给学生。
③组织、指导学生的小组成员分工、小组讨论</td></tr>
</table>

续表

项目学习阶段		学生活动	教师活动	起止时间
第二阶段：课题准备阶段	形成小组实施方案	分析活动结果，撰写活动报告	①设计“研究方案”模板，为学生制订研究方案提供指引。 ②设计“项目学习记录表”，为学生记录提供指引。 ③设计成果展示模板，为学生展示研究结果提供指引	3月21日至4月15日
第三阶段：项目学习实施阶段		①每组提出测量的对象及方案。 学生分组开展小组讨论、交流，初步确定测量对象和方案，并在全班发言，其他学生帮助完善。 ②户外活动——测量物体的高度。 学生按小组自觉测量，获得相关的数据，并进行初步的计算，可以用计算器辅助。 学生讨论得出实验活动过程中测角和距离的方法，并特别注重测量的精确度，在活动中还应注意相互协作、合理安排，让活动能有序、高效率地进行。	①引导学生展示自己设计的方案，并帮助完善， 提示要注意实验的细节： 注意实验时的安全。 在测量的过程中要产生测量误差，因此，多测两组数据，并取它们的平均值较妥。 正确地使用测倾器，特别要注意测量过程中正确、规范地读数。	4月16日至4月29日

续表

项目学习阶段	学生活动	教师活动	起止时间
第三阶段：项目学习实施阶段	③填写活动报告表。 反思实验过程，在全班交流各组的实验活动感受。根据活动报告表，汇报各组实验活动的结果	积极参与测量活动。并能对在测量过程中遇到的困难，想方设法，团结协作，共同解决。 ②指导个别活动能力差的小组	4月16日至4月29日

表1－7　项目学习活动记录表

课题				
测量示意图				
测得数据	测量项目	第一次	第二次	平均值
计算过程				
活动感受				
负责人及参加人员				
计算者和复核者				
指导教师审核意见				
备注				

五、学习工具与环境

教师：测倾器、测角仪、皮尺等测量工具。

学生：各小组自制测角仪。

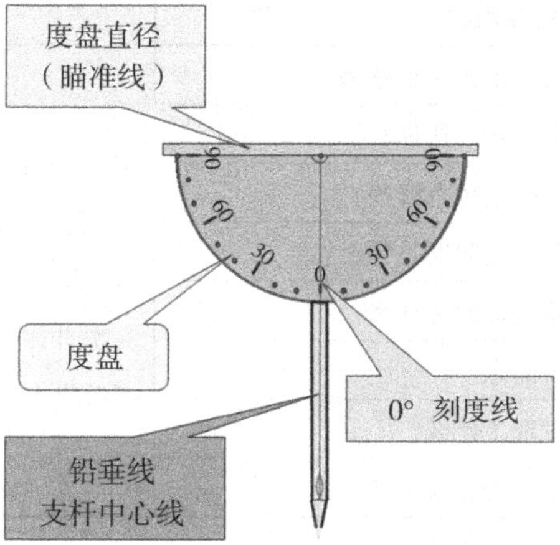

图 1－29

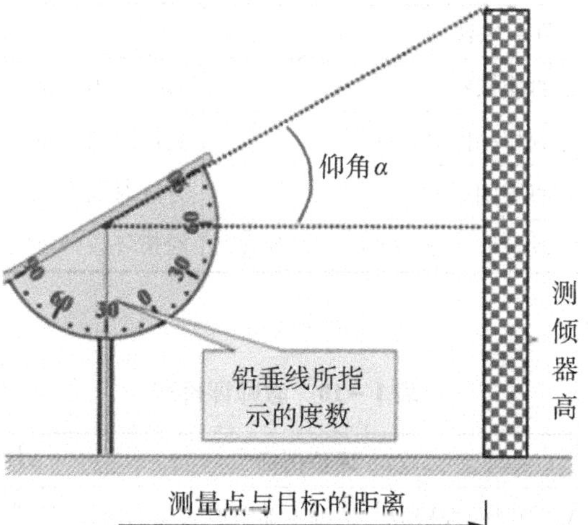

图 1－30

六、学习评价

1. 自我评价

表 1-8　自评表

自评内容	方式
(1) 你是否一直对参与的主题活动感兴趣?	每一个主题活动结束后，填写“研究性学习活动记录与评价表”或用描述性语言对以上内容进行一次自评，完成后经指导教师审阅后收入档案袋中
(2) 你是否参加过活动主题的选择?	
(3) 你收集信息、资料的途径有哪些?	
(4) 你在活动中遇到的最大问题是什么?	
(5) 本次活动中你最感兴趣的是什么?	
(6) 你对活动成果是否满意?	
(7) 本次活动中，你发现了什么?	
(8) 本次活动中，你最大的收获是什么?	

2. 同学互评

表 1-9　同学互评表

互评内容	方式
(1) 小组成员合作是否愉快?	每一个主题活动结束后，小组成员集体讨论，组长执笔用描述性评价方法对以上内容进行评价，完成后经指导教师审阅后收入档案袋中
(2) 你们在活动中遇到哪些困难或问题?	
(3) 你们是怎样合作克服困难的?	
(4) 你们认为下次活动还应从哪些方面加以改进?	

3. 教师评价

表 1-10　教师评价表

评价内容	评价指标	等次（星级评定）
(1) 活动态度方面	A. 态度是否积极，是否主动组织或参与活动 B. 与小组同学合作是否良好 C. 活动是否认真、善始善终 D. 是否勇于克服困难	

续 表

评价内容	评价指标	等次（星级评定）
(2) 知识技能方面	A. 查阅资料技能 B. 学习记录能力 C. 调查研究能力 D. 整理材料能力	
(3) 完成活动任务综合情况方面	A. 运用工具能力 B. 交往与表达能力 C. 分析总结能力	
(4) 创新意识和实践能力方面	A. 选题新颖、独特性 B. 研究问题方法的积极性、多样性 C. 活动方法的灵活性 D. 独立设计活动、开展活动能力	

4. 综合评价

表 1－11　综合评价表

《测量建筑物的高度》研究性学习成果评价量规				
评价指标	评价内容	得分		
		自评	互评	教师评
(1) 在活动中参与的态度	认真参加每次活动			
	努力完成自己承担的任务			
	做好资料积累和处理工作			
	主动提出自己的设想			
	乐于合作，能和同学交流，尊重他人			
	实事求是，尊重他人想法与成果			
	不怕吃苦、勇于克服困难			
(2) 活动中的知识能力、实践能力	善丁提问，乐于研究，勤于动手			
	在“反思”中前进			
	能用多种途径获取信息			
	能运用已有知识解决问题			

续表

《测量建筑物的高度》研究性学习成果评价量规				
评价指标	评价内容	得分		
		自评	互评	教师评
（2）活动中的知识能力、实践能力	有好奇心、探索的欲望			
	独立思考，自主学习，主动发现问题、提出问题，寻求解决问题的方法			
	积极实践，发挥个性特长，施展才能			
总评	（星星总数）÷3			
	（总自评＋总互评＋总教师评）÷3			

注：（1）评价结果分为五个星级；

（2）五星表示优秀，四星表示较好，三星表示一般，两星表示尚可，一星表示仍需努力。

表1－12 研究性学习设计方案评价表

课题名称			
所属年级		所属班级	
对项目学习方案设计的评价			
研究目标	□清晰 □一般 □模糊	进度安排	□合理 □一般 □不合理
资源准备	□丰富 □一般 □很少资源	选题的可行性	□好 □一般 □较差
选题是否与学生生活经验和认知水平相符合	□相符 □一般 □不符合	活动过程是否按照研究性学习的步骤进行	□好 □一般 □较差
研究环节	□明确 □一般 □不明确	为学生活动提供了可行性支持与指导	□好 □一般 □较差
学生是否能经历所有活动并有所收获	□是 □一般 □较差	预期成果	□合适 □一般 □不合适

七、教学反思与总结

本节课在展示、对比、反思、总结后，学生实现了从实际操作到理论依据的升华。在项目练习环节中，设计测量小山高度的方案并用字母表示小山的高度，建立了底部不可到达的测量模型，实现由具体到抽象，由特殊到一般，逐步建立数学模型的过程。这次研讨课，学生在探索中实现了知识的迁移，逐渐完善原有知识、经验，主动建构个人数学知识体系，促进深度学习，达到提高关键能力的目的。

一个项目学习下来，学生的收获应该分为显性的和隐性的两种。显性的收获是对知识点的理解和基本技能的掌握，隐性的收获是学习能力的提高和学习欲望的提升。希望这种探究问题的习惯和思维方式会慢慢渗透内化到学生的认知行为中，学生在日后其他项目学习、生活实践中会自觉地应用。

注：此为2021年4月佛山市初中数学“基于项目式教学，促进深度学习”教学实践活动市级公开课教学设计，执教：黄金雄。

深度学习视角下初中数学习题作业进阶设计策略

——以反比例函数作业设计为例

深度学习，就是在教师的引领下，学生围绕着具有挑战性的学习主题，全身心地积极参与，体验成功、获得发展的有意义的学习过程。作业是课堂的延伸，基于深度学习的作业设计，能够更好地巩固课堂所学，让学生通过作业练习掌握数学的本质。

通过有作业习题设计变化的结构实现对认知图式的迁移，通过变化的应用检验思维强度的真实生长。它强调教师的引导和设计，强调在课后不断挑战已有认知成果，从而达成学生的全面思维生长，这种具有天然的梯度和生长轨迹的作业变式练习效果，正是深度学习效果的体现。这是因为：设置具有挑战性的作业问题，通过问题驱动把教学引向深处，激活学生以往的知识经验，把课后的学习过程指向问题解决，进而促进学生认知能力、问题解决能力、批判性思维、创造性思维等高阶能力的提高，让教学内容真正成为学生学的内容。简单地说，推动课堂所学向更深、更广处发展，促进思维能力提升，发展学生的核心素养。

基于以上认识，笔者结合两个案例阐释在教学实践中进行作业变式设计达成深度学习的策略方法，与同行分享。

一、小题大做，进阶设计指向深度学习

在北师大教材九年级上册反比例函数性质的学习中，一些概念易混淆，那么如何通过作业设计巩固课堂教学成果呢？例如，以教材第 161 页第 3 题为例题和变式训练帮助学生加以区别。

例 1：已知反比例函数 $y=\frac{m+1}{x}$ 的图像具有下列特征：在所在象限内，y 的值随 x 的增大而增大，那么 m 的取值范围是__________。

解：∵ 在所在象限内，y 的值随 x 的增大而增大，

$\therefore m+1<0$，

解得：$m<-1$.

变式 1：若该函数图像在第一、三象限时，那么 m 的取值范围是__________；

变式 2：若点（3，1）在该反比例函数图像上，当 $y<1$ 时，则 x 的取值范围是__________；

变式 3：若点 A（2，3）与点 B（-2，n）都在该函数图像上，则 n 的值为__________；

变式 4：在变式 3 的条件下，点 C（x_1，y_1）、D（x_2，y_2）、E（x_3，y_3）在该函数图像上，若 $x_1<0<x_2<x_3$，则 y_1、y_2、y_3 的大小关系为__________；

变式 5：在变式 3 的条件下，若点 P（x，y）是该反比例函数图像上一点，Q 是 x 轴上一点，且 $PQ\perp x$ 轴，则 $\triangle POQ$ 的面积为__________；

变式 6：如图 1－31 所示，一次函数 $y=-x+3$ 的图像与反比例函数 $y=\frac{m+1}{x}$（$m\neq-1$）在第一象限的图像交于 A（1，a）和 B 两点，直接写出不等式 $-x+3<\frac{m+1}{x}$ 的解集是__________。

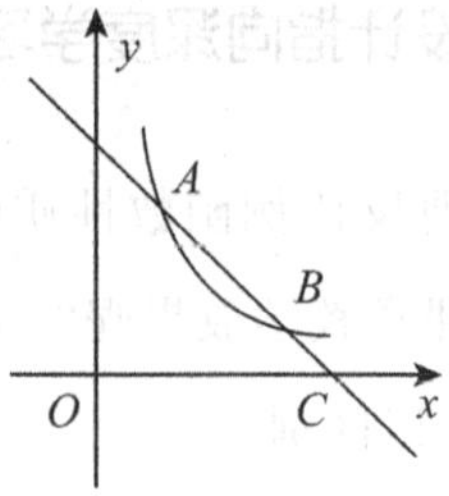

图 1－31

从数到形，再从形到数，这是浑然天成的一个思维方式，例 1 作业的设计，基于教材习题逆向考查对反比例函数图像及其性质的理解，变式采用一题多变的深度学习进阶方式，引导学生思考、总结，逐步形成用函数观点处理问题的意识，由图像特征的文字表达辅以图像表达，推出参数的特征，从中体会函数的建模思想。

变式 1：如果我们仅仅从代数的角度思考函数问题，这是远远不够的，因此设计了变式 1，用其来强化“代数与图形的交融”这一意识，借助图像特征研究代数的知识，使学生“从整体到局部”认识函数。

变式 2：从研究函数的整体特征到局部变量研究，即由点（3，1）在图像上，求得 m 的具体值，而学生为了解决“当 $y<1$ 时，则 x 的取值范围是多少”的问题，会优先考虑绘制反比例函数的草图，分析点的特征，从图像中获取有效信息，获得“点在图像上”与“图像上的点”的理解，体现“数形结合”的数学思想方法，这样既培养了学生的数学思维能力，又对函数的整体性质做出较为清晰的方向指引。

变式 3：将问题深化为对“点在图像上”“点与参数的确定”“图像上的点”三者之间的相互关系的思考上，考查学生对“函数图像”和“函数关系式”之间关系的准确理解；让学生由反比例函数的一个待定系数，分析出要确定一个反比例函数需要一个条件，而所求得的反比例函数又代表了所有满足条件的解，同时也是二元方程的解。

变式 4：将点坐标代数化，思维层次提升，要求学生借助图像理解“函数性质”，也可以进行纯粹的代数思考。从数学的角度来说，变式 4 跟变式 2、变式 3 没有本质的不同，但严格来说，是对前面所培养能力的升华式的考查。从局部的视角研究反比例函数上点与点的特征，既满足数学符号化的特点，又使人豁然开朗——原来代数的知识与函数图像是高度一致的。读取图像点的信息可以用来解不等式。

变式 5：首先考查学生根据文字语言进行简单几何构图的能力，接着考查学生对于参数几何意义的理解，让学生形成数形结合的思想，提高从函数图像中获取信息的能力。

变式 6：体现了知识的整合，可以让学生在应用函数解决问题的过程中，提高综合运用一次函数、反比例函数、基本的平面图形等有关知识解决问题的能力。从知识的相关性角度来看，它还为学生今后学习二次函数等知识的学习提供方法与技能等。

设计意图：教材原题逆向考查对反比例函数图像及其性质的理解，由图像特征的文字表达（辅以图像表达），推理出参数的特征。变式 1 由原题的增减性特征推理参数特征，变化为由象限特征（位置特征）推理参数特征；变式 2 考查“点在图像上”与“图像上的点”的理解，体现“数形结合”的数学思想方法；变式 3 则深化为“点在图像上”“点与参数的确定”“图像上的点”三者之间的相互关系，考查学生对“函数图像”和“函数关系式”之间关系的准确理解；变式 4 将点坐标代数化，思维层次提升，要求学生借助图像理解“函数性质”（推荐），也可以进行纯粹的代数思考；变式 5 首先考查学生根据文字语言进行简单几何构图的能力，接着考查学生对于参数几何意义的理解；变式 6 为函数小综合，低阶思维可以直接由代数进程获得答案，高阶思维则可以由数形结合秒杀。

因此，在习题课变式教学中，以注重知识建构，优化思维品质，培养创新精神为基本要求，以知识变式、题目变式、思维变式、方法变式为基本途径，遵循主体参与、探索创新等教学原则，深入挖掘教材中蕴含的变式创新因素，努力培养学生的创新意识和思维能力。

在初中数学教材的习题作业中，针对作业习题进行的变式有效训练，通过训练让学生意识到变式的依据、条件，意识到变式的总体方向和思路，解决“变”出来的数学问题也是深度学习的过程，重视教材的作业习题变式训练是一件非常有意义的教学实践活动。

二、深度挖掘，提高解决数学问题的能力

例2：（北师大教材九年级上册第162页第11题）如图1－32所示，一次函数 $y_1=kx+b$ 的图像与反比例函数 $y_2=\frac{-2}{x}$ 的图像相交于 $A(-1, m)$，$B(n, -1)$ 两点。

（1）求这个一次函数的表达式；

（2）画出函数图像草图，并据此直接写出使一次函数值大于反比例函数值的 x 的取值范围。

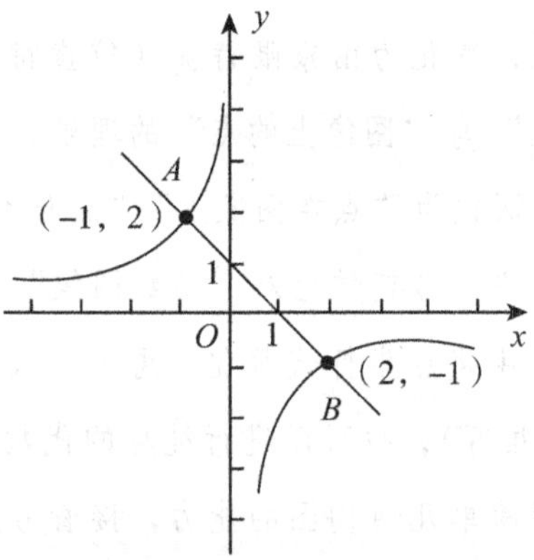

图1－32

解：（1）把 $A(-1, m)$ 代入 $y_2=\frac{-2}{x}$，解得 $m=2$，

$\therefore A(-1, 2)$，

把 $B(n, -1)$ 代入 $y_2=\frac{-2}{x}$，

解得 $n=2$，

$\therefore B\ (2,\ -1)$.

$\because$ 一次函数 $y_1=kx+b$ 经过 A、B 两点，

$\therefore \begin{cases} 2=-k+b \\ -1=2k+b \end{cases}$ 解得 $\begin{cases} k=-1 \\ b=1 \end{cases}$

$\therefore$ 一次函数的表达式为 $y_1=-x+1$.

（2）根据图像可知，使一次函数值大于反比例函数值的 x 的取值范围是 $x<-1$ 或 $0<x<2$.

变式 1：根据图像直接写出不等式 $kx+b\leqslant\frac{-2}{x}$ 的解集。

变式 2：在 x 轴上是否存在点 P，使得 $|PA-PB|$ 的值最大？若存在，求出点 P 的坐标；若不存在，请说明理由。

变式 3：如图 1－33 所示，连接 OA、OB，求 $\triangle OAB$ 的面积。

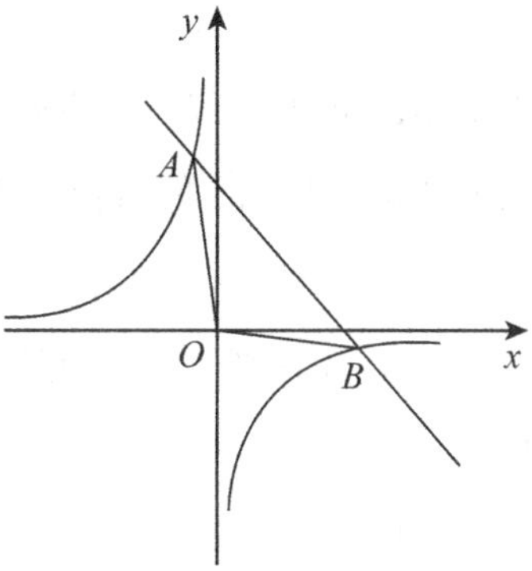

图 1－33

变式 4：在 x 轴上找一点 P，使 $\triangle APB$ 的面积等于 $\triangle AOB$ 面积的 2 倍，求满足条件的点 P 的坐标。

第（1）问，学生初次审题的感受是从已知条件到问题的问法并不直接，这就引发学生思考，进而分析所求的待定系数由哪些条件入手。一次函数有两个待定系数，需要两个已知条件，而无非是从点 A 和点 B 入手，但又一次

遇到瓶颈，因为又有两个待定系数 m，n，但是好在学生能想到点 A 和点 B 同时也是反比例函数上的点。这样的问题方式，让学生茅塞顿开，醍醐灌顶，将代数与图像结合得恰到好处，在考查了知识的同时，又提高了学生的分析能力。第（2）问，绘制草图，才能提升学生对函数的认识，对函数关系式与图像上的点结合理解，从形到数的分析，其本质是求解分式不等式，在北师大版教材中，不等式实际只系统介绍了一元一次不等式，而在解决问题的过程中我们还会遇到解分式不等式的内容，但教材在这里巧妙地将其处理为从图像中分析出解集的做法，既减轻了学生的思维负担，又发展了学生利用函数性质处理问题的意识，这也是后期我们学习二次函数等知识的基础方法和基本技能。

变式 1：直接的问题方式，将思维引导到更直接的方式，对比原题，解分式不等式的设计意图更明确。

变式 2：是一个经典的将军饮马模型与函数的综合考察，体现了建模思想的重要性。

变式 3：本题考察几何知识，但问题提得非常好，既落实到计算面积的基本方法，又让学生体会到点的横、纵坐标的价值，不是单独的数，同时是几何长度，边角关系。

变式 4：在解析法的考查上，如神来一笔，将这种做法的精髓在一个简单问题中呈现，细微之处见真章。

进阶的作业设计，引导学生思考、总结，逐步学会用函数的观点处理问题，渗透函数的建模思想，这是所有巧妙问题的根本设计意图。北师大版教材把函数的概念、函数的图像及其性质、函数的应用看作一个整体，十分注重三者之间的联系，而关于函数应用的教学，教材的安排是包括实际中的应用和数学内部特征的应用，注重突出知识之间的内在联系。而引导学生结合图像进行观察、分析、类比、归纳，提高他们应用数形结合的方法分析、解决问题的能力。

设计意图： 教材原题首先考查“图像上的点”与函数关系式的相互关联，

接着看图说话，考查依据图像理解不等关系的能力和数形结合的思想方法。变式1将不等关系的表达方式由“文字+函数”表达，转化为“符号+不等式”表达，考查学生各种语言之间等效翻译的能力；变式2至变式4已脱离函数背景，变式2考查两定一动差最大，变式3考查坐标系中确定三角形的面积，变式4考查坐标系中线段长度倍增的问题，均为对常见特定模型的考查。

三、结语

基于深度学习的设计作业进阶练习，是对数学中的问题进行不同角度、不同层次、不同情形、不同背景的变式，引导学生通过多侧面、多角度、多渠道地深度思考问题，巩固课堂教学成果，揭示不同知识点的内在联系的一种教学延伸设计方法。根据现行教材弹性较大的特点，积极设计课本习题为作业训练题，并适当加大难度进行拓展，通过作业进阶设计让学生多探讨、多争论，充分激发他们的好奇心和求知欲，这样提升学生思维能力，进而发生知识的迁移，能有效地训练学生思维的完整性、深刻性和创造性，可见，这样的作业设计能够实现学生能力的进阶发展，促使学生对所学知识融会贯通，提高解决数学问题的能力，进而培养了学生的优良思维品质，促进了深度学习。

基于深度学习的深度备课策略

——以正方形的性质与判定（第 1 课时）为例

让学习迈向深度，并非让学习越来越复杂，越来越难，学的内容越来越多。需要沉浸在深处的，是思维，是探索的欲望，是获得的喜悦。深度地学习，去除形式上的花样繁多，力主在思维层面上不断地产生关联、拓展、变式；在学习经验上，更多参与、获得、历练；在学习方法上，主动总结、提炼、迁移。最终，深度带来的学习高度体现在——对学习结果不断实践、检验，形成个性化的学习结果。可见，没有备课时的深度，哪来学生学习上的深度？以北师大版九年级上册第一章特殊平行四边形第 3 节正方形的性质与判定（第 1 课时）为例。

一、课标解读

1. 课标内容

（1）理解平行四边形、矩形、菱形、正方形的概念，以及它们之间的关系；

（2）探索并证明矩形、菱形、正方形的性质定理：矩形的四个角都是直角，对角线相等；菱形的四条边相等，对角线互相垂直。以及它们的判定定理：三个角是直角的四边形是矩形；对角线相等的平行四边形是矩形；四边相等的四边形是菱形；对角线互相垂直的平行四边形是菱形。正方形具有矩形和菱形的一切性质。

2. 内容解读

关于内容（1）：

（1）平行四边形、矩形、菱形、正方形在小学已经出现过，学生已经接触过这些四边形对象，对它们的定义与性质有初步的了解。

（2）在初中阶段，加强了对平行四边形、矩形、菱形、正方形对象的认识，同时加强了它们之间的联系。

（3）在生活情境中呈现图形，在八年级下册引出平行四边形的定义，在九年级上册则基于平行四边形的定义，给出菱形、矩形和正方形的定义，体现了由一般到特殊、螺旋式上升的学习。

关于内容（2）：

（1）在初中阶段学习一个几何图形，基本需要经历“认识与理解对象定义（相关概念）—探索并证明对象的几何性质—探索并证明对象的判定定理—灵活运用对象的几何性质和判定定理”过程。同时，在初中阶段出现几何语言，要提高学生的几何语言逻辑表达能力。

（2）在八年级下册学生已经学习了平行四边形的相关知识，具备一定的基础，掌握了平行四边形具备的以下性质：①对边平行且相等；②对角相等；③对角线互相平分。以及平行四边形的判定定理：①两组对边分别平行的四边形是平行四边形；②一组对边平行且相等的四边形是平行四边形；③两组对边分别相等的四边形是平行四边形；④对角线互相平分的四边形是平行四边形。

（3）在九年级上册教材第一章安排《特殊平行四边形》，与前面所学内容紧密连接且螺旋上升。在学习平行四边形的基础上，借助平行四边形的相关知识作为基本背景图形，进行学习菱形、矩形再到正方形，再探索与证明这些对象的性质与判定定理的过程，让学生经历“探索—发现—猜想—证明”的过程，发展学生的几何直观，逻辑推理核心素养与培养学生解决问题的数学思维。

（4）回到本节课“正方形的性质与判定（第1课时）”，主要内容是探索与证明正方形的性质，一定要与平行四边形、菱形和矩形的性质做好区分与联系，了解研究对象的共性与差异。正方形的性质包括了菱形和矩形的全部性质，源于正方形是菱形与矩形的结合体。

符合课标的考查方式：

（1）利用对象的性质解决问题。

（2）判定一个几何图形为特殊平行四边形。

（3）以特殊平行四边形为基础图形，结合图形的变化和数据，或者是与多个知识相结合，形成具有一定难度的综合题目，也是中考的常见考查内容，往往在后面几道解答题中出现。

（4）针对本节课，考查内容有：①单独考查正方形的性质；②以正方形为背景图形，借助其性质完成其他结论的求解。

（5）相关知识：正方形的相关知识、三角形全等相关知识。

关于课标内容所凸显的数学思想方法：

（1）类比数学思想：类比平行四边形、菱形和矩形进行学习。

（2）转化数学思想：探索和证明正方形性质转化成三角形全等问题、菱形与矩形问题。

（3）几何直观思维：训练识图、画图、用图的数学能力与思维。

（4）合情推理能力与演绎推理能力：在探索与证明正方形性质过程中培养学生的合情推理能力与演绎推理能力。

二、教材分析

1. 教学内容分析

本节课是北师大版九年级上册第一章《特殊平行四边形》的第3节《正方形的性质与判定》第1课时，属于初中数学“图形与几何”中的“图形的性质”的部分内容。

本节课基于“正方形的性质与判定”主题，教材紧紧围绕课标，由一开始出现三个大小不一样的图形来引出正方形的概念——有一组邻边相等，并且有一个角是直角的平行四边形叫作正方形。显然，从给出的概念已经发现包括了菱形和矩形的概念，做下了一个铺垫，紧接着到第一个“议一议”部分，直接提问正方形是不是矩形、菱形和进一步挖掘正方形的性质，然后例1则是正方形性质的运用，再到第二个“议一议”，强化数学思维的形成，归纳总结平行四边形、菱形、矩形、正方形之间的关系。

整个一节教材的安排都是在研究正方形性质的基础上，且作为本章最后一个研究对象，加强了与前面学习的研究对象之间的联系，了解它们之间的共性与差异。最后，在随堂练习与课后习题中，巩固正方形的性质，并回到实际生活问题中，从数学问题回归到实际生活问题。

（1）基本知识：正方形的概念、正方形的性质与本章前面所学知识。

（2）基本技能：①能证明正方形的性质；②灵活运用正方形的性质解决问题。

（3）解题方法：抓住正方形的性质与题目中出现的其他对象的性质解题。

（4）数学能力：识图、画图、用图的数学能力，在几何题目中，需要充分发挥图形的作用，可以有效帮助解题。

很明显，课标的内容都是对应到教材整章3节课的内容——《菱形的性质与判定》《矩形的性质与判定》《正方形的性质与判定》，体现一个整体性与教材的螺旋式编写，凸显平行四边形、菱形、矩形与正方形之间的共性与差异，重点学习研究对象的性质与判定。

2. 教学目标分析

根据课程标准和教材内容，制定如下教学目标：

（1）掌握正方形的概念、性质，并会用它们进行有关的论证和计算。

（2）理解正方形与平行四边形、矩形、菱形的联系和区别，能用一个图形直观地表示出来。

（3）经历探索正方形有关性质的过程，在观察中寻求新知，在探索中发展推理能力，逐步掌握说理的基本方法，能使用几何语言进行逻辑推理，证明正方形的性质。

（4）数学思考：通过观察、猜想、验证、推理、交流等数学活动进一步发展演绎推理能力和发散思维能力。

3. 教学的重难点分析

（1）重点：正方形的定义及正方形与平行四边形、矩形、菱形的联系。

（2）难点：正方形与矩形、菱形的关系及正方形性质灵活运用。

（3）突出重点突破难点的方法：让学生经历探索—发现—猜想—证明的过程，同时让学生独立思考、动手操作与合作交流，发展学生的几何直观与逻辑推理核心素养，培养学生解决问题的数学思维，进而使其掌握本节课的重点和突破本节课的难点。

4. 教学延伸

菱形、矩形和正方形这些特殊的四边形在高中的几何与代数中有着广泛的应用，强化其判定定理和性质极为重要，可以进一步拓展这些特殊的四边形的性质与判定的考查。

三、教学过程

环节1：创设问题，形成新知

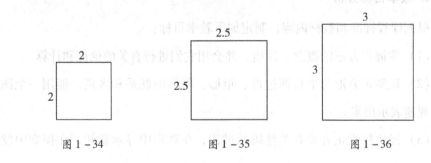

如图1－34、图1－35、图1－36所示，四边形都是特殊的平行四边形，观察这些特殊的平行四边形，你能发现它们有什么样的共同特征？

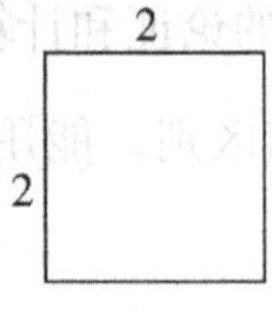

图1－34

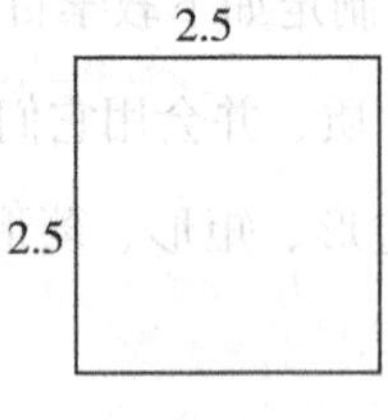

图1－35

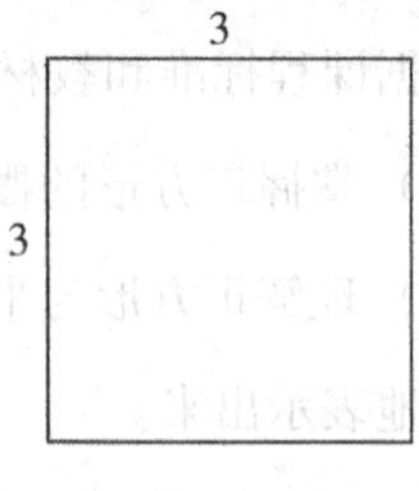

图1－36

问题1：我们研究图形的特征，一般从哪些方面入手进行研究？

追问1：上述特殊的平行四边形的边有什么共同特征？

追问2：上述特殊的平行四边形的角有什么共同特征？

问题2：正方形的定义包含了多少层意思？

追问3：每一层含义能够表示什么图形？

问题3：正方形有什么性质呢？

在这里，布置一个学习任务，探究并证明正方形的性质。将班级同学分成两个方面的小组——理论组和操作组，让他们从两个方向探索并证明正方形的性质。

表1－13

理论组：探索并证明正方形的性质的任务单
猜想： ①边： ②角： ③对角线：
已知： 求证： 证明过程：
结论：

表 1－14

<table>
<tr><th colspan="4">操作组：探索并证明正方形的性质的任务单</th></tr>
<tr><td colspan="2">元素</td><td colspan="2">数据</td></tr>
<tr><td colspan="2">角</td><td colspan="2"></td></tr>
<tr><td rowspan="4">线</td><td rowspan="2">边</td><td>数量关系</td><td></td></tr>
<tr><td>位置关系</td><td></td></tr>
<tr><td rowspan="2">对角线</td><td>数量关系</td><td></td></tr>
<tr><td>位置关系</td><td></td></tr>
<tr><td>对称性</td><td colspan="3"></td></tr>
<tr><td>结论</td><td colspan="3"></td></tr>
</table>

设计意图：通过设问，引出本节课新知，带领学生探索本节课学习内容，引导学生数学思考思维逐步深入，将学习内容问题化，细分成若干个小问题，给学生学习降低难度。同时开展任务式教学，让学生从两个不同的方向探索并证明正方形的性质，让学生经历探索—发现—猜想—证明的过程，发展学生的几何直观思维、合情推理与逻辑推理能力。

使用说明：采用问答形式展开，学生自主回答，教师适时引导，帮助学生引入本节课学习内容。布置任务，让学生自主思考、合作交流，最后教师与学生一起总结与归纳。

环节 2：典型例题，形成方法

问题 1：如图 1－36 所示，在正方形 $ABCD$ 中，E 为 CD 上一点，F 为 BC 边延长线上一点，且 $CE=CF$，BE 与 DF 之间有怎样的关系？请说明理由。

追问 1：讨论线段关系时，从哪些方面讨论？

变式 1：若 $\angle FDC=40°$，求 $\angle BEF$ 的度数。

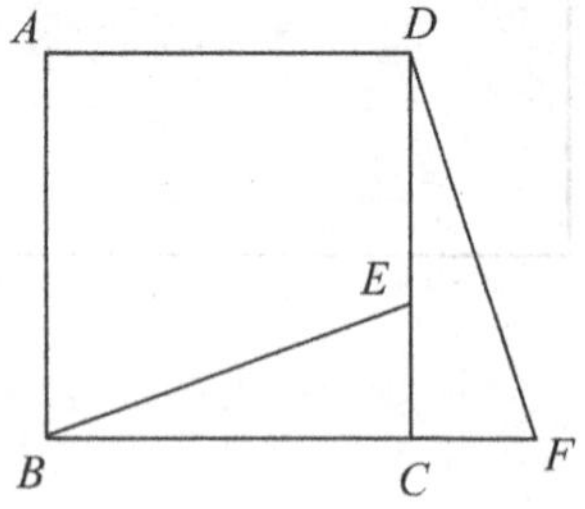

图 1－37

对应训练：如图 1－38 所示，在正方形 $ABCD$ 中，点 F 为对角线 AC 上一点，连接 BF，DF.

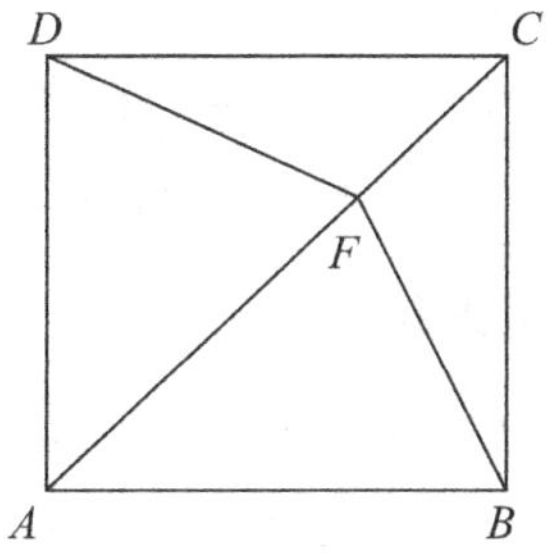

图 1－38

求证：$\triangle ADF \cong \triangle AFB$.

变式 2：如图 1－39 所示，延长 BE 交直线 CD 于点 F，G 在直线 AB 上，且 $FG=FB$.

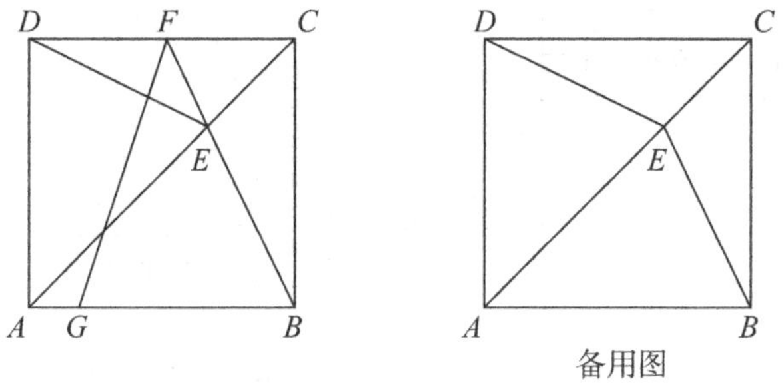

图 1－39

① 求证：$DE \perp FG$；

② 已知正方形 $ABCD$ 的边长为 2，若点 E 在对角线 AC 上移动，当 $\triangle BFG$ 为等边三角形时，求线段 DE 的长（直接写出结果，不必写出解答过程）。

问题 2：平行四边形、菱形、矩形、正方形之间有什么关系？你能用一个图直观地表示它们之间的关系吗？与同伴交流。

设计意图：以教材例题为母题，让学生掌握本节课学习的新知识，学会运用正方形的性质进行求解；通过改编母题，设置进阶变式，带领学生突破难点，培养学生的发散数学思维以及充分锻炼学生理论依据（本节课是关于正方形的定理）图形化的能力。

使用说明：学生自主思考、独立完成。在进阶变式训练中是可以开展合作交流的，学生上台板演，教师巡视，适时点拨。

环节3：总结整合，形成关联

（1）知识总结：会用正方形的性质解决实际问题；会证明三角形全等。

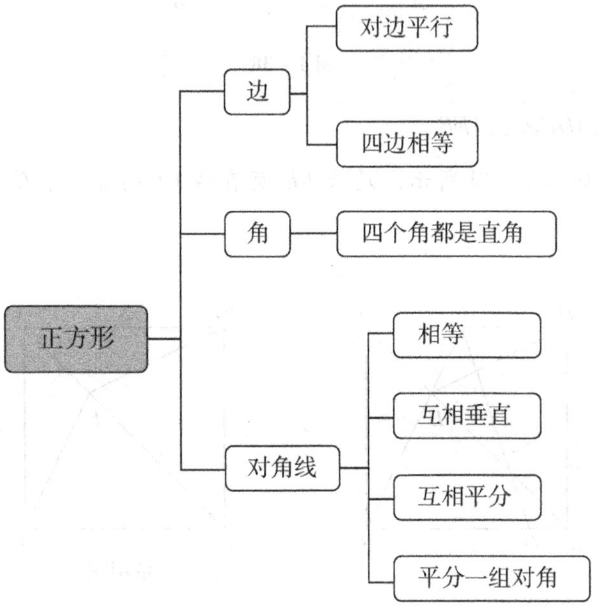

图1－40

（2）方法总结：借助证明三角形全等的方法，利用三角形全等和正方形的性质结合解决问题。

（3）图形的关联：

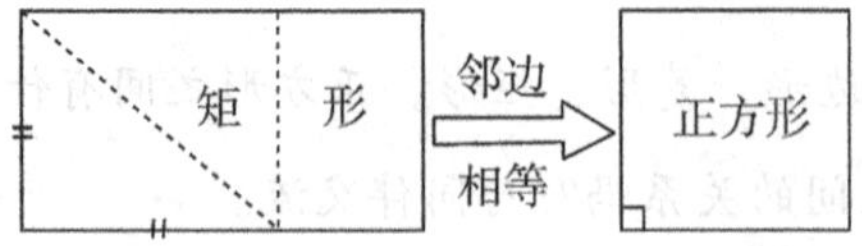

图1－41

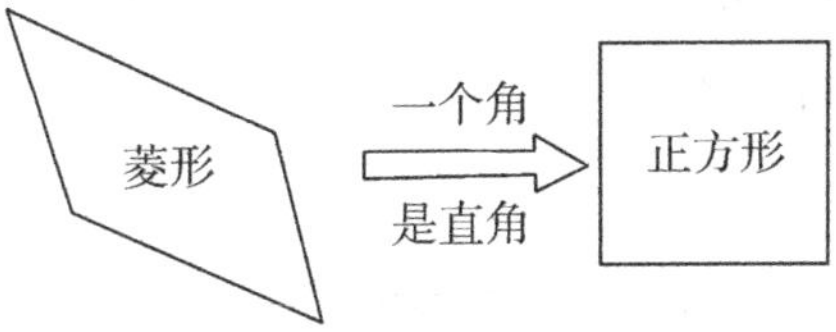

图 1－42

（4）知识关联：

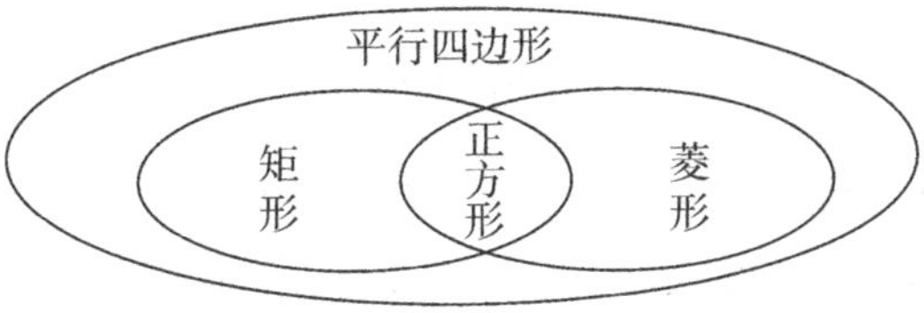

图 1－43

设计意图：总结归纳知识，建构知识网络，让学生系统掌握知识，同时形成数学思维。

使用说明：教师总结，学生自主消化。

环节 4：应用深化，形成迁移

（1）基础训练：见教材课后习题 1.7。

（2）补充题目：

题 1：如图 1－44 所示，正方形 $ABCD$ 的边长为 8，在各边上顺次截取 $AE=BF=CG=DH=5$，则四边形 $EFGH$ 的面积是__________.

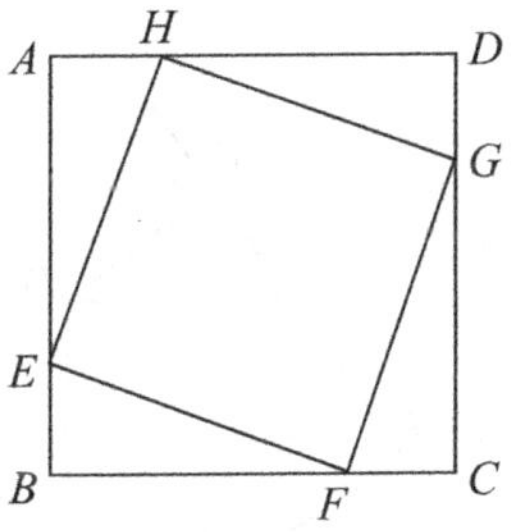

图 1－44

题2：如图1－45所示，在菱形$ABCD$中，$\angle B=60^{\circ}$，$AB=2$，则以AC为边长的正方形$ACEF$的周长为________.

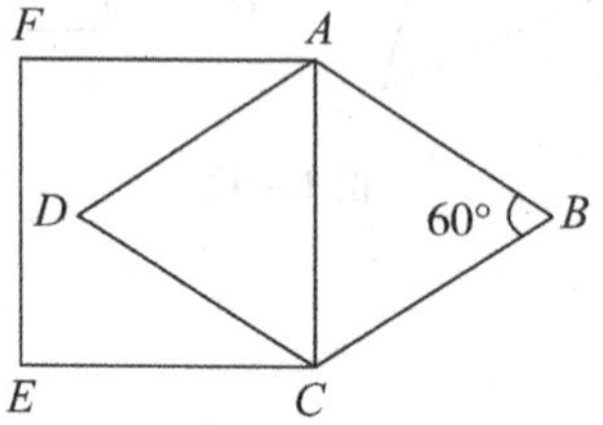

图1－45

题3：如图1－46所示，AC为正方形$ABCD$的对角线，E是DC延长线上一点，F是AB延长线上一点，且四边形$ACEF$是菱形，则$\angle CAE=$________.

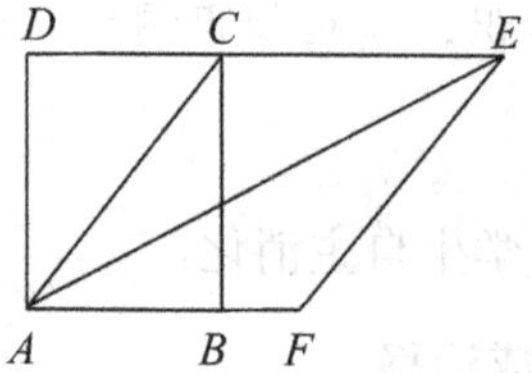

图1－46

题4：如图1－47所示，直线a经过正方形$ABCD$的顶点A，分别过顶点B、D作$DE\perp a$于点E、$BF\perp a$于点F，若$DE=4$，$BF=3$，则EF的长为________.

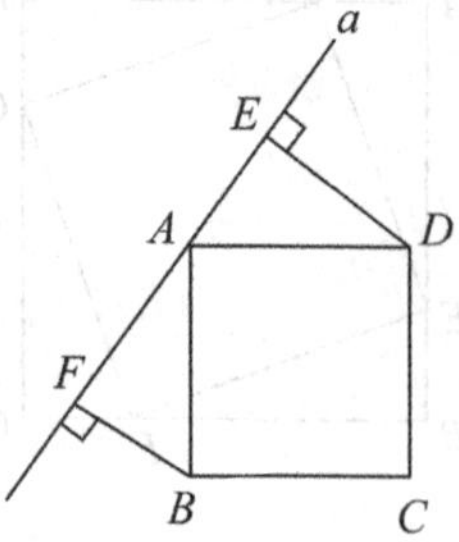

图1－47

2. 提升训练

（1）书本习题1.7第2题改编：如果点 E 在正方形 $ABCD$ 的外部，那么 $\angle AEB$ 的度数是多少?

（2）补充题

题1：如图1-48所示，四边形 $ABCD$ 是正方形，$BE\perp BF$，$BE=BF$，EF 与 BC 交于点 G.

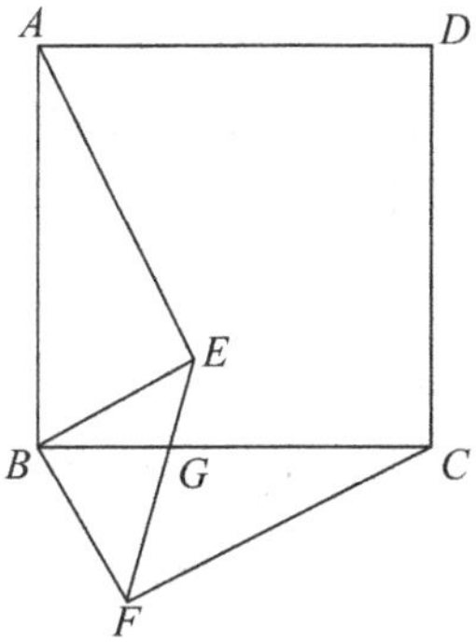

图1-48

（1）求证：$AE=CF$；

（2）若 $\angle ABE=55°$，求 $\angle EGC$ 的大小.

题2（2019年广东中考第9题改编）：如图1-49所示，在正方形 $ABCD$ 中，$AB=3$，点 E、F 分别在边 AB、CD 上，$\angle EFD=60°$. 若将四边形 $EBCF$ 沿 EF 折叠，点 B 恰好落在 AD 边上，则 $C'F$ 的长度为__________.

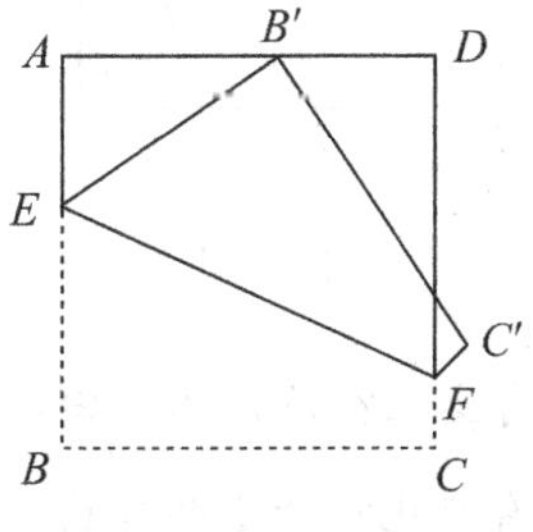

图1-49

3. 思维闯关

题1：如图1-50所示，正方形$ABCD$的边长为2，以BC为边向正方形内作等边$\triangle BCE$，连接AE、DE。

（1）请直接写出$\angle AED$的度数，$\angle AED=$__________；

（2）将$\triangle AED$沿直线AD向上翻折，得$\triangle AFD$. 求证：四边形$AEDF$是菱形；

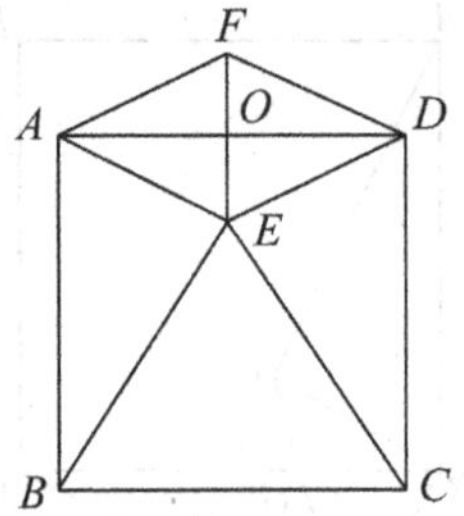

图1-50

（3）连接EF，交AD于点O，试求EF的长.

题2：如图1-51所示，在正方形$ABCD$中，点E、F分别在BC、CD上移动，但A到EF的距离AH始终保持与AB长相等，问在E、F移动过程中：

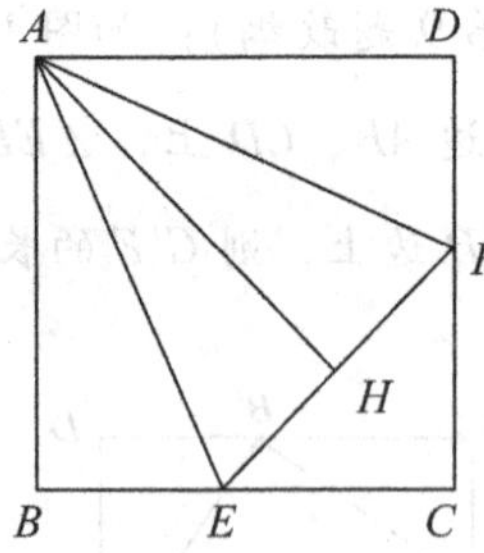

图1-51

（1）$\angle EAF$的大小是否有变化？请说明理由。

（2）$\triangle ECF$的周长是否有变化？请说明理由。

题3（2020年广东中考第10题改编）：如图1-52所示，正方形$ABCD$的边长为 4，延长 CB 至 E 使 $EB=2$，以 EB 为边在上方作正方形 $EFGB$，延长 FG 交 DC 于点 M，连接 AM、AF，H 为 AD 的中点，连接 FH 分别与 AB、AM 交于点 N、K. 则下列结论：①$\triangle ANH \cong \triangle GNF$；②$\angle AFN=\angle HFG$；③$FN=2NK$；④$S_{\triangle AFN}:S_{\triangle ADM}=1:4$. 其中正确的结论有__________个.

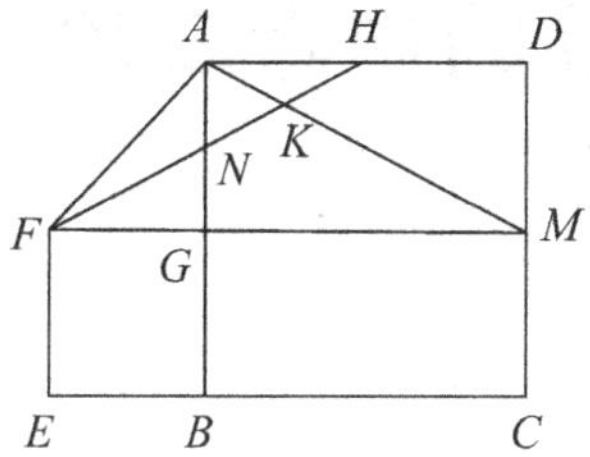

图 1－52

设计意图： 基于学生的认知发展水平，设计不同层次题目，层层递进，做到满足学生的“最近发展区”，让学生“跳一跳，摘到桃子”，发展学生的数学思维。

使用说明：分层推送、布置练习。教师了解学生的作答情况，做好跟进落实工作。

四、教学思考

以正方形的性质与判定（第 1 课时）为例，在教师引领下，学生围绕具有挑战性的“正方形的性质”这一学习主题，掌握特殊四边形的核心知识，形成正确的价值观，成为具有独立性、批判性、创造性，又有合作精神，基础扎实的实践主人。通过深度备课，设计深度学习进阶学习目标，教师在备课时要遵循将这种目标引领落实到教学行为上，由浅入深，实现从深度备课走向深度学习的思考路径。

基于变式训练的中考二轮专题复习策略

——以反比例函数专题复习为例

中考二轮专题复习是在一轮全面复习的基础上对重难点进一步深化巩固的阶段，是学生能力与成绩实现跨越提升的重要阶段。那么如何在二轮复习中做到有效？笔者认为，变式训练是比较有效的途径之一。变式训练由一个基本问题出发，精心设计有层次、有坡度，要求明确、题型多变的练习题，运用类比、联想、特殊化和一般化的思维方法，探索问题的发展变化，拓展学生的思维。下面笔者结合二轮复习课“反比例函数专题复习”谈谈自己的做法。

专题一：反比例函数的增减性

例1：已知点 $A(2,\ y_1)$，$B(-3,\ y_2)$，$C(-5,\ y_3)$ 都在反比例函数 $y=\frac{-6}{x}$ 的图像上，比较 y_1、y_2 与 y_3 的大小。

解：反比例函数在第二、四象限各个象限内 y 随 x 的增大而增大，且第二象限内，函数值都大于0，第四象限内函数值都小于0，

$\because$ 点 $B(-3,\ y_2)$，$C(-5,\ y_3)$ 位于第二象限，点 $A(2,\ y_1)$ 位于第四象限，

$\therefore y_1<y_3<y_2$.

变式1：已知点 $A(2,\ y_1)$，$B(-3,\ y_2)$，$C(-5,\ y_3)$ 都在反比例函

数 $y=\frac{k^2+1}{x}$ 的图像上，比较 y_1、y_2 与 y_3 的大小。

变式2：已知点 A（2，y_1），B（-3，y_2），C（-5，y_3）都在反比例函数 $y=\frac{k}{x}$ 的图像上，比较 y_1，y_2 与 y_3 的大小。

变式3：已知点（x_1，y_1），（x_2，y_2）都在反比例函数 $y=\frac{-6}{x}$ 的图像上，且 $x_1>x_2$，比较 y_1 与 y_2 的大小。

设计意图：例1考查反比例函数的增减性，可以利用代数特征求解，也可以利用图形特点作答；变式1在例1的基础上将反比例函数的参数进行代数化，先考查学生对代数式特征的分析能力，再考查函数的增减性；变式2进一步在参数代数化上深入，考查学生对代数式特征的分析能力和有条理思考的能力，渗透分类的数学思想方法；变式3则将点坐标代数化，思维能力要求高，对类比、分类、数形结合等数学思想方法均有考查。

通过例1不断变换命题的条件，引申拓广，帮助学生克服思维狭窄性，产生一个既类似又有区别的问题，使学生产生浓厚的兴趣，在挑战中寻找乐趣，培养了思维的深刻性。

专题二：反比例图像位置的影响

例2：已知函数 $y=\frac{k}{x}$（$k\neq0$），在每个象限内，y 随 x 的增大而增大，那么它和函数 $y=kx$（$k\neq0$）在同一直角坐标平面内的大致图像是（　　）

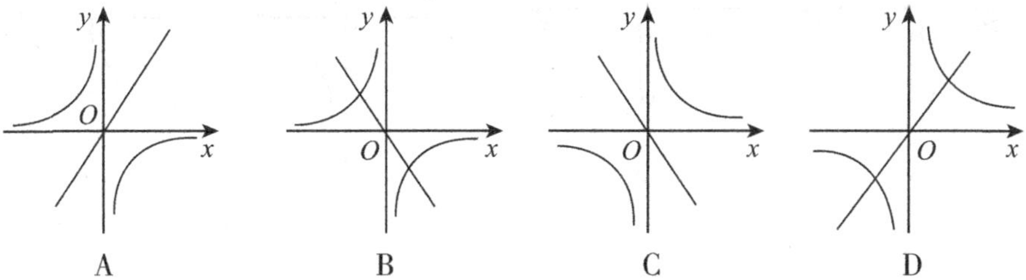

解：∵ 函数 $y=\frac{k}{x}$（$k\neq0$），在每个象限内，y 随 x 的增大而增大，

∴ $k<0$，

∴ 双曲线在第二、四象限，

∴ 函数 $y=kx$ 的图像经过第二、四象限，

∴ 选 B.

变式 1：在反比例函数 $y=\frac{k}{x}$（$k\neq0$）中，当 $x>0$ 时，y 随 x 的增大而减小，则二次函数 $y=kx^2+2kx$ 的图像大致是（　　）

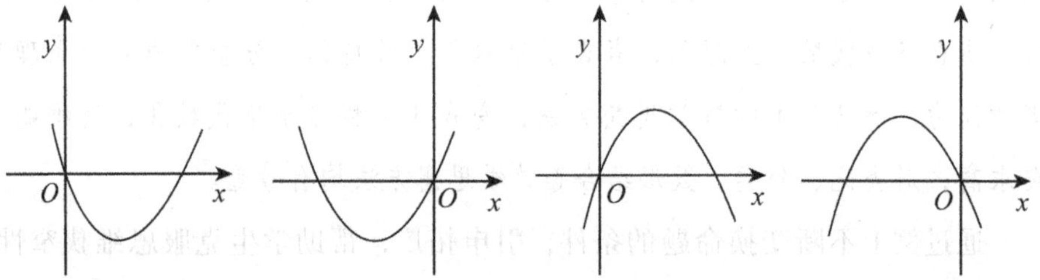

A　　　　B　　　　C　　　　D

变式 2：在同一平面直角坐标系中，函数 $y=kx+k$ 与 $y=\frac{k}{x}$（$k\neq0$）的图像可能是（　　）

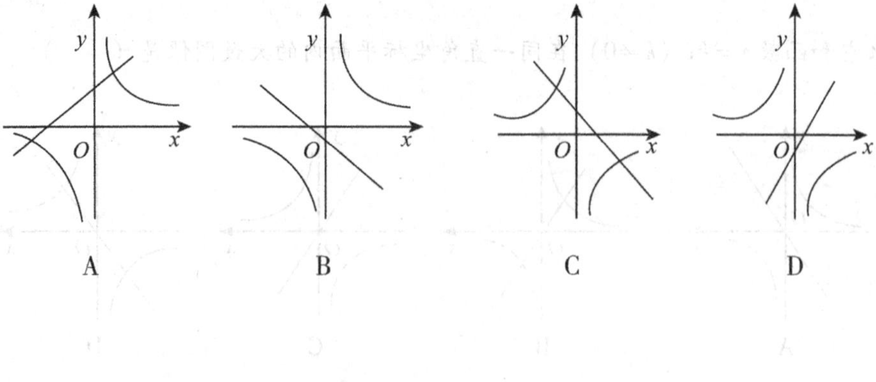

A　　　　B　　　　C　　　　D

设计意图： 例 2 考查参数对函数图像位置的影响，由于涉及两个函数两个参数，除了对知识本身的考查外，对学生思维层次的清晰程度能起到较好的检测作用；变式 1、变式 2 均为两个函数三个参数，除了对不同类型的函数图像特点有准确的认识外，还需要学生能养成有条理思考的思维习惯。

通过例 2 多次的渐进式的拓展训练，活跃学生的思维，让学生通过训练不断探索解题的途径，使思维的广阔性得到不断发展。

专题三：面积不变性

例 3： 如图 1－53 所示，P 是反比例函数 $y=\frac{k}{x}$ $(k\neq 0)$ 图像上的一点，由 P 分别向 x 轴和 y 轴引垂线，阴影部分面积为 6，则函数的表达式为__________.

解：设点 P 的坐标为 $(x,\ y)$.

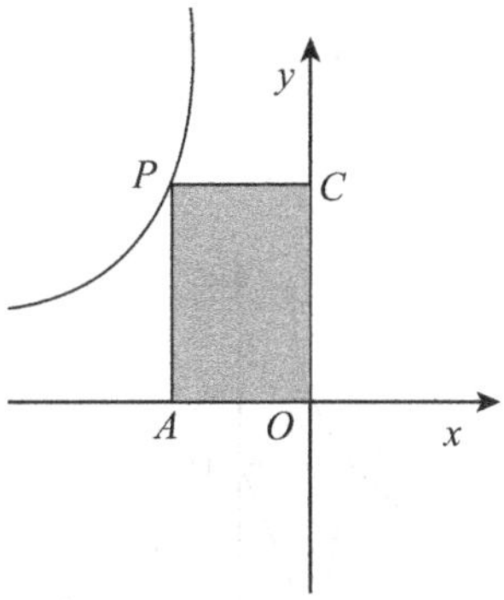

图 1－53

$\because P(x,\ y)$ 在反比例函数 $y=\frac{k}{x}$ 的图像上，

$\therefore k=xy$，

$\therefore |xy|=6$，

$\because$ 点 P 在第二象限，

$\therefore k=-6$，

$\therefore y=\frac{-6}{x}$.

变式1：如图1-54所示，点P是反比例函数$y=\frac{-6}{x}$上的任意一点，$PD\perp x$轴于点D，则$\triangle POD$的面积是__________.

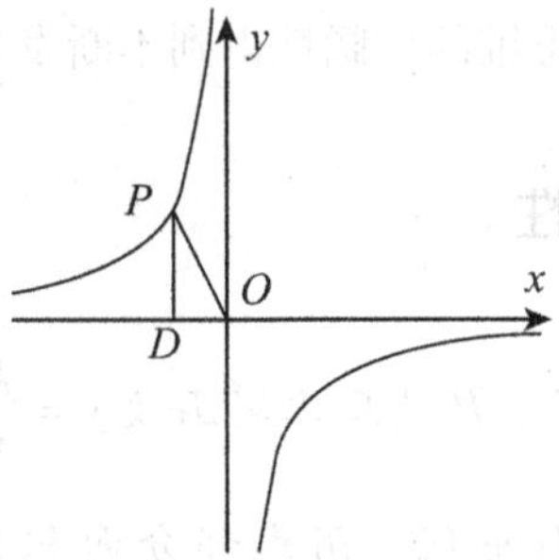

图1-54

变式2：如图1-55所示，若点P在反比例函数$y=\frac{k}{x}$（$x<0$）的图像上，过点P作$PM\perp y$轴于点M，N为x轴上一点，若$\triangle PNM$的面积为3，则$k=$__________.

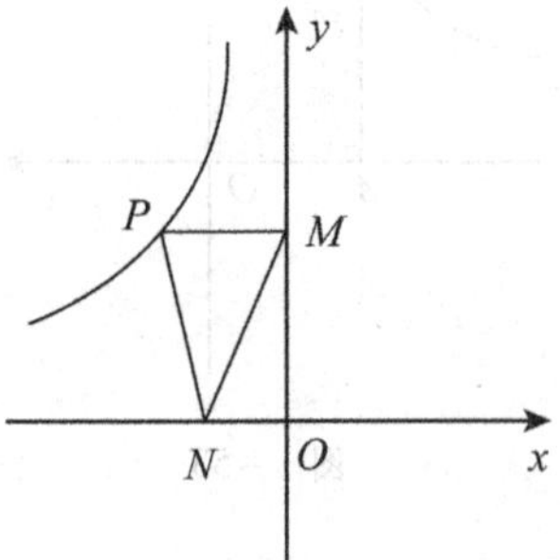

图1-55

变式3：双曲线y_1、y_2在第一象限的图像如图1-56所示，$y_1=\frac{4}{x}$，过y_1上的任意一点A，作x轴的平行线交y_2于点B，交y轴于点C，若$S_{\triangle AOB}=1$，则y_2的解析式是__________.

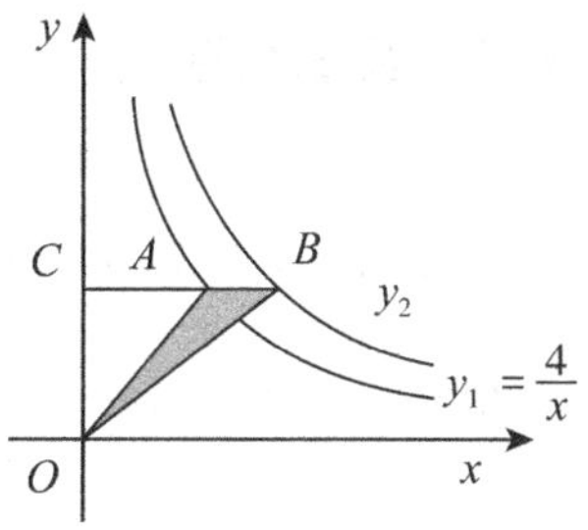

图 1－56

变式 4：如图 1－57 所示，A、B 两点在双曲线 $y=\frac{5}{x}$ 上，分别经过 A、B 两点向坐标轴作垂线段，已知 $S_1+S_2=4$，则 $S_{阴影}=$（　　）

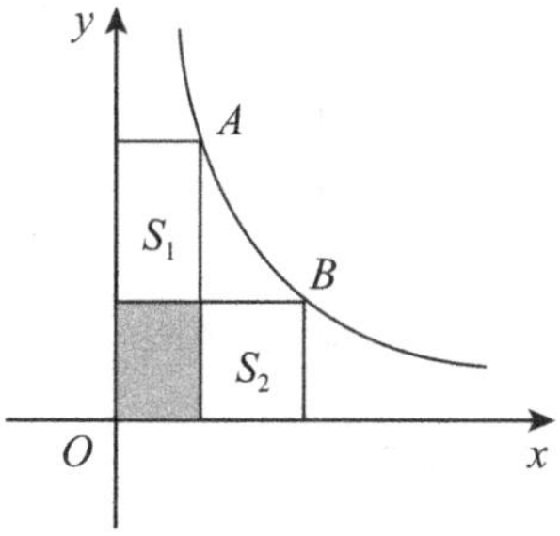

图 1－57

A. 2　　　B. 3　　　C. 4　　　D. 5

设计意图： 例 3 考查学生对反比例函数参数的几何意义的理解，同时考查参数对函数图像所在象限的影响；变式 1 至变式 4 均为同种变式，即对例 3 中的矩形面积通过割、补、平移等各种方式进行隐藏，解答的关键就是要拨开掩饰，复原矩形回归例 3 即可。

通过例 3 的一题多用，多题重组，常给人以新鲜感，能够唤起学生的好奇心和求知欲，因而能够产生主动参与的动力，保持其参与教学活动的兴趣和热情。

专题四：反比例函数与一次函数结合

例4：如图1-58所示，一次函数 $y_1 = kx + b$ 的图像与反比例函数 $y_2 = \frac{-2}{x}$ 的图像相交于 A（-1，m），B（n，-1）两点。

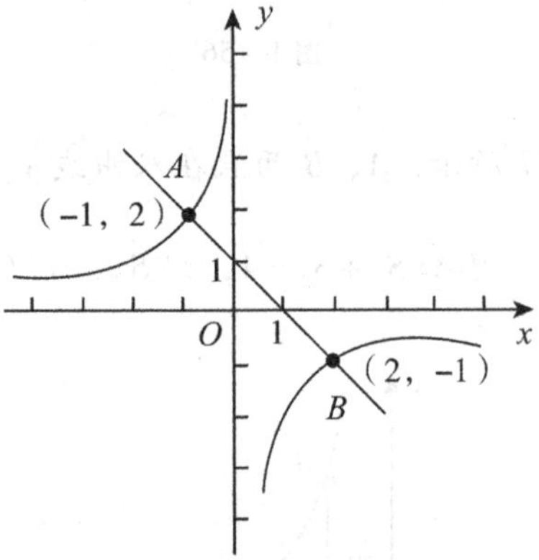

图1-58

(1) 求这个一次函数的表达式；

(2) 画出函数图像草图，并据此直接写出使一次函数值大于反比例函数值的 x 的取值范围。

解：(1) 把 A（-1，m）代入 $y_2 = \frac{-2}{x}$，解得 $m = 2$，

$\therefore A$（-1，2），

把 B（n，-1）代入 $y_2 = \frac{-2}{x}$，解得 $n = 2$，

$\therefore B$（2，-1）.

$\because$ 一次函数 $y_1 = kx + b$ 经过 A、B 两点，

$\therefore \begin{cases} 2 = -k + b \\ -1 = 2k + b \end{cases}$ 解得 $\begin{cases} k = -1 \\ b = 1 \end{cases}$

$\therefore$ 一次函数的表达式为 $y_1 = -x + 1$.

（2）根据图像可知，使一次函数值大于反比例函数值的 x 的取值范围是 $x<-1$ 或 $0<x<2$.

变式 1：根据图像直接写出不等式 $kx+b\leqslant\frac{-2}{x}$ 的解集。

变式 2：在 x 轴上是否存在点 P，使得 $|PA-PB|$ 的值最大？若存在，求出点 P 的坐标；若不存在，请说明理由。

变式 3：如图 1－59 所示，连接 OA、OB，求 $\triangle OAB$ 的面积。

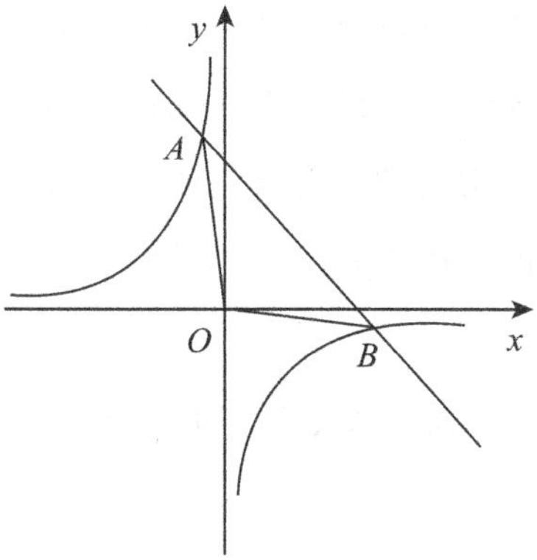

图 1－59

变式 4：在 x 轴上找一点 P，使 $\triangle APB$ 的面积等于 $\triangle AOB$ 面积的 2 倍，求满足条件的点 P 的坐标。

变式 5：若点 F 是 x 轴上的一动点，若 $\triangle AOF$ 是等腰三角形时，求点 F 的坐标。

设计意图：例 4 首先考查“图像上的点”与函数关系式的相互关联，接着看图说话，考查依据图像理解不等关系的能力和数形结合的思想方法。变式 1 将不等关系的表达方式由“文字＋函数”表达，转化为“符号＋不等式”表达，考查学生各种语言之间等效翻译的能力；变式 2 至变式 4 已脱离函数背景，变式 2 考查两定一动差最大，变式 3 考查坐标系中确定三角形的面积，变式 4 考查坐标系中线段长度倍增的问题，均为常见特定模型的考查；变式 5 为两定一动且动点轨迹为直线的等腰三角形的存在性问题，“两圆一线”构图，利用等腰三角形性质易求。

例 4 从不同角度、不同层次、不同情形、不同背景的变式，把不同知识点联系在一起，引导学生自主学习和主体智力参与，问题内在联系交互作用使教学结构发生质的变化，使学生成为学习的主人。

精心设计变式训练教学专题，“设计”里凝聚着教师对教学的理解、感悟、理念和追求，闪烁着教师的智慧和创造精神。变式教学是一项很有意义教学实践，它不仅能够促进教学质量的提高，又能促进教师专业化成长，通过在不同的教学阶段开展变式教学，使得学生的数学学习有序、高效，通过变式以不同层次的形式为学生提供了走进知识的多个入口，每名学生都可以根据自身的实际能力与需求找到适合自己的难度阶梯，通过学习，超越之前的自己，形成良好的知识认知结构。

注：本文在《中学教学参考》2021 年第 2 期发表。

第二章 课例赏析

2

二次函数一般式化成顶点式教学思考

二次函数的图像是研究二次函数的重要工具，把握好二次函数图像的特点（对称轴、开口方向、顶点坐标）对研究二次函数的性质和解决实际问题帮助很大，而对于一般式二次函数 $y=ax^2+bx+c$（$a\neq0$）的图像与性质，常利用配方法，将函数关系式 $y=ax^2+bx+c$ 化为 $y=a(x-h)^2+k$（$a\neq0$，h、k 为常数）形式再进行研究。在教学过程中，存在如下问题。

一、设计方面

学生拿到学案后，做了复习引入第 2 题后就束手无策，后面的题目不知道用什么方法解决了，后经教师提示，对于一般式的二次函数 $y=ax^2+bx+c$ 要用配方法化成顶点式 $y=a(x-h)^2+k$，学生才有点头绪。学案在复习引入部分可以加以提示，讲评。

二、典型错误

复习引入

二次函数 $y=x^2+10x+9$ 的图像也是抛物线，你能写出它的开口方向、对称轴及顶点坐标吗？

错解：

$$x^2+10x+9=0$$
$$x^2+10x=-9$$
$$x^2+10x+5^2=-9+5^2$$
$$(x+5)^2=16$$
$$x+5=\pm 4$$
$$x=4-5$$

剖析：学生把用配方法解一元二次方程和用配方法把二次函数配成顶点式混淆，从错解中可知学生对配方法的思想还是很清楚的，因此，我利用他们对配方法的认识，分别讲了下面两种方法，供学生参考。学生通过对比，都能顺利地找到方法进行配方。

方法 1：

$$y=x^2+10x+9$$
$$y-9=x^2+10x$$
$$y-9+5^2=x^2+10x+5^2$$
$$y+16=(x+5)^2$$
$$y=(x+5)^2-16$$

方法 2：

$$y=x^2+10x+9$$
$$y=x^2+10x+5^2-5^2+9$$
$$y=(x+5)^2-25+9$$
$$y=(x+5)^2-16$$

自主学习

写出二次函数 $y=-x^2+6x+5$ 的图像的开口方向、对称轴及顶点坐标。

错解：

$$y=-x^2+6x+5$$
$$y=-x^2+6x+3^2-3^2+5$$
$$y=-x^2+6x+9-9+5$$
$$y=-(x+3)^2-4$$

正解：

$$y=-x^2+6x+5$$
$$y=-(x^2-6x+3^2-3^2)+5$$
$$y=-[(x-3)^2-9]+5$$
$$y=-(x-3)^2+14$$

剖析：对于二次项系数是 1 的情况学生掌握较好，但对于二次项系数不是 1 的情况学生因为基础问题（如：提负号要变号）常常不能顺利配方。类似的错误还有：

错解 1：

(4) $y=\frac{1}{2}x^2-5x+4$

$2y=x^2-10x+8$

$2y=x^2-10x+(-5)^2-(-5)^2+8$

$2y=(x-5)^2-17$

$y=2(x-5)^2-34$

开口向上

对称轴 $x=5$

顶点坐标 $(5,44)$

错解 2：

(4) $y=\frac{1}{2}x^2-5x+4$

$y=\frac{1}{2}(x^2-5x)+4$

$y=\frac{1}{2}[x^2-5x+(\frac{5}{2})^2-(\frac{5}{2})^2]+4$

$y=\frac{1}{2}[(x+\frac{5}{2})^2-\frac{25}{4}]+4$

$y=\frac{1}{2}(x+\frac{5}{2})^2-\frac{25}{8}+4$

$y=\frac{1}{2}(x+\frac{5}{2})^2-\frac{9}{8}$

开口向上

对称轴 $x=\frac{5}{2}$

顶点坐标 $(-\frac{5}{2},-\frac{9}{8})$

错解 3：

$y=\frac{1}{2}x^2-5x+4$

$y=\frac{1}{2}(x^2-10x)+4$

$y=\frac{1}{2}(x^2-10x+25-25)+4$

$y=\frac{1}{2}(x-5)^2-\frac{25}{2}$

开口向上

对称轴 $x=5$

顶点坐标 $(5,-\frac{25}{2})$

错解 4：

$y=2x^2-7x+4$

$y=2(x^2-\frac{7}{2}x+4)$

$y=2[x^2+\frac{7}{2}x+(\frac{7}{4})^2-(\frac{7}{4})^2+4]$

$y=2[(x+\frac{7}{4})^2+\frac{35}{16}]$

$y=2(x+\frac{7}{4})^2-\frac{35}{8}$

三、反思过程、剖析教法、发展自己

经过反思，笔者发现自己犯了以下几个错误：

（1）备课的时候，笔者自以为按经验办事，一定错不了，但却没有意识到单纯靠经验，即便是多年的教学经验也不能够准确地把握所面临的教学现象：

首先，学生本身已经发生了极大的变化，无论是知识背景、数学活动经验，还是认知手段，都与原来旧版教材时的学生有很大的不同，现在的学生是在自主学习探究为主导的环境下成长起来的，他们需要的不是简单的死记硬背，而是建立在本身知识体系上的理解和掌握。

其次，在新课标的环境下，学习数学的意义也在发生变化，学生不应该为了升学或考试而学习数学，而教师也应该把数学当作一种与生活息息相关的技能来进行教学，尤其是一些重要的数学方法，如配方法。若像笔者现在这样，把一个重要的数学方法让学生死记硬背，学生以后做配方法这种题目时，可能得到满分；但若遇到这种题目的变式时，他们将不能融会贯通，永远不理解配方法的知识根源。

（2）在讲课的时候，笔者自以为学生做得不错，已经掌握，但是却没有想到学生只是在机械地记忆，没有在理解的层面上掌握新知识；自己的讲解并没有很好地针对学生原有的知识水平，并没有从根本上解决学生存在的问题，只是一味地想要他们按照某个固定的程序去解决问题。尽管学生当时做对了，却并不能真正地理解问题的本质性的东西，如完全平方式的概念、完全平方公式的构成、恒等式的变形等。由于笔者没有在学生原有的知识水平和经验的基础上帮助他们构建配方思想，并引导他们注意新知识中的某些关键点，因此，使得学生的思维过程无法连续进行，新知识的联系不牢固，表面上看是掌握了配方，其实他们还是没有真正理解配方的内容。反思整个教学环节，这在平时教学中恐怕是一个经常出现的问题，难怪学生总是觉得数学难学。

（3）培优扶困方面：当学生问问题的时候，笔者只是完成任务似的把他的问题解决，并没有去了解他的问题出在哪里，没有针对性地解决学生的问题；而且，在讲解中，笔者没有发挥学生的主观能动性，没有给足够的时间让学生进行思考，没有开展合作交流学习，一切都自己包办。看上去，好像题目解出来了，实际上，这是重复课堂上原本不恰当的讲解，这不仅不能解决学生的根本问题，时间久了，还会造成他们对教师的依赖和对学数学的倦怠和反感。

总之，通过本次二次函数一般式用“配方法”化成顶点式教学反思，在以后的教学中一定要分析学生的情况，根据学生具体的知识背景，结合新课标的目标，认真备教法、备学生，再发挥自己的人格魅力，想方设法地做到使自己上的课学生爱听，听得懂，肯学，喜欢学。那么，我相信，数学学习不会再成为学生的负担，他们终将会在学习中享受，在享受中学习！

注：本文在扬州大学《初中数学教与学》2018 年第 12 期发表，
荣获佛山市教学案例评比二等奖。

对初中数学教育开展第二课堂活动的探讨

目前，我国中学生的数学教育，基本上采取的是课堂教学这种单一的形式。课堂教学为传授基础知识、统一教学计划与管理发挥了积极的作用，但随着社会发展的复杂化，市场经济的多元化，社会对人才的要求已由知识型发展到能力型。数学教育要使学生学数学，爱数学，提高学生的数学应用能力，学校教学打破单一的课堂教学形式，开展丰富多彩的数学第二课堂是一条重要途径。

那么，如何去开展丰富多彩的数学教育第二课堂活动呢？教师要启发学生独立思考，激发学生的创造性，放手指导学生开展有益身心的、丰富多彩的各种第二课堂活动，将第一课堂的知识融入第二课堂，并得到进一步深化和提高。

一、第二课堂的含义及特点

第二课堂是相对课堂教学而言的。如果说依据教材及教学大纲，在规定的教学时间里进行的课堂教学活动称为第一课堂的话，那么第二课堂就是指在第一课堂外的时间进行的与第一课堂相关的教学活动。从教学内容上看，它源于教材又不限于教材；从形式上看，它生动活泼，丰富多彩。它无须考试，但又是素质教育不可缺少的部分。它的学习空间范围广大：可以在教室，也可以在操场；可以在学校，也可以在社会、家庭。

第一课堂是按照党的教育方针，以系统地、全面地培养学生思想道德素质、智力素质、心理素质、身体素质、劳动技能素质为总目标的教学形式。第一课堂占据了学生大部分在校学习时间，是学校教育的主体。那是不是意味着第二课堂可有可无呢？不是的。第二课堂与第一课堂是相辅相成的，它是第一课堂必要的补充和延伸，在教学内容和形式上弥补第一课堂的缺陷和不足。第一课堂与第二课堂相结合，构成素质教育完整的教育体系。

在素质教育中，第二课堂在以下几个方面可取得优于第一课堂的教育效果，有其自身的特点：

（1）由于可在教材内容的基础上有所扩展，从而能丰富学生的知识。

（2）由于第二课堂的教学内容相对自由，它可以进行多种学科知识的交叉教学。

（3）由于第二课堂的教学形式是灵活多样的，是真正以学生为主体的教学活动，它可以充分调动学生身体各器官功能，尤其增加学生动口、动手的机会，可以使学生对学习内容产生更深刻的印象，从而取得更佳的学习效果。

（4）由于第二课堂的大部分学习内容无须考试，学生能在轻松的环境中学习。在第二课堂里，没有优等生，也没有后进生，它能促进师生之间、同学之间的交流与沟通。这就体现了素质教育的全体性的原则。

（5）在第二课堂里，能给学生一个展示其爱好、特长的机会，更有利于培养学生的学习兴趣与特长，这符合素质教育的发展性的要求。

（6）第二课堂还可以给学生提供更多的实践机会，以提高学生的学科应用能力。

二、开展初中数学第二课堂的意义

1. 有利于提高学生学习数学的兴趣

对数学学习有兴趣是数学第二课堂活动开展的先导，是推动数学学习的一种精神力量。它不仅是自觉学习的起点，还能使学习的注意力更为专注，同时也是信心、恒心的源泉。反之，缺乏兴趣往往使学生视学习数学为一种苦役，并导致数学学习成绩下降。据有关调查分析，一个学生之所以成为数学“差生”，其主要原因之一，就在于他缺乏学习数学的兴趣，认为数学枯燥乏味，甚至厌恶数学，视数学课为“魔鬼课”。要使学生学好数学，首先要求数学教育要有趣味，要能吸引学生。

要提高学生学习数学的兴趣，要做许多方面的工作。对于中学生来说，开展生动活泼的数学第二课堂活动，如讲数学故事、做数学游戏、开展数学竞赛、制作数学模型等，对培养中学生学习数学的兴趣有重要作用。

2. 有利于提高学生的数学应用能力

近年来，越来越多的教师意识到发展学生的能力比让学生单纯掌握知识更加重要。但由于种种原因，我们往往着眼于培养所谓的运算能力和逻辑推理能力，似乎代数只是培养学生运算能力的园地，而几何则是使学生具有逻辑推理能力的重要训练场所。至于如何从数学的角度出发，分析和处理学生周围的生活及生产实际问题，现今的教学实践及理论研究似乎难以涉及，学生头脑中的数学知识与实际生活经验形成了两个互不相干的认识场，似乎数学就是书本上写的，教师讲的，它与现实生活全然无关。这样下去，数学知识的获得将对学生走向社会和独立生活意义不大。因为他们学得的活的数学知识太少，运用知识的能力太弱。面对如此困难，我们认为，一条重要的解决途径，就是在数学教学中培养学生运用数学的意识，加强数学与日常生活特别是学生的生活背景的联系。而数学第二课堂活动则是联系二者的一条重要纽带。

数学第二课堂活动既提倡动脑，也重视动手。例如，空间想象能力的培养，不局限于作图和讲解上，数学第二课堂活动中的制作模型、教具，进行实地测量，计算机的图形演示，等等，不仅增强学生的感性认识，也使他们的动手能力、创造能力在实际操作中得到锻炼。

3. 有利于因材施教

课堂教学采用的是集体授课的方式，教学内容、教学手段等都是统一的，故在课堂教学中，会给因材施教带来一定困难。而数学第二课堂活动由于其活动形式、内容、手段的多样，要实施因材施教有其独特的优势。

对于少数的数学尖子，吸引他们参加各类别数学竞赛，指导他们写数学小论文，是培养他们的好方法。对于数学学习有困难的学生，开展有趣的数学游戏，可以提高他们学习数学的兴趣。另外，讲数学家传记，再现数学家的形象，通过动人的事迹、典型的事例，表现他们不断进取的精神、高尚的道德品质和理想情操，能使学生从中获得力量，受到教育，增强克服数学学习困难的信心与毅力。

开展中学生数学第二课堂活动，是数学教育改革的需要，是“应试教育”转向素质教育的一条重要途径，它将多方位地促进中学生数学学习水平的提高。

三、初中数学第二课堂活动的实施原则

数学第二课堂活动与课堂教学的一个重要区别，在于它的灵活、自由、形式多样，以及可以根据时间、地点、对象的不同，灵活地选择，甚至创造出适宜的第二课堂活动形式。但是不管它是多么的灵活、自由，我们首先必须认真研究讨论，开展中学数学第二课堂活动，制订周密计划。其中应遵循以下一些原则：

（一）“五定”

所谓“五定”，就是定人员，定时间，定内容，定形式，定目标。

1. 定人员

中学数学第二课堂活动小组的指导教师和学生要确定，不要随意变更。参加数学第二课堂活动小组的学生，根据本人自愿，通过选拔考核，经过多方评议进行确定。

2. 定时间

数学第二课堂活动应有固定时间。

3. 定内容

每次活动都要有确定的内容，要有一个中心。内容的确定要根据学生的实际和课内教学的实际；要有一定的深度和难度，容量可适当大些，要准备较为充足的具有较好的思维训练价值的题目，始终让学生处于一个良好的“问题空间”中。只有不断地发现问题、提出问题、分析和研究问题，不断地解决问题，学生才能真正体会到数学的博大与精深，数学的优美与内秀，数学的本质之所在，才能不断唤起学生的求知欲。

4. 定形式

每次活动采用何种形式也应事先确定，第二课堂活动的形式一般有如下几种：

（1）专题讲座。如“函数的性质及其作用”“函数方程的解法”“初中几何的几个重要定理及其推广”“数论基本知识”等，均可作为专题讲座素材。这种形式以教师思路点拨为主，启发学生思考，留有课堂练习与课外思考题、研究题。

（2）问题讨论。这种形式就是教师预先布置给学生题目，让学生独立思考，独立解决，然后大家一起讨论，各抒己见，集思广益，相互交流，取长补短，共同提高，最后得出结论，将问题解决。

（3）阅读指导。就是对于一些难度不大，具有基础性作用的内容和方法，教师只指定阅读参考书，印发有关资料或问题，提出阅读提纲，安排好检测题目，便让学生自己完成。

（4）小论文写作。为了更好地发挥青少年学生数学方面的聪明才智，增强他们的创造意识和开拓精神，提高他们发现问题和解决问题的能力，可以在学生中开展写数学小论文的活动。

5. 定目标

既要有短期目标，又要有长期目标；既要有集体共同目标，又要有因人而异的个体目标。不断强化这种目标管理意识，学生才能正确认识自己在群体中的地位，正确认识自己学习水平提高的程度，形成一个激励与自励的环境。

（二）“五结合”

1. 课内与课外相结合

第二课堂活动与课内学习密切配合，可以使学生的认知结构得到优化，有助于增强学生的学习能力。

2. 讲解讲评与自学精练相结合

教师应当有计划地给学生讲解一些第二课堂活动的专题，在讲解中，要注意启发学生的积极思考，鼓励学生大胆质疑；同时教师要经常性地给学生列出自学参考书，有关杂志、文章等，供学生阅读。

3. 智力因素的培养与智力因素的开发相结合

学生学习数学的强大动力，来源于理想与奋斗目标的追求，来源于对数学内在美感的追求，以及对数学的思想、精神和方法的深刻理解。因此，在数学的第二课堂活动中要有意识地加强对学生非智力潜能的开发。如通过介绍数学家的生平事迹、介绍同龄人奋斗的足迹，有意识地给出一些难题让学生钻研等，均可起到良好的作用。

4. 拓展知识与培养能力相结合

在拓展知识的同时，必须重视能力的培养与发展，不仅要重视学生逻辑思维能力的培养，而且要重视辩证思维能力与直觉思维能力的培养。要使学生熟识一些常用的思维方法。

5. 大面积与“小炉灶”相结合

在数学第二课堂活动中，应当面向全体学生，使每一个学生都能获益。

但是，由于个体的差异，学生的学习水平与能力发展水平会产生差异，而且随着学习过程的深入，这种差异会越来越大。针对这一特点，教师要因材施教，对不同的学生提出不同的要求与目标。

（三）“五性”

“五性”是指基础性、系统性、创造性、激励性、实效性。第二课堂活动中要注意突出这“五性”。

1. 基础性

数学第二课堂活动的内容和方法应该选自中学数学的精华和基本的数学思想方法。在开展数学第二课堂活动中，教师要着力打好基础，千万不可把主要精力放在对个别高难题目的解法探究上。

2. 系统性

也就是在开展数学第二课堂活动时，要依据学生的年龄特征和能力发展水平，循序渐进，每学期，每学年要有特定的内容和目标，整个初中阶段要有总的目标和要求。

3. 创造性

培养学生创造性思维能力的前提是激发起学生的认知兴趣；基本方法是启发学生积极的思考；有效方法是引导学生去“发展”和“创造”。

4. 激励性

一方面，教师在第二课堂活动中，可以通过对学生学习水平的恰当而及时的评价，激励学生奋发向上；另一方面，教师也可以通过提出具有较强的趣味性、直观性，并且表达简练、情景独特、结果简单的问题，把学生的注意力吸引到解决问题活动中，激起他们全神贯注，紧张思维，高度兴奋，处于高水平心理运动状态。如果学生解决了这样的问题，则使他们产生成功的喜悦，又会强化对解决问题的兴趣和数学意识。

5. 实效性

教师在数学第二课堂活动中，要精心设计活动内容，充分运用多媒体教学手段，最大限度地提高第二课堂活动的效率。指导数学第二课堂活动应有一支高素质的教师队伍，他们应密切协作，分工负责，埋头苦干，并不断提高自身的专业水平和教学水平。只有这样，方能在培养优秀人才方面迈出坚实的一步。

数学第二课堂活动课是学校教育的有机组成部分，应当引起重视并切实得到加强，作为担此重任的数学教师，应积极开展这一活动，做一点卓有成效的研究工作，努力探索数学第二课堂活动的特点和规律。

四、利用数学教材组织第二课堂活动的举例

第二课堂活动是校园中最受学生欢迎的活动之一；第二课堂的生命力维系于教师的关注和投入。利用数学教材组织第二课堂活动，作为课堂教育的有益补充，在初中阶段有计划、有组织地开展数学第二课堂活动是适应九年义务教育的要求、实施素质教育的重要方式。

如何从素质教育的要求出发选取适合学生实际的活动课材料，是目前各校开展数学第二课堂活动面临的最大问题。教材作为实施九年义务基础教育的“本”，也存在着大量可供挖掘利用的活动课材料，这些材料经过教师的收集整理，系统编选，就可以用来指导数学第二课堂活动。

下面，笔者将结合一些实例来谈谈利用义务教材北师大版九年级数学下册“测量方案”开展第二课堂活动的粗浅做法。

活动内容：

(1) 讨论测量底部可以到达的物体的高度的原理。

(2) 讨论测量底部不可以到达的物体的高度的原理。

活动目的：掌握测量的原理。

活动的注意事项：提醒学生注意：①方法的选择；②不要忽略测角仪到地面的高度。

介绍测角仪的使用方法

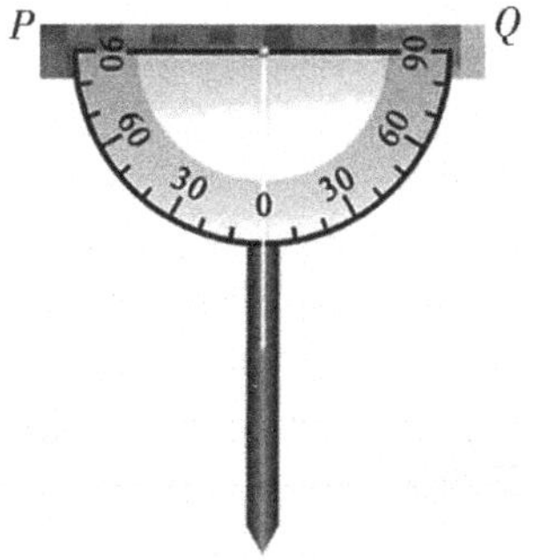

图 2－1

活动内容： 测角仪的使用。

活动目的： 培养学生的使用工具的能力。

活动的注意事项： 展示样品，让学生亲身使用。

1. **当测量底部可以到达的物体的高度**

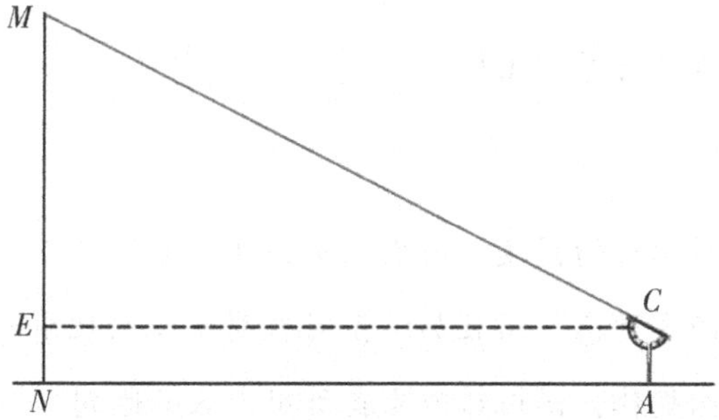

图 2－2

（1）在测点 A 安置测倾器，测得 M 的仰角 $\angle MCE=\alpha$.

（2）量出测点 A 到物体底部 N 的水平距离 $AN=L$.

（3）量出测倾器的高度 $AC=a$，可求出 MN 的高度。

$MN = ME + EN = L\tan\alpha + a$

2. 当测量底部不可以直接到达的物体的高度

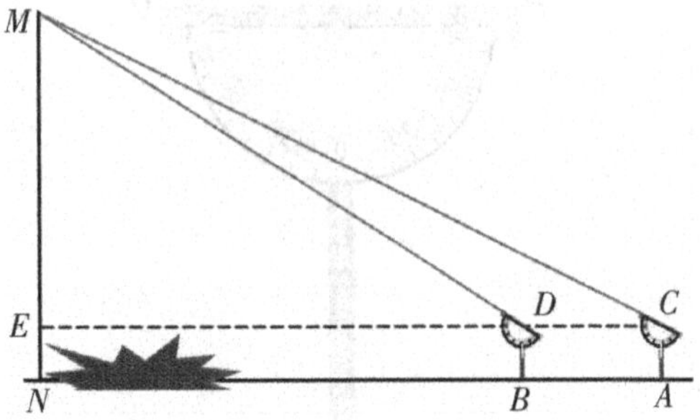

图2-3

（1）在测点 A 处安置测倾器，测得此时 M 的仰角 $\angle MCE=\alpha$.

（2）在测点 A 与物体之间 B 处安置测倾器，测得此时 M 的仰角 $\angle MDE=\beta$.

（3）量出测倾器的高度 $AC=BD=a$，以及测点 A，B 之间的距离 $AB=b$. 根据测量数据，可求出物体 MN 的高度。

$$\frac{ME}{\tan\alpha}-\frac{ME}{\tan\beta}=b, MN=ME+a$$

3. 应用

测量学校主教学楼的高度，写出测量报告。通过第二课堂活动，使学生不但产生对数学的亲近感，而且加深了对教材知识的理解和运用，同时还学会了从例题中总结规律，得出结论为我所用，从而达到“会学，活学”之目的。义务教材内容作为数学竞赛的基本知识点，若能对某些典型例题进行这样的引导加深，就能使数学竞赛与义务教材紧密衔接，从而吸引更多的学生喜爱数学，达到第二课堂活动的目的。

五、开展数学第二课堂活动应注意的问题

（1）数学第二课堂活动应纳入学校、教研组、教师的教学计划中，对于每一学期第二课堂活动的时间、地点、内容、形成、教学目的做统筹安排，

避免盲目性和随意性。

（2）数学第二课堂的学习内容应围绕数学教材，在学生现有知识基础上适度补充，不应无限度地扩展，更不应当是第一课堂的“补课”。

（3）数学第二课堂采取的形式，一方面要适合各年级学生年龄特点，另一方面要服务于教学内容。可以采取活动课、组织兴趣小组、外出参观、写小论文、举办讲座、进行艺术创作等形式。把数学第二课堂变成单纯的游戏课，或表面上轰轰烈烈、热热闹闹，实际上收效甚微的形式并不可取。

（4）开展数学第二课堂活动应该注意：普遍与特殊相结合，利用本地的、现有的教育资源，使活动少受或不受客观条件束缚；实用实效，教学内容充实，使学生在掌握知识和提高能力方面确有成效。

总之，数学第二课堂活动开展的成效，在很大程度上取决于教师的投入和学生的参与。而开展数学第二课堂，往往难以持久和取得良好的成果；而数学第二课堂活动都在业余时间进行，教师的投入不能算工作量，因此需要一批教师为此做出奉献。

注：本文在扬州大学《初中数学教与学》2012 年第 3 期发表，荣获 2013 学年佛山市教学论文评比二等奖。

用“公式法”解一元二次方程教学案例

一、活动设计

（一）课程标准要求

（1）会用公式法解简单数字系数的一元二次方程。

（2）理解一元二次方程解法的基本思想。

（3）结合实践与探索，经历探究性学习的过程，从根本上改变学习方式，发展思维，提高学生自主学习和合作交流两方面的能力。

（二）教学目标

1. 知识与技能

（1）在教师的指导下，学生能够正确地导出一元二次方程的求根公式，并在探求过程中培养学生的数学建模意识和合情推理能力。

（2）能够根据方程的系数，理解公式中的条件 $b^2-4ac\geqslant 0$，判断出方程的根的情况。在此过程中，培养学生观察和总结的能力。

（3）通过正确、熟练地使用求根公式解一元二次方程，提高学生的综合运算能力。

2. 过程与方法

（1）参与对一元二次方程解法的探索与研究，体验数学发现的过程。

（2）对结果比较、验证、归纳，实现学生自主学习的方式，加深学生对知识的理解。

3. 情感态度与价值观

在实践中，通过在探求公式过程中同学之间的理解、交流，总结经验和规律，体验数学活动充满着创造和乐趣，进一步发展学生合作交流的意识和能力。

（三）学生分析

学生通过前几节课的学习，认识了一元二次方程的一般形式：$ax^2+bx+c=0$（$a\neq0$），并且已经能够熟练地将一元二次方程化成它们的一般形式；在上一节课的基础上，大部分学生能够利用配方法解一元二次方程，但仍有一部分学生认知较慢、运算不扎实，不能够熟练使用配方法解一元二次方程。

学生活动经验基础：学生已经具备利用配方法解一元二次方程的经验；学生通过《规律的探求》《勾股定理的探求》《一次函数的图像》中一次函数增减性的总结等章节的学习，已经逐渐形成对于一些规律性的问题，用公式加以归纳总结的数学建模意识，并且已经具备本节课所需要的推理技能和逻辑思维能力。

（四）实施目标的方法

注意及时复习和应用已学过的相关知识，并在实践中加深对知识的理解，培养和提高获取知识的能力。

（五）教学资源

多媒体课件。

二、方案设想

本节课一定要体现新课改精神，一定要体现以学生为主体的理念，一定要体现“自主尝试，先学后教”课堂模式。

首先要明确，知识是从哪里来的？知识是怎样形成的？

课堂教学环节的设计一定要落到实处，从问题的设计，教师的演示，课堂的预设，学生的操作，学生的语言表达，到指导观察，指导比较，小结归纳，都要从“实”出发，绝不要“蜻蜓点水”。

其次，怎样组织课堂？怎样调动学生的兴趣？

课堂应该是充满生机的地方。课堂教学“沉闷”怎么办？课堂没有生机怎么办？学生发言不积极怎样调动？教师应该善于调控自己的激情，发挥语言激励评价作用，以自己的激情去感染、熏陶学生，让学生“动”起来，营造一种活力四射、充满生气的课堂。

教学的实质是以教材中提供的素材为载体，通过一系列探究互动过程，达成学生知识的构建、能力的培养、情感的陶冶、意识的创新。为此，就“用公式法解一元二次方程的解法”这一课题，笔者将从以下几个方面做相关的教学解说。

（一）要充分认识本节课在整个初中教材中的作用与地位

“一元二次方程的解法”是初中数与式的“方程”中的重要内容之一，是在学完一元一次方程、因式分解、数的开方和直接开方法、配方法解一元二次方程和推导求根公式的基础上，掌握用求根公式解一元二次方程，进一步熟练解一元二次方程的方法，会选择合适的方法解一元二次方程。

（二）要充分理解本节课的目的与要求

公式法实际上是配方法的一般化和程式化，然后再利用总结出来的公式更加便利地求解一元二次方程。所以首先要夯实上节课的配方法，在此基础上再进行一般规律性的探求——推导求根公式，最后，用公式法解一元二次方程。

其中，引导学生自主地探索，正确地导出一元二次方程的求根公式是本节课的重点、难点之一；正确、熟练地使用一元二次方程的求根公式解方程，提高学生的综合运算能力是本节课的另一个重点和难点。

为此，本节课的教学目的与要求是：

1. 知识教学点

（1）一元二次方程求根公式的推导。

（2）利用公式法解一元二次方程。

2. 能力训练点

通过配方法解一元二次方程的过程，进一步加强推理技能训练，同时发展学生的逻辑思维能力。

3. 德育渗透点

向学生渗透由特殊到一般的唯物辩证法思想。

（三）教学的重点、难点、关键点

1. 教学的重点

能够用求根公式熟练地解一元二次方程。

2. 教学的难点

一元二次方程的求根公式的推导过程，理解公式中的条件 $b^2-4ac\geqslant 0$，判断出方程的根的情况。

3. 教学的关键点

（1）掌握配方法的基本步骤。

（2）确定求根公式中 a、b、c 的值。

（四）用适当的方法解一元二次方程

要让学生充分认识到学习用公式法解一元二次方程是很有必要的，也是不可缺少的一个重要内容。培养学生由特殊到一般的解题思想。所以在讲解过程中，要讲清如何运用求根公式解一元二次方程，并比较前面学的几种方法。在讲解过程中笔者用启发式教学和借助多媒体教学以丰富课堂教学。

（五）要安排好教学过程中的几个重要环节

分成以下几个步骤：

1. 提出问题

两个问题首先是对直接开平方法、配方法和求根公式的复习；（多媒体展示）其次，通过两种解法对比，得出用平方法、配方法解繁杂的一元二次方程很困难，需要一种更简单的方法来解决问题。

2. 分析问题

依照学生的认知规律引导学生从简单的问题中发现规律，突出本节课的重点。由此引出新课——用公式法解一元二次方程，达到本课的第一个教学目的。对于用公式法解一元二次方程，以开门见山的方式直接给出。但要注意，运用公式法解一元二次方程时，要先判断方程是否有解，其解的情况分三种。

3. 解决问题

在熟悉用公式法解一元二次方程后，接着通过例题用不同的方法解一元二次方程，在归纳、比较中寻找最合适的方法来解不同难度的一元二次方程。在训练内容的选择上考虑到学生接受新旧知识结合的能力：一是以方法为主，采用一题多解，层层递进的方式；二是以基本技能为主，而不追求繁难的一元二次方程的特殊解题技巧。在运用不同的方法解一元二次方程时，要具体问题具体分析，选择最佳方法合理解题。在精心设计的练习过程中，抓住学生问题的症结，培养学生独立分析、理解能力和思考解决问题的能力，提高解题技巧。

三、总结问题

采用学生小结教师补充的方式来概括本节课的知识。回答学生在学完本课后发现的未能解决的问题及创新性问题，给学生自由思考的空间。

（一）活动过程

第一环节：尝试准备

活动内容：

用配方法解下列方程：

① $2x^2+3=7x$ ② $3x^2+2x+1=0$

学生总结用配方法解方程的一般方法：

① $2x^2+3=7x$

解：将方程化成一般形式：

$2x^2-7x+3=0$

两边都除以一次项系数：2

$$x^2-\frac{7}{2}x+\frac{3}{2}=0$$

配方：加上再减去一次项系数一半的平方

$$\underline{\underline{x^2-\frac{7}{2}x+\left(\frac{7}{4}\right)^2}}-\frac{49}{16}+\frac{3}{2}=0$$

即：

$$\underline{\underline{\left(x-\frac{7}{4}\right)^2}}-\frac{25}{16}=0 \qquad \left(x-\frac{7}{4}\right)^2=\frac{25}{16}$$

两边开平方取“±”得：

$$x-\frac{7}{4}=\pm\frac{5}{4} \qquad x=\frac{7}{4}\pm\frac{5}{4}$$

写出方程的根

$$\therefore\ x_1=3 \qquad x_2=\frac{1}{2}$$

② $3x^2+2x+1=0$

解：两边都除以一次项系数3

$$x^2+\frac{2}{3}x+\frac{1}{3}=0$$

配方：加上再减去一次项系数一半的平方

$$x^2+\frac{2}{3}x+\left(\frac{1}{3}\right)^2-\frac{1}{9}+\frac{1}{3}=0$$

$$\left(x+\frac{1}{3}\right)^2+\frac{2}{9}=0$$

即：

$$\left(x+\frac{1}{3}\right)^2=-\frac{2}{9}$$

$$\because\ -\frac{2}{9}<0$$

∴原方程无解

完成后小组内进行交流，并进行反馈矫正。

学生：总结用配方法解一元二次方程的步骤。

教师板书：

（1）移项。

（2）化二次项系数为1。

（3）方程两边都加上一次项系数的一半的平方。

（4）原方程变形为 $(x+m)^2=n$ 的形式。

（5）如果右边是非负数，就可以直接开平方求出方程的解，如果右边是负数，则一元二次方程无解。

教师：通过以上两个方程的求解，你能试着猜想一下上述问题的求解的一般规律吗?

设计意图：①进一步夯实用配方法解方程的一般步骤，在这里相对于书上的解题方法做了小小的改动：没有把常数项移到方程右边，而是在方程的左边直接加上再减去一次项系数一半的平方，这样做是为了与以后二次函数一般式化顶点式保持一致。②选择了一个没有解的方程，让学生切实感受到并不是所有的一元二次方程在实数范围内都有解。

活动的实际效果：

通过对旧知识的回顾，学生再次经历了配方法解方程的全过程，由于是旧知识，学生容易做出正确答案，并获得成功的喜悦，调动了学生的学习热情，唤醒学生的思维，为后面的探索奠定了良好的基础。

第二环节：自主探究学习——公式的推导

活动内容：

提出问题：解一元二次方程 $ax^2+bx+c=0$ $(a\neq0)$.

学生在学案上自主推导，并针对自己推导过程中遇到的问题在小组内自由研讨。最后由师生共同归纳、总结，得出求根公式。

解：方程两边都除以 a，得 $x^2+\frac{b}{a}x+\frac{c}{a}=0$

移项，得：$x^2+\frac{b}{a}x=-\frac{c}{a}$

配方，得：$x^2+\frac{b}{a}x+\left(\frac{b}{2a}\right)^2=-\frac{c}{a}+\left(\frac{b}{2a}\right)^2$

即：$\left(x+\frac{b}{2a}\right)^2=\frac{b^2-4ac}{4a^2}$

$\because a\neq0$，所以 $4a^2>0$

当 $b^2-4ac\geqslant0$ 时，得

$$x+\frac{b}{2a}=\pm\sqrt{\frac{b^2-4ac}{4a^2}}=\pm\frac{\sqrt{b^2-4ac}}{2a}$$

$$\therefore x=\frac{-b\pm\sqrt{b^2-4ac}}{2a}$$

一般地，对于一元二次方程 $ax^2+bx+c=0$ $(a\neq0)$，当 $b^2-4ac\geqslant0$ 时，

它的根是 $x=\frac{-b\pm\sqrt{b^2-4ac}}{2a}$

注意：当 $b^2-4ac<0$ 时，一元二次方程无实数根。

公式法：利用求根公式解一元二次方程的方法叫作公式法。

设计意图：学生能否自主推导出来并不重要，重要的是由学生亲身经历公式的推导过程，只有经历了这一过程，他们才能发现问题、吸取教训、总结经验，形成自己的认识，在集体交流的时候，才能有感而发。

活动的实际效果：

学生的主要问题通常出现在这样的几个地方：

（1）$x^2+\frac{b}{a}x+\left(\frac{b}{2a}\right)^2-\frac{b^2}{4a^2}+\frac{c}{a}=0$ 中 $-\frac{b^2}{4a^2}+\frac{c}{a}$ 运算的符号出现错误和通分出现错误。

（2）不能主动意识到只有当 $b^2-4ac\geqslant0$ 时，两边才能开平方。

（3）两边开平方，忽略取“±”。

大部分学生需要在教师的帮助下才能完善公式的推导。

第三环节：例题学习、做达标练习

例：$x^2-7x=18$

先将方程化成一般形式：$x^2-7x-18=0$

确定 a，b，c 的值：$a=1$　　$b=-7$　　$c=-18$

判断方程是否有根：$b^2-4ac=(-7)^2-4\times1\times(-18)=121>0$

$$x=\frac{7\pm\sqrt{121}}{2\times1}=\frac{7\pm11}{2}$$

写出方程的根：$x_1=\frac{7+11}{2}=9$　　$x_2=\frac{7-11}{2}=-2$

教师：用公式法解一元二次方程的一般步骤是什么？

学生总结：

（1）先将方程化为 $ax^2+bx+c=0$（$a\neq0$）的一般形式。

（2）确定 a、b、c 的值。（注意 a、b、c 的确定应包括各自的符号）

（3）求解 b^2-4ac 的值，如果 $b^2-4ac\geqslant0$. 代入公式，即可求出一元二次

方程的根。

教师强调：

解一元二次方程的五个注意点：①注意化方程为一般形式；②注意方程有实数根的前提条件是 $b^2-4ac\geqslant 0$；③注意 a、b、c 的确定应包括各自的符号；④注意一元二次方程如果有根，应有两个；⑤求解出的根应注意适当化简。

达标练习：

用公式法解下列方程：

(1) $2x^2-9x+8=0$　　　　(2) $9x^2+6x+1=0$

(3) $16x^2+8x=3$

设计意图：及时对所学的知识进行练习，考查学生对知识的掌握情况。题目设计由浅入深，符合学生的认识梯度，激发学生进一步探索的欲望。

第四环节：交流体会，归纳总结

本节课你学到了哪些知识？在本节课中你有什么体会？

设计意图：让学生从知识上、方法上、学习情况上进行反思、评价。

第五环节：作业布置

(1) 学案作业。目的是通过练习，强化基本技能训练。

(2) 自主尝试学习下节课内容，培养学生良好的自学习惯。

（二）教学反思

(1) 本课从形式和内容上都体现了新课程改革的特征。本节课始终以如何用求根公式解一元二次方程为主线串联起来，知识、技能、过程、方法、情感态度与价值观等三维目标的达成都达到了比较理想的程度。结构上，全课营造的学习氛围比较轻松活泼；内容上，新旧知识前后联系，多种解法的数学知识综合。课堂上学生学得了新的知识，还体验到了成功的快乐。教学中对随机生成性教学资源的恰当处理是本课的一个亮点，充分让学生动起来。

（2）充分利用教材，在练习题与例题的编排上打破常规，让学生先用配方法解两个一元二次方程，通过“自主尝试、先学后教”探讨出公式法，再让学生用公式法解这个 $ax^2+bx+c=0$（$a\neq0$）方程。在授课过程中，教师给学生留下了很大的思维空间，通过亲自操作，运用自主尝试探索发现法，让学生积极参与自主探究，合作交流，把主体地位返还给学生。无论是公式的推导，还是公式的应用，都是在教师的引导下学生自己完成的。教师这样做，重视了知识的形成过程，在应用中又开阔了学生的视野，使学生的发散思维与应用技巧得到了锻炼。

（3）《数学课程标准》指出：数学学习活动是一个以学生已有知识和经验为基础的主动建构过程，数学教学应力求从学生熟悉的生活情境与童话世界出发提出有关数学问题，使学生初步感受到数学与日常生活的密切联系。基于此认识，本课教学时注重活化教材，注重强化学生自主尝试体验，注重深化应用，让学生在愉悦的氛围中边解决问题边体验学习数学的快乐。

附：学案中作业错题点击

用公式法解一元二次方程 $2x^2-5x+3=0$

错解一：$a=2$，$b=5$，$c=3$

$b^2-4ac=5^2-4\times2\times3=1$

$$\therefore x=\frac{-5\pm\sqrt{1}}{2\times2}=\frac{-5\pm1}{4}$$

$$\therefore x_1=\frac{-5+1}{4}=-1,\ x_2=\frac{-5-1}{4}=-\frac{3}{2}$$

错误原因：忘了系数的性质符号。

错解二：$a=2, b=-5, c=3$

$b^2-4ac=-5^2-4\times2\times3<0$

∴ 方程没有实数根

错误原因：负数忘了添括号。

错解三：$a=2, b=-5, c=3$

$b^2-4ac=(-5)^2-4\times2\times3=1$

$\therefore x=\dfrac{-5\pm\sqrt{1}}{2\times2}=\dfrac{-5\pm1}{4}$

$\therefore x_1=\dfrac{-5+1}{4}=-1$，$x_2=\dfrac{-5-1}{4}=-\dfrac{3}{2}$

错误原因：公式使用错误。

正解：$a=2, b=-5, c=3$

$b^2-4ac=(-5)^2-4\times2\times3=1$

$\therefore x=\dfrac{-(-5)\pm\sqrt{1}}{2\times2}=\dfrac{5\pm1}{4}$

$\therefore x_1=\dfrac{5+1}{4}=\dfrac{3}{2}$，$x_2=\dfrac{5-1}{4}=1$

评析：在用公式法解题时，学生常会出现的错误是，在确定系数的时候漏了系数的性质符号；在代入中，特别是代入负数时漏了括号；除此之外，在应用公式时将公式 $x=\dfrac{-b\pm\sqrt{b^2-4ac}}{2a}$ 中的 $-b$ 的负号忘记。

用公式法解一元二次方程

$2x^2-x+4=0$

错解：$a=2$，$b=-1$，$c=4$

$b^2-4ac=(-1)^2-4\times2\times4=-31$

$\therefore x=\dfrac{-(-1)\pm\sqrt{-31}}{2\times2}=\dfrac{1\pm\sqrt{31}}{4}$

错误原因：忽略了有根的条件。

正解：$a=2$，$b=-1$，$c=4$

$b^2-4ac=(-1)^2-4\times2\times4=-31<0$

∴ 方程无实数根

评析：在用公式法解题时容易忘记有根的前提是 $b^2-4ac\geqslant0$。

注：本文在华南师范大学《中学数学研究》2018 年第 10 期发表。

第三章 3 课改前沿

沙滘初级中学数学科“五环建构”课堂教学模式解读

沙滘初级中学数学科以导学案为教学载体，五环建构教学为模式，研究真正走进新课程的具体办法，力争做到国家教材校本化，个人教学班级化。

“五环建构”教学基本模式是沙滘初级中学高效课堂的基本教学模式，“五环建构”课堂教学基本模式根据新课程理念和素质教育的要求，旨在充分发挥教师的主导作用和学生的主体作用，调动学生的学习积极性，树立其主动参与、乐于探究、勤于动手的意识；通过开展自主学习、合作学习和探究学习，提高学生分析问题、解决问题与合作交流的能力，培养学生的自学能力、问题意识和创新精神，使全体学生得到全面发展。

一、高效课堂的追求是“让学生有尊严地行走于课堂之上”

那么，作为核心学科的数学课，需要改变什么？需要坚守什么？浅谈一下高效课堂中数学教学的“变”与“不变”。

1. “变”

“变”主要体现于教学视角和教学方式的转变，主要有三变：

（1）变“教”为“学”。

放弃教的权威，相信学的潜力。这种变化，对导学案提出更高的要求。因此，笔者对导学案设计做了两点重大改变。①内容开放：不再是知识点的罗列或是习题的堆集，而是通过大问题、大构造、大境界，从学生学的角度构建导学案结构图，这样更易于帮助学生调动潜能、活跃思想；②关注方法：在自主学习的各个环节，导学案更多地关注了学习方法、思维角度、活动方式的设计和引领，教授方法、培养能力、训练思维成为教学的核心目标。

（2）变“听”为“展”。

展示是高效课堂中调动潜能、反馈学情的有效形式。充分的自主学习、丰富的交流研讨都为展示打好了基础。课堂的展示形式上要做些创新：展示方式分为板演展示、讲解展示、语言展示、张贴展示；组织形式为小组内学生自由分工、自选内容、人人展示，且自愿组合、互相观摩；内容深度上有预习内容的评价性展示，对学习难点的挑战性展示。展示的时候，可以明显感受到学生被点燃的激情，很多学生课间都在讨论和准备。

（3）变“讲”为“点”。

教师的角色意识需要做出根本性的改变，甚至应该由“平等中的首席”转变为“教室中的隐身”。只需在学生不懂处、解法分歧处、核心知识处做恰当的点拨即可，其余的时间全部交还给学生，由学生尽情展示和发挥。

2. “不变”

那么，“不变”的是什么呢？笔者认为导学案应该是按数学学科的特点，围绕数学的核心价值进行设计，保留纯粹的数学气质和思维，让知识形成方法，方法形成规律。

“变”的是教师的行走方式和学生的学习方式，“不变”的是学科的气质和思想；“变”的是结构和形式，“不变”的是内容和中心。在“变”与“不变”之间找到黄金分割点，构建出一个辩证统一的有机体，这才是高效课堂中数学教学的最佳境界。

二、五环（导、学、探、练、清）解读

1. 导

作为教学环节，“导”是指“目标导学”，即采用恰当的方式激发学生的

学习兴趣和求知欲望，将学生带入新课。

作为教学理念，“导”是指在教学环节中充分发挥教师的主导作用，包括引导学生发现问题、提出问题、分析问题和解决问题，培养学生的创新思维和创造发明等方面的能力。主要表现在教学导入、教学设计、制定学生自主学习提纲、引导学生自学、探究和检测教学效果等方面。

2. 学

作为教学环节，“学”是指“自主学习”，即按自学指导要求，学生进行自主学习，使学生初步掌握基础知识，培养学生的自学能力。

作为学习方法，“学”是指在自我调控下的自主学习，主要表现形式有：学习目标自我确定、学习方法自我选择、学习过程自我调控、学习结果自我反馈。要注重指导学生掌握自学方法（以“查、画、写、记、练、思”六字诀指导学生进行自学），养成良好的自学习惯，培养自学能力，最终达到学会学习的目的。

3. 探

作为教学环节，“探”是指“合作探究”，即采取同桌、组内、组间、师生等形式进行合作学习、探究学习，解决个人在学习中遇到的困难。

作为学习方法和科学研究，“探”是指探究性学习，它包括科学探究的经历、体验等内容。“探”贯穿于课堂始终，是发现问题、研究问题、解决问题的重要途径和方法。

4. 练

作为教学环节，“练”是指“达标训练”，即根据学生的学习情况，对不同的学生进行分层训练。

广义的“练”，是指在教学过程中体现，以训练为中心。“练”不仅包括知识与技能的训练，还包括过程与方法的体现以及情感态度与价值观的提升。在知识与技能训练中，要针对不同学生进行分层训练。要让全体学生做“精”基础题（必做题）、做“通”中等题（选做题），优秀生选做思考题，使不同层次的学生学有所得、学有所成，在原有的基础上得到不同程度的提高。

5. 清

作为教学环节，“清”是指“堂清检测”，即对本节课教学目标的完成情况进行测评。通过测评，了解学生对所学内容的掌握情况。测评要以基础知识、重点内容为主，测评的方式可灵活多样。

广义的“清”，还要延伸到“日清（天天清）”“周清”和“月清”。“清”要在保证课标要求最低限度的情况下分层进行。“清”的过程，就是抓教学落实的过程。

“清”既是教学任务的落实（让学生达成课标要求的标准），又是学生学习态度的体现（学习一个阶段后要积极、自觉、主动进行检测），更重要的是，学生要养成“清”的习惯（由教师指导下的“清”逐渐养成自我“清”的习惯）和掌握“清”的方法。

“五环建构”教学基本模式是数学的灵魂和核心。“构”是学生建构知识。即让学生通过相互之间的协作、交流和利用必要的信息等获得知识。在“五环建构”教学基本模式中，“探”是核心，“构”是目的，“五环”是操作程序。

沙滘初级中学数学科试卷讲评课模式

一、课前准备

制定科学合理的评分标准，严格按标准评阅试卷，并做好以下4项工作：①对学生的得失分情况进行统计、汇总，确定讲评重点。②统计各题错误人数及错误类型，对典型的、带有倾向性的错误应特别关注，重点讲评。③对学生试卷中好的解法进行整理，以便讲评时向其他学生介绍，促进全班学生的共同提高。④分析学生对知识、方法的掌握情况，设计好针对性练习题。

二、环节阐述

1. 发放试卷、概述成绩

讲评课开始，首先用几分钟时间概述测试成绩情况：①测试的平均分，及格率、优秀率、每题的达标率。②表扬达到目标分、超出目标分的学生。特别是达到目标分、超出目标分的中下生，应多鼓励，可以一些进步快的学生为实例，教育他们不要泄气，要奋力直追。

2. 自查自纠、交流疑难

对于一道错题，既要让学生明白错在哪里，为什么错，更要让学生知道怎样纠正。如果教师仅仅把答案讲解一遍，学生似乎听懂了，学会了，但还是有很多学生在同一地方跌倒两次或更多次。自查自纠是解决这一问题的好方法，学生先对错因进行分析，然后再进行订正。对自查不能自纠的问题，提交小组讨论、交流，使每位同学都能深刻认识错因，吸取教训。

在小组中以讨论自查不能自纠的问题为主，从怎样分析题意开始，探讨解题策略，讨论解决问题。对于较难的题，组内解决不了，再提出请教师帮助。教师再根据具体情况进行点拨解疑，帮助学生排除障碍，这样集中集体的智慧，更有助于问题的转化，方法的优化，有利于培养学生的发散性思维。

3. 教师点拨、针对训练

试卷讲评课中教师不能就题论题，应重点讲评若干问题，应透过现象看实质，进行开放、发散式讲解，特别应注意"一题多解"与"一解多题"和"一题多联"与"一题多变"。具体来讲，学生错误集中、题目解法新颖、启发性强的题目应重点讲评；能暴露思维过程，包括典型错误的思考、巧妙的思考等，以对其他学生起到警戒、示范作用的重点讲评；能体现"一题多变""一题多测""一题多拓"的问题重点讲评。每次讲一题多变时，教师给出同样类型题来培养学生独自分析问题、解决问题的能力，并得出一题多变中的联系与区别，来完成数学知识到数学思想方法的转变，明白"以不变应万变"的真正含义。

4. 典例集锦

在专用的"纠错本"记录下本次试卷的特色题、新颖题及代表性的问题，做出得失分统计分析，写出对本次考试的体会，并定出下次考试的目标。

沙滘初级中学数学科“五环建构”教学模式

一、基本环节

“五环建构”课堂教学基本模式符合新课程理念，着力培养学生的自学能力、问题意识和创新精神，具有可操作性和实践性。

“五环”“建构”两者之间的关系：“五环”是指“导、学、探、练、清”五个环节（“探”是指探究性学习）；“建构”是指让学生建构知识。在具体的实施过程中，“学”是核心，“构”是目的，“五环”是操作程序。

二、操作要求

（一）目标导学

（1）导入新课：根据教学需要进行问题导入、情景导入、复习导入、趣味故事导入、趣味实验导入、名人逸事导入等，也可以开门见山，直接板书课题。

（2）板书课题。（必要的时候要释题）

（3）出示学习目标。（要进行重点强调，让学生明确本节课的学习任务）

（4）出示自学（独学）提纲：自学（独学）提纲的设计要从教学实际出发，要根据课标要求，把学习目标在导学案中细化为具体问题。要体现知识的基础性和渐进性，体现本节课重难点，要有广度、深度和梯度，语言简洁明了。

要对自学（独学）时间、内容、方法（“查、画、写、记、练、思”）、标准、检测手段等提出明确要求。

（二）自主学习

1. 学生要求

（1）按导学案的设置提纲自学（独学）。

（2）自学（独学）后，要合上教材和其他辅助资料进行自测（对应练习）。对不会的问题要做好批注或随笔，作为合作（对学）探究的问题进行合作探究。

2. 教师要求

（1）对个别没有按教师自学（独学）指导要求做的学生，要有个别提示。

（2）巡回指导，红笔不离手，发现共性问题。教师巡回时举动和言行以不干扰学生自学（独学）为原则，有利于学生全身心地自学，及时发现并记住存在的问题。

（3）适度调整自学（独学）时间：要给学生适度的自学（独学）时间，并根据学生的自学（独学）情况对自学时间进行灵活的增加或减少。

（三）合作探究

1. 组内互探

自学（独学）中遇到不会的问题，小组内互相交流（对学）。把小组内也解决不了的问题记好，到学生质疑时提出，让其他学习小组或教师讲解（群学）。

2. 师生互探

对自学（独学）导学案的提纲中重点的内容及学习小组解决不了的问题进行展示、纠错和点拨，可采用口头回答、书面练习、演板等方式。展示和纠错的方式采取学困生展示（展示面要大），中等生纠错，优秀生讲评的办法。当学生解决不了时，教师再进行点拨。教师点拨的是学生共同存在的困惑点、重难点、易错点。教师要真正做到学生讲之前不讲、学生没有进行探究学习的不讲、学生会的坚决不讲。教师要做好五种讲解：补充讲解、更正讲解、点评讲解、归纳总结讲解、拓展延伸讲解。

（四）达标训练

训练题要以基础知识为主，在强化训练基础知识的基础上适当进行拓展训练。训练题可以分层次，对不同的学生提出不同的要求，训练时要加大学生展示面和纠错的力度。

（1）出示训练题：必做题、选做题和思考题。

（2）完成达标训练题。

（3）展示（有时候可和上一环同步进行）。

采取展示和书面练习同步进行，可让学困生展示（展示面要大），中等生纠错，优秀生讲评。学生解决不了的教师再进行点拨。

（4）学生经历了独学、对学后基本掌握了解决问题的思路、方法、技巧、规律等，从而达到举一反三、触类旁通的效果。

（5）学生自主归纳总结本节课的收获。

（五）堂清检测

对一节课的教学目标完成情况进行测评。测评主要以本节课基础知识、重点内容为主，测评的方式可以灵活多样。通过测评，要准确掌握“堂清”的对象，要把没有“堂清”的学生转为“日清”对象。

“五环建构”教学模式是沙滘初级中学数学科高效课堂的基本模式，在课堂教学具体的操作过程中，要根据学段特点、学科特点和每节课的具体情况而定，不一定每节课都体现在这五个环节。我们倡导模式，但不是要教师死套模式，目的是要提高课堂教学效率，提高教学质量。

“五环建构”，不仅仅是一种教学模式或流程，更是一种教学思想和方法。五个环节相互渗透、相互交融，是一个不可分割的有机整体。

沙滘初级中学数学科教学模式“五环建构”流程图如图 3－1 所示。

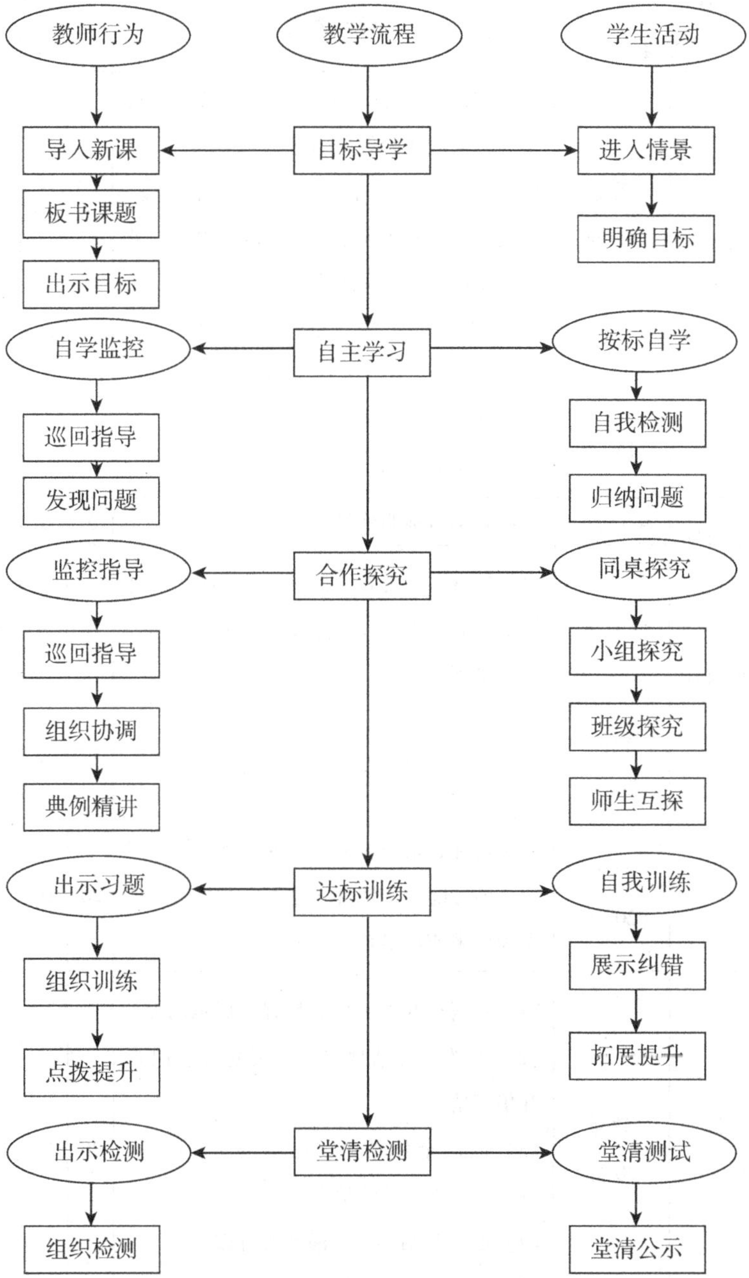

图 3－1 “五环建构”教学流程图

表3-1 “五环建构”教学模式课堂教学评价表

序号	评价项目及权重		评价要点	等级 A	等级 B	等级 C	得分
1	课前准备	教师（15分）	（1）教具：准备充分、齐全，课前进行实验，课堂实验效果明显。 （2）探究题、训练题、测试题：有梯度、分层次、重基础、量适度。以小黑板、纸质、媒体等方式呈现。 （3）仪表端庄，精神饱满，感染力强	15	12	9	
		学生（15分）	（1）准备扎实：学具齐全、进入状态、提前候课 （2）精神面貌好、教学秩序井然	15	12	9	
2	教学目标与自主学习提纲设计	（5分）	三维教学目标明确具体	5	3	2	
		（10分）	自学提纲：体现教学目标、具体明了、有层次、启发性。以小黑板、纸质、媒体等方式呈现	10	8	6	
3	自主学习	教师（20分）	教师巡回指导、发现问题、组织调控	20	16	12	
		学生（20分）	明确目标、精力集中、发现问题、解决问题，做好随笔。把自学过程中遇到的疑难点画出来或写出来	20	16	12	
4	合作探究	教师（20分）	（1）引导学生探究能动性强，展示面大。 （2）点拨、总结规律、拓展延伸、课堂升华等精辟。 （3）面向全体学生，评价及时、准确、科学，尊重、关爱学生。 （4）联系生活实际，渗透德育教育。 （5）教学媒体运用恰当	20	16	12	

续 表

序号	评价项目及权重		评价要点	等级			得分
				A	B	C	
4	合作探究	学生（25 分）	（1）和谐合作：乐意接受分工（有记录员、操作员、中心发言人等），认真倾听他人发言，善于提出问题，积极解答问题，谦让和蔼。 （2）勇于展示：声音洪亮，敢于讲述自己的观点，积极板演，联系生活，联系实际，解决问题能力强	25	20	15	
5	达标训练	教师（20 分）	（1）落实分层训练，调动学生积极性。 （2）语言规范、准确。 （3）辅助教学得当。 （4）板书精练。	20	16	12	
		学生（20 分）	（1）独立完成训练题，步骤完整，正确率高。 （2）本节课收获总结得全面且有独特见解（能够灵活运用知识、有创新精神）	20	16	12	
6	堂清检测	教师（10 分）	（1）堂清检测组织严密。 （2）当堂完成教学任务	10	8	6	
		学生（20 分）	（1）诚信测试，当堂完成学习任务。 （2）做好"随堂"记录和随笔	20	16	12	
综合评价				总分			

备注：可将教师和学生总得分折合成 100。

数学课堂上如何做到有效展示研究

我们数学科的课堂教学模式已施行近四年，而在现实的课堂中，不可否认存在这样或那样的问题，尤其是在展示环节中。

一、问题发现

（1）个别学生展示时声音太小，语言组织能力差，不能将要展示的重点展示清楚；表情羞涩，动作呆板，展示时缺乏自信。

（2）学生展示时形式过于单一，使内容显得枯燥，以至于听展同学对展示内容提不起兴趣。

（3）学生展示时教师总是采取加分的评价方式，显得评价方式过于单一，时间长了学生失去了兴趣；评价有时与展示不同步，加分混乱，引起学生不满。

（4）学生听展时状态懒散，部分学生存在纪律问题，个别学生听展时做与学习无关的事情，小动作太多。

（5）展示过程中部分学生未注重双色笔以及讲棍的使用，质疑的学生口语欠规范。展示环节是高效课堂中最重要的一部分，展示环节处理得好坏，直接决定了学生的学习状态和学习效果。

二、措施改进

1. 树立“参与无错”的思想，激发学生的参与意识

帮助学生树立“参与无错”的思想。在课堂上，我们要特别关注这些问题学生，总是让他们回答一些比较简单的问题，先锻炼他们的胆量，鼓励他们大胆发言，帮助他们树立“参与无错”的思想。他们每次回答完问题后，教师应该积极鼓励。有时他们回答错了，我们不能批评，反而大加赞赏他们积极参与、勇敢发言的精神。这样，这些问题学生在回答问题时，就会逐渐克服自卑心理，从而树立自信。

2. 让学生充分地预习、讨论

只有学生具备一定的知识储备，特别是对展示内容进行了初步的学习和讨论，形成了自己的个性化见解，这样的展示才能引发别人的思考、质疑、辩论。因此，让学生做好充分的预习或小组讨论，使他们在课堂上有“成果”可以展示，是学习型展示的重要基础。否则，学生展示就会流于形式，或停留于浅层次问题。

3. 展示顺序的制定

展示的内容要由浅入深、由易到难，展示对象的顺序是先由学困生展示基础内容，继而中等生补充，最后由学优生归纳总结。这样的程序设计目的在于使学生机会均等，各展其长。在展示过程中，由学生先进行反馈，保证教师不以自己的思考代替学生的思考。

4. 教会学生参与展示的方法和正确的态度

教师要教给学生展示的方法、技巧，培养他们的展示能力，包括口头表达、形态表现、小组协作、组间质疑讨论等各方面的基本技能。同时，要培养学生在质疑与辩论中包容、尊重、悦纳的态度，教导学生尊重他人，学会倾听，学会宽容和沟通，学会协作和分享，积极质疑、补充与评价。

5. 营造和谐的氛围，鼓励学生大胆展示

情感教学是师生之间真诚的情感交流，它可以创造一种轻松自如、气氛活跃、心情愉悦的教学氛围。传统的教学只重视知识传授和技能的培养，忽视了学生在学习过程中的情感体验。在教学中，教师可以借助情感交流有意识地营造适宜的课堂氛围，激励学生各抒己见，切实使学生处于主体地位，保护学生的积极性，允许学生标新立异，使课堂真正成为教师与学生共同商讨的场所。这样，学生在这种和谐的氛围中畅所欲言，尽情讨论，学生的意见得以展现，学生的思想得以交流，学生的潜力得以挖掘，学生的创新能力得以培养，学生真正动起来，课堂真正活起来，课堂效果也就好起来。学生在课堂中张扬个性，展示自我，收获知识，收获成功，收获自信，收获快乐，体现了“以人为本，全面发展”的教学理念。

6. 不断更新评价方式

如收获果实的方法、QQ 等级法等，还可以建立学生评价组，让学生来评价学生，提高说服力，避免学生的不满情绪。

总之，要真正让课堂高效，教学过程必然是学生主动参与学习活动的过程。只有在教学过程中，通过教师引导，让所有的学生都能积极主动地参与到学习过程中，规律让学生去发现，知识让学生去探究，方法让学生去寻找，问题让学生去解决，真正确立学生的主体地位，使学生在课堂上充分展示自己，使学生素质得到全面自主的发展。

第四章 教学创新

4

核心素养视角下提高初中生数学课堂参与度的思考

现今，学科核心素养成为课堂革新的热点。数学核心素养包含数学抽象、逻辑推理、数学建模、数学运算、直观想象、数学分析等六个方面。然而，学生数学核心素养的提升不是一朝一夕就能完成的，需要师生的共同努力，需要教师精心设计好常态课，需要学生数学经验的不断积累与对数学本质的不断感悟。《义务教育数学课程标准（2007年版）》指出："教师应激发学生的学习积极性，向学生提供充分从事数学活动的机会，帮助他们在自主探索和合作交流的过程中真正理解和掌握基本的数学知识与技能、数学思想和方法，获得广泛的数学活动经验。"因此，笔者认为，应引导学生在数学课堂中最大限度地发挥主动性，让学生有更多的时间去体验数学活动，去思考数学问题，去理解数学本质。革新传统的教学模式和加强学法指导，这不仅是落实核心素养关注的热点，也应是教师在实际教学中重点关切的问题。

一、创设课前参与情境，激发学生主动参与

在数学核心素养的培养过程中，要注意绝不能生硬地分割三维目标来进行课堂设计，要将其融于一体，相互协调，相互依赖，相互促进。课堂上，我们不妨将数学知识点的呈现归纳为循序渐进的三个层次——简约阶段、符号阶段、普适阶段，并据此采取以下的步骤来进行教学：创设现实问题情境、

用数学观点解释问题、将问题转换成数学符号、知识结构的生成。由此，我们不难看出，课前参与情境的创设对于课堂的有效开展及学生数学核心素养的培养具有极大的意义。生动有趣的课前情境，不仅能迅速抓住学生的注意力，使其对课堂内容产生浓厚的好奇心，还能使学生将被动接受知识转换成自主学习的需求，更有利于他们进入学习新知识的情景。因此，创设一个课前参与的情境，能有效地激发学生的学习兴趣，使其产生强烈的求知欲的同时，还能促进其思维快速地进入最佳的学习状态，为接受新知识做好准备。

例如：九年级学习二次函数的应用“面积的最大问题”时，可以把本章导图中的问题抛给学生：（见图 4－1）要用长 20m 的铁栏杆，一面靠墙，围成一个矩形的花圃，怎么样的围法才能使围成的花圃面积最大？像这样的问题情境的创设，一方面能有效地激发起学生的学习兴趣，活跃学生的数学思维；另一方面能更好地发挥学生的学习主体性，使其主动参与到课堂学习中，对创设的问题或情境进行自主探究和实践。

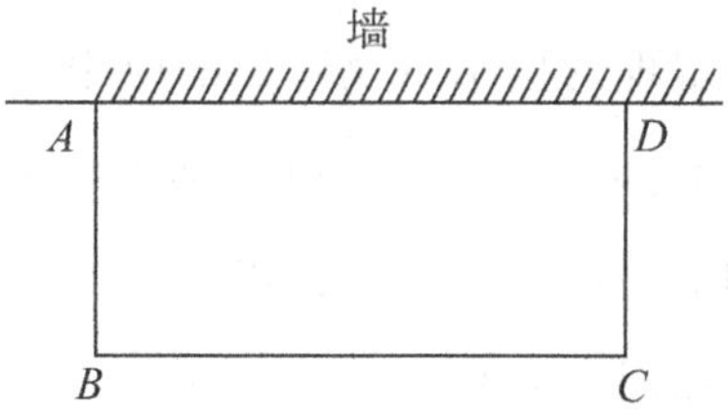

图 4－1

解：设 $AB=x\text{m}$，花圃的面积为 $y\text{m}^2$，

则有 $y=x(20-2x)$，

$y=-2x^2+20x\ (0<x<10)$，

$y=-2(x-5)^2+50$.

当 $x=5$ 时，函数取得最大值 50.

答：AB 为 5m 时，花圃的面积最大，这个最大面积为 50m^2.

设计意图：此题主要考查了二次函数的应用，最大面积的问题常用函数的增减性来解答，我们首先要吃透题意，确定变量，通过数学建模，建立函数模型，然后结合实际选择最优方案。其中要注意，应该在自变量的取值范围内求最大值（或最小值），也就是说二次函数的最值不一定在 $x=-\frac{b}{2a}$ 时取得。

二、在课堂中优化教学设计，引导学生积极参与学习活动

数学课堂应重点关注“人”，关注学生。学生是学习的主体，也是自我学习的设计者，更是积极进行自我学习的学习者，在学生亲身参与、观察、思考、判断课程具体内容及活动的过程中，其数学核心素养也在慢慢形成。教师在课堂上发挥主导作用，最重要的是要引导学生主体功能的发挥，如果不能达到学生自主学习、主动参与的课堂效果，可以说教师的主导功能是无效的。因此，这提醒教师，在课堂引导中要注意“导”的科学性、启发性和艺术性，要巧妙构思课堂活动以活跃学生思维。数学学习是一种创造性活动，重要概念的建立、公式定理的揭示以及知识的应用，无不需要学生激发起创造性思维的“火花”，因此教师在教学课本内容时，要注重在教学环节中设计有利于学生开发智力和能力的课堂活动，以更好地提高学生的参与程度，同时，增强学生的创造力和创新思维。

1. 参与数学概念的建立过程，让学生真正理解数学概念

在初中数学的课堂教学中，要提高学生的数学抽象、逻辑推理等具有概念性的核心素养，必须要通过学科教学和综合实践活动课程来具体实施，必须在课堂的每一个环节为学生提供有效参与数学概念建立过程的学习机会。数学是一门“实践出真知”的学科，数学概念则是在解决实际问题的实践以及数学自身的发展中逐渐形成的，但是，这也使得学生在学习教材定义时往往忽略概念形成的思维过程。因此，教师要积极补充学生在这一方面的短板，引导学生主动挖掘数学概念的形成过程，必要时还可以通过举反例来准确把握概念的本质。

例如，九年级下册在圆的概念的教学中，可分几个步骤进行：

（1）实验获得感性认识。

要求学生用事先准备的一个小钉和一定长度的细线，将细线的一端固定，用铅笔把细线拉紧，使笔尖在纸上慢慢转动，所得图形为圆，如图 4－2 所示。

（2）教师提出问题，思考讨论。

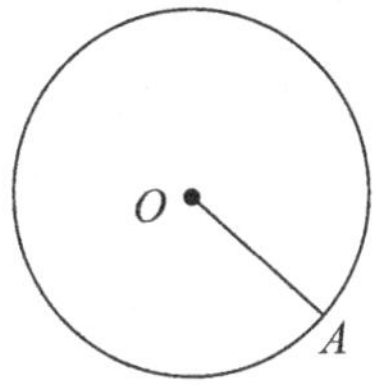

图 4－2

圆上的点有何特征，你能给圆下一个定义吗？

（3）揭示问题的本质，给出定义。

基于类比学习，可以反问学生：一个正方形是否满足到一个定点的距离等于定长所有点组成的图形呢？学生经历了动手实验、小组讨论，从而掌握了圆的定义。

2. 引导学生参与公式、定理的发现过程，培养学生的积极参与意识

公式和定理的学习是中学数学里的“必修课”，是知识体系中的重要部分，更是学生发展数学思维能力和提高认知发展水平的基石。我们必须明确，学生是不能通过教师直接地灌输知识而培养起核心素养的，只有在系统性、参与性的活动过程中才能得到核心素养的形成和发展。所以在数学教学中，教师必须摒弃以往单一、枯燥、机械化的课堂教学模式，要给学生营造起主动探究的学习环境。这一点要求尤其体现在公式和定理的发现过程中，有些教师在教学过程中只对学生提出会背、会套用公式和定理的基本要求即可，然而这一层面的要求往往不利于学生数学思维的发展以及创造能力的培养，使得学生学习只停留在机械化的模仿层面，因此，教师要对于公式和定理的学习提出更高的要求目标，引导学生参与公式和定理的发现过程，以此促进学生对于公式和定理的深度理解。

例如：不少学生对于完全平方公式 $(a\pm b)^2=a^2\pm 2ab+b^2$ 与平方差公式 $(a+b)(a-b)=a^2-b^2$ 记得不牢固，经常犯如下错误：$(a\pm b)^2=a^2\pm b^2$，就是在学这两个公式时没有参与到公式的得出过程，而只是去死记硬背，机械化地模仿，时间一长就混淆了。

在教学中设置图4－3和图4－4，引导学生根据图4－3与图4－4发现并验证平方差公式和完全平方公式。利用面积关系解决问题的方法，使抽象的数量关系因几何直观而形象化，经历了公式、定理的发现过程，培养学生的积极参与意识。

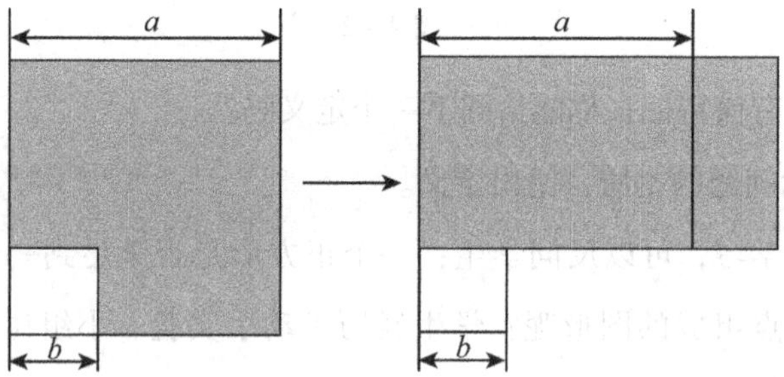

图4－3

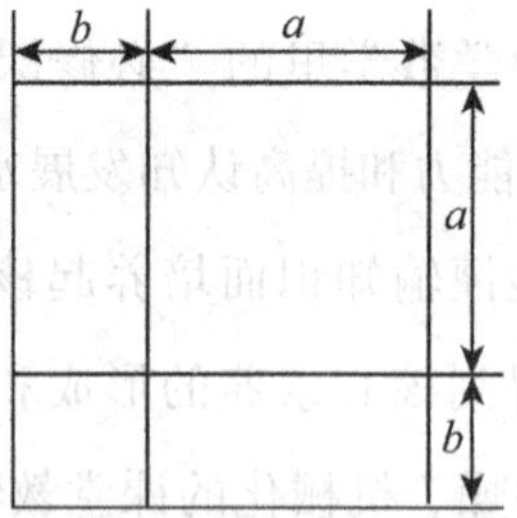

图4－4

设计意图： 利用数形结合思想建立了代数与几何图形之间的内在联系，体现了数学的魅力，通过几何建模对同一面积的不同表达和比较，根据图4－3和图4－4发现并验证了平方差公式和完全平方公式。这种利用面积关系解决问题的方法，使抽象的数量关系因几何直观而形象化，增强学生学习自信，提升学生的核心素养。

3. 参与例题教学的探索，提高学生解决问题的能力

例题是课堂知识点呈现的载体，更是帮助学生将现实情境和问题转化为数学符号的重要转折点。因此，在平时的课堂教学中，教师要注意引导学生自我探索例题的解决过程，鼓励学生运用多种方法，通过多种途径去思考，从而提高学生理解和应对复杂数学问题的能力，落实核心素养对数学课堂教学的要求。在例题教学中，教师深挖例题潜在的教学功能，引导学生积极参与例题求解时的思维经历探索过程，在例题的分析、探究和概括的过程中逐渐使学生的数学思维及素养得以发展。

例如：用因式分解法解一元二次方程的教学中，笔者设计了以下几个步骤，让学生主动参与：

（1）问题一：$a \times b = 0$ 意味着什么？

（2）问题二：猜想一元二次方程 $x(x+1)=0$，$(x-2)(x+3)=0$ 的解是什么？

（3）问题三：$x^2+3x=0$，$x(x-2)+4(x-2)=0$ 能否变成上述形式再求解？

（4）让学生自己小结因式分解法解一元二次方程的步骤，教师板书在黑板上。

在教师的引导和启发下，学生能发挥主体功能，能对例题的知识体系中蕴含的内在联系和思想方法进行提炼和归纳，自主完善新知识的认知体系。

设计意图：通过问题串方式层层深入，让学生去思考、去交流。只有让学生自己去发现奥妙，学生才有兴趣，才乐意去学。

三、课后的作业要有层次性、多样性，吸引学生主动参与

课堂教学延伸部分——作业，是学生对课堂教学的深化过程，也是巩固

和深化课堂知识的创造性过程。如今，在要求发展核心素养的背景之下，如何设计形式丰富多样，内容贴近生活而有趣，且具有感性影响和探索价值的作业则成为当今教师需要重点关注的问题。传统数学作业的设置大多都是对课本知识点的考核，仅停留在机械化地对课堂教学的新知识的巩固层面上，只能反映出学生数学基础的掌握水平，且存在着较多弊端，难以促进学生核心素养的提高。例如，作业的设置仅仅只是对课堂知识的1∶1复制，这不利于学生主动参与，更不利于学生发展逻辑思维能力和创造性能力。

因此，要培养学生的核心素养，教师不妨从课后作业着手，例如，为改观一些数学题的抽象、枯燥，我们可以设计成操作或游戏活动题，为学生搭建活动、操作平台，让学生感受到数学的丰富多彩，促使其积极参与到学习中去；又如，设计多样化的开放题型，给予学生锻炼发散性思维的学习机会，这要求其内容一方面要与初中生熟悉的现实生活相关，另一方面可以将数学与经济、政治、历史、科学等知识相结合，综合促进学生的核心素养水平。

例如：学习有理数混合运算后，作业以“24点游戏”布置，我们抽取一副扑克牌中各花色的1至10共40张扑克牌，规定红色（红心、方块）、黑色（黑桃、梅花）的数字分别为“正”“负”值。通过赛一赛：以4人为一组，从随机组合的扑克中每人次出1或2张牌，然后根据4张牌面上的数进行加、减、乘、除、乘方运算。若算出结果恰为24，则用手轻拍桌子进行抢答，并加2分；若能找出第二种及以上不同方法，则每多1种加1分。若一分钟内两个人都没有算出24，那么这4张牌作废，直到大家出完手中的牌。实践表明，让学生运用所学运算知识参与游戏，不仅能吸引学生主动参与，改变学生嫌计算枯燥的现状，提高学生有理数混合运算能力，还能增强学生的数感。

总之，关注学生核心素养的培养是新时代教育下每位教师的“必修课”，更是适应新课程改革和促进我国教育发展的“基点”。作为一线教师，应充分了解核心素养的性质、内容及特征，要主动摒弃传统教育模式的弊端，打造将数学知识与核心素养相结合的新课堂；要促进学生的个性化成长，多引导学生主动参与学习，奠定学生的课堂主体地位；要关注知识动态积极生长的过程，突破机械化的知识灌输，创设现实性的学习情境，提出生活化的创造性问题。因此，在教学策略的研究上，我们每一位教师更要不断钻研，不断整合，创建出一套适合学生自主学习、主动参与的有效教学模式，提出具有前瞻性的数学教学发展之路，在潜移默化中促进学生核心素养的培养和发展。

注：本文在华南师范大学《中学数学研究》2021 年第 2 期发表。

基于"互联网+"的初中数学综合实践活动课教学策略

《教育信息化2.0行动计划》通知提出："到2022年基本实现'三全两高一大'的发展目标。"其中，"三全"指教学应用覆盖全体教师、学习应用覆盖全体适龄学生、数字校园建设覆盖全体学校；"两高"指信息化应用水平和师生信息素养普遍提高；"一大"指建成"互联网+教育"大平台。我国教育信息化从1.0时代进入2.0时代，只有让信息技术与课堂有效结合起来，才能更好地适应教育信息化2.0提出的新要求。

初中数学"综合与实践"活动课能让数学回归生活、应用于生活，激活学生的思维，发展学生的数学综合能力，拓展学生的数学视野，使学生体验到数学的应用价值，让数学学习充满生命的活力。"综合与实践"课是数学课程的重要组成部分。《义务教育数学课程标准（2011年版）》（以下简称《标准》）将"综合与实践"作为数学课程内容的四大板块之一，足见"综合与实践"在数学课程中的价值与意义。《标准》中"教学建议"第四条特别指出："综合与实践是积累数学活动经验的重要载体。"随着课程改革的不断深入实施，培养学生的核心素养已经成为课堂教学的重中之重，因此，在数学教学中，教师要以实践为核心，结合具体学习内容，充分利用"互联网+"设计有效的活动，让学生在活动过程中积累基本数学经验，突出学生活动的综合性、实践性、主体性，有效培养学生的数学核心素养。

信息化技术融入初中数学课堂，如何应用"互联网+"在"综合与实践”的教学中有效地组织教学呢？笔者认为可以从以下六个方面着手：

一、营造轻松学习氛围，激发学生的学习兴趣

在“综合与实践”活动课中，只有让学生具备学习兴趣，激活学生的思维能力，学生才会迅速投入到问题情境中，积极主动地参与到数学问题的合作互动、实践探究活动中去，从而取得事半功倍的效果。因此，在教学活动中，教师充分调动学生的感官，通过活动、表演、竞赛、互动对话等教学方式为学生营造轻松、愉悦、和谐的学习氛围，使教学活动更加生动、灵活，从而提高学习效率，学生在愉快的心境中获得知识，受到启迪。

例如，《哪个城市夏天更热》一课立意新颖、独具魅力，以一种综合性、挑战性和开放性的学习方式，使学生完整地经历了统计调查活动，学会了运用各种渠道收集数据，并根据不同的标准完成对数据的加工处理，得到结论，增进学生的合作交流能力和团队意识，发展学生的统计意识和数据处理能力，提高运用数据分析实际问题并为决策服务的能力。例如，夏天时 7、8 月最热，7、8 月气温比较，长沙、武汉是夏天最热的城市。通过互联网到中国国家气象网收集长沙、武汉 7、8 月的气温数据，应用信息技术制作处理数据——绘制折线统计图。

由图 4－5 和图 4－6 可知，7、8 月份长沙平均温度较高的天数：13＋21＝34 天。

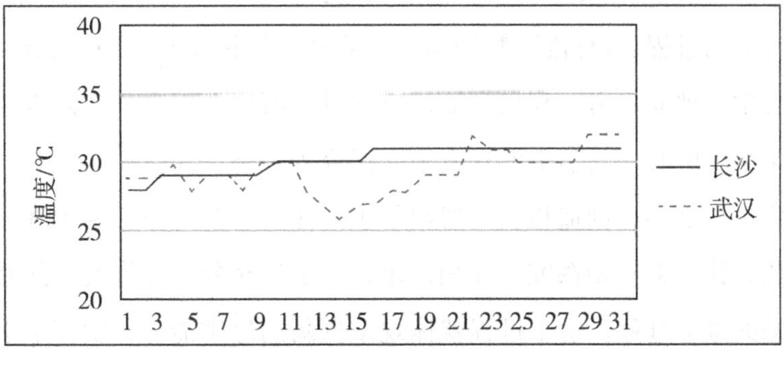

图 4－5　长沙、武汉 7 月平均温度折线设计图

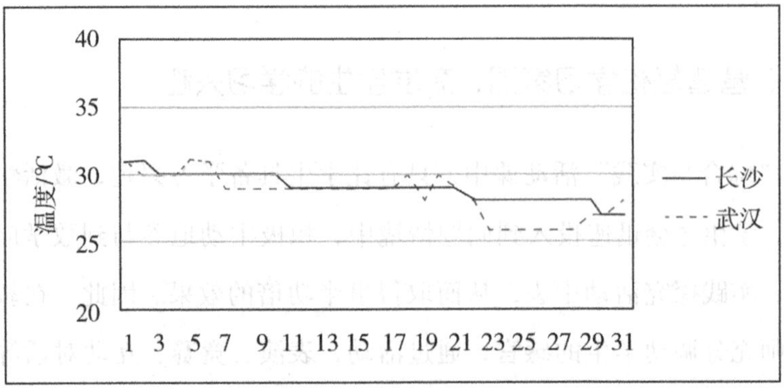

图 4-6　长沙、武汉 8 月平均温度折线统计图

武汉平均温度较高的天数：6+5=11 天。

二者平均温度相等的天数：12+5=17 天。

即 7、8 月份长沙平均温度较高的天数比武汉平均温度较高的天数多 34-11=23 天。

通过“互联网+”融入数学教学，结合学过的数学工具、数学语言、数学方法去解决它，在实践中激发学生的学习兴趣，让学生在操作中思考，在思考中发现结论，在对问题分解的过程中获得解决问题的知识素养，真正体会到数学的价值与作用。

二、凸显学生主体地位，提升学生自主探究意识和能力

“综合与实践”课是一类教师借助问题引领学生全程参与、实践的相对完整的学习活动过程。《标准》特别强调了学生的自主探索、合作交流与动手实践，需要学生独立思考，积极开展思维活动，所以在综合与实践教学中，教师要以学生为中心，以学生的自主独立探究为基础，大胆让学生参与到探究知识形成过程之中，创造机会，留给学生。让学生在求知历程中逐渐掌握学习的方法，让学生互相探究，互相讨论，让学生充分经历将实际问题转化为数学问题的思维过程，这个过程就体现了创新的思维能力，发挥了学生学习的主体作用，激发了创新的潜能。而“互联网+”拥有了信息技术工具，可

以提供更多的方式让学生通过生活走进数学。

例如，在《关注人口老龄化》这一课教学中，制作微课，根据主题关注本地现实生活，自主发现问题、制作家庭老年人数统计图，并提出长大后养老压力多大问题，怎样解决老龄化问题，让学生亲身参与社会实践活动，增强人生体验，感受成功的快乐。

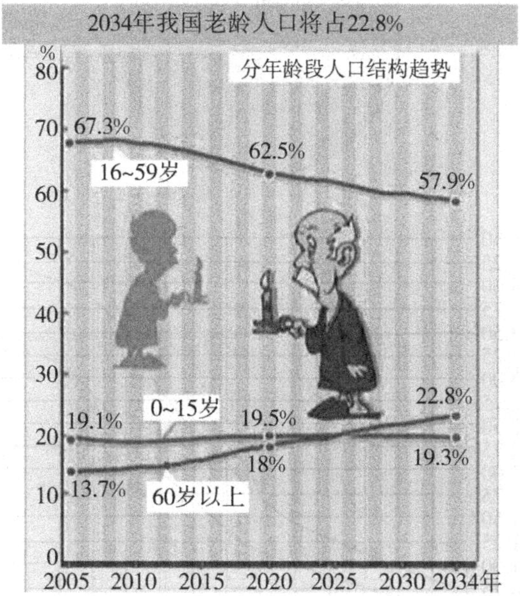

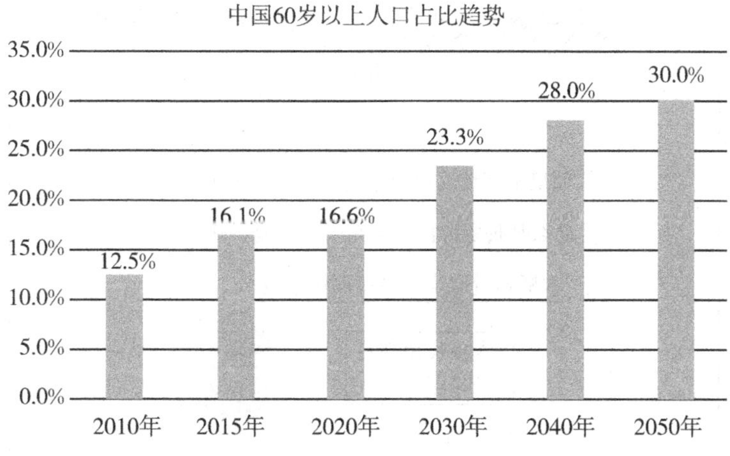

图4-7

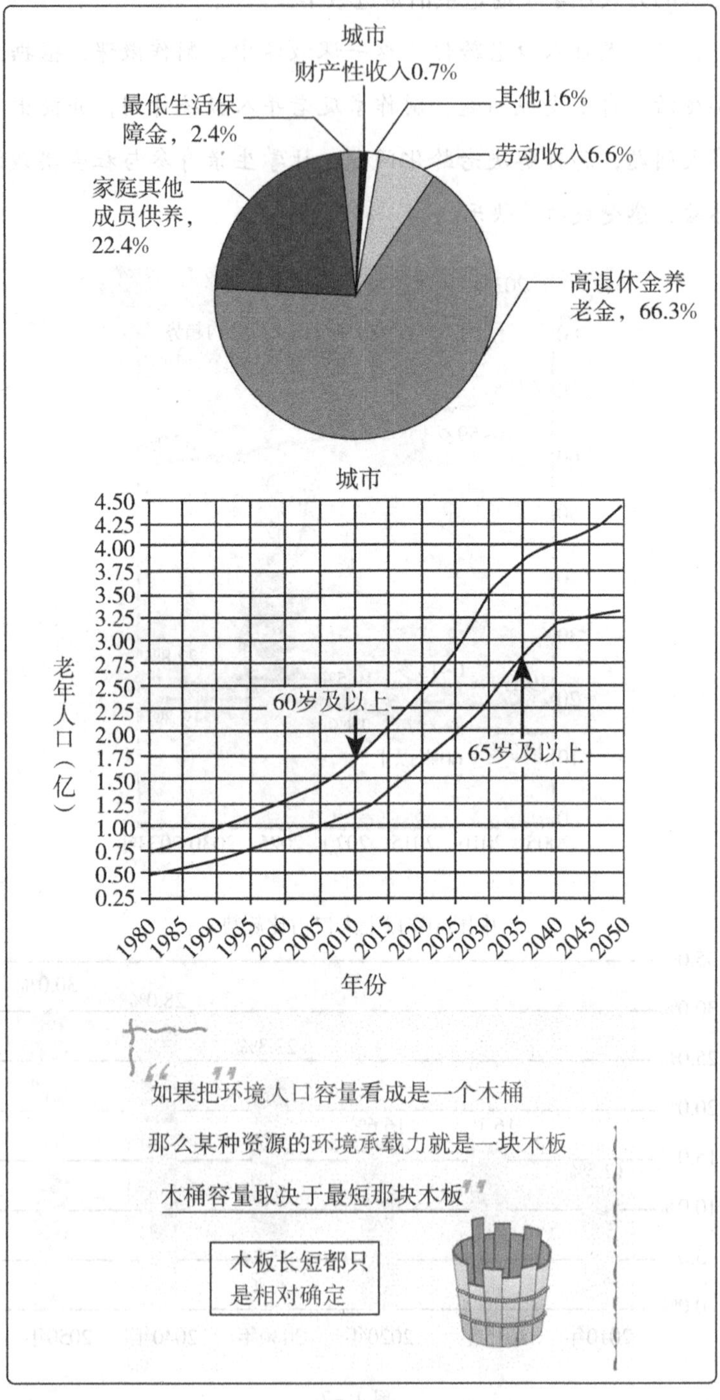
城市
财产性收入0.7%
最低生活保障金，2.4%
其他1.6%
劳动收入6.6%
家庭其他成员供养，22.4%
高退休金养老金，66.3%
城市
老年人口（亿）
60岁及以上
65岁及以上
年份
“如果把环境人口容量看成是一个木桶
那么某种资源的环境承载力就是一块木板
木桶容量取决于最短那块木板”
木板长短都只是相对确定

图4－8

凸显了学生的主体地位，这种欢欣宽松、鼓励上进的教学气氛能激奋学生积极参加，从而让每一个学生多一种机会、多一份感悟、多一些信心去参与探究活动，品尝成功的欢愉，使不同层次的学生都能“奋力一跳，桃子摘到”，感受努力的价值，真正成为学习数学的主人，使其能够独立自主完成探究问题，培养探究意识和能力。

三、在实践中数学建模，经历知识产生形成的过程

数学建模的核心是引导学生从“学数学”向“做数学”转变，应用数学方法解决现实生活中的实际问题。对于数学建模类型问题的教学，通常情况下是在教师的引导和启发下将实际问题数学化，建立数学模型，然后应用所学数学知识进行求解，并进行求证和检验。

例如，《哪一款手机资费套餐更合适》，以你爸爸或妈妈的手机为样本，调查连续五个月来手机通话时间的情况。（表 4－1 为样本表格）

表 4－1

月份	本地通话时间（分）	本地通话费（元）	长途通话时间（分）	长途通话费（元）	通话总时间（分）
1					
2					
3					
4					
5					

如果你家刚刚添置了一部手机，表 4－2 是家长获得的一份手机资费宣传单，选择其中哪一款资费套餐更合适？你能给你的家长出出主意吗？

表4－2

套餐名称	资费内容					备注
	月租	本地主叫	长途主叫	本地以及长途被叫	基础定制	
A	0月租	0.2元/分钟	0.28元/分钟	免费	2元来话宝+3元来电显示+5元炫铃	市话最低月消费40元；套餐最低月消费50元
B	0月租	0.18元/分钟	0.3元/分钟	免费		市话最低月消费60元；套餐最低月消费70元
C	0月租	0.15元/分钟	0.3元/分钟	免费	3元来电显示+3元来话宝或新闻早晚报	市话、国内长途月最低消费66元；套餐最低月消费72元

哪一款手机资费套餐更合适，十分现实，要解答这个问题，学生要在真实情景中确定主要关注的因素，进而确立数学模型一次函数，从而解决问题。

因此，过程生发体验，过程激活思维，过程引发灵感，过程孕育创新。从现实生活中抽象出数学问题，体会、理解数学与外部世界的联系，这也体现了核心素养的要求。这就要求我们教师以问题为载体，为学生提供做数学、学数学、理解数学的机会，使学生积极主动地参与数学学习活动，经历分析问题、解决问题的过程。同时，教师应通过生活实例，让学生感受到数学学习的价值，懂得利用所学的数学知识找到解决问题的最佳策略，从而构建解决问题的一般模型，发展学生的思维能力。

四、设计开放问题，培养创新思维

数学综合实践活动课的主要教学目的是促进学生创新精神与解决实际数学问题能力的养成，因此，教师在设计活动的构思过程中应注重问题的设定，以确保问题的开放性。并且，活动课当中还应设置一定的思维训练内容与亲身操作内容，从而让学生的手、脑都得到了充分的训练，学生的思维能力和实践能力以及操作交往等能力都得以提升，形成自主探究与合作讨论的科学探究思想。在“互联网+”微课教学下，有很多短小精悍的微课视频辅助教学，每个视频针对一个知识点，学生可以根据自己的学习需求选择不同的微课，在观看的过程中也可以回看或者暂停，并完成相应的练习来检测自身的学习效果。教师通常前一天发布预习的微课、图片、PPT、练习题等学习资源，学生可以通过平板自行上网学习。

例如，《池塘里有多少条鱼》，教师提出问题：李大爷承包了村里的池塘，辛苦了一年，李大爷家今年的收成如何？你能帮助李大爷估计池塘中有多少条鱼吗？有学生认为，把池塘里的鱼全部捞出就可以知道了。也有学生反对，因为如果全部捞出，鱼会死，再说也不好知道池塘里的鱼是否全部捞出。教师接着提问：能不能不把池塘里的鱼全部捞出就可以估计李大爷承包池塘中有多少条鱼呢？

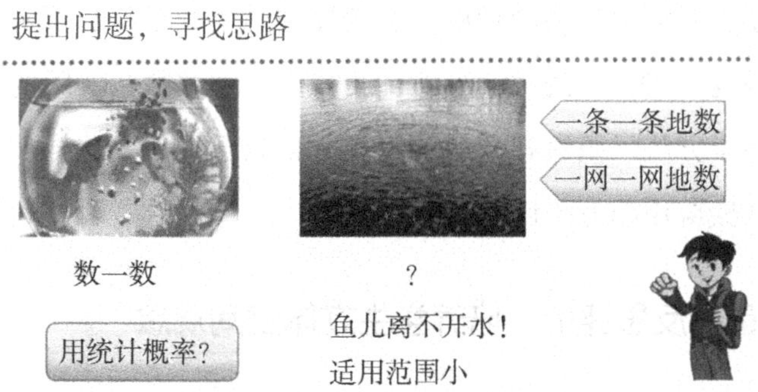

图 4-9

学生通过前面的学习，已经掌握了运用树状图和列表法计算简单事件发生的概率，还有一些纯粹的现实问题，无法应用树状图和列表法计算得到概率，需要借助试验模拟获得估计值；这些为解决本节课实际问题奠定了知识基础。另外，九年级的学生思维很活跃，正在从形象思维向逻辑思维过渡，能够从具体开放性问题事例中归纳出问题的本质，他们有强烈的应用新知发展自己的意识，这些都为解决本节课的实际问题奠定了基础。

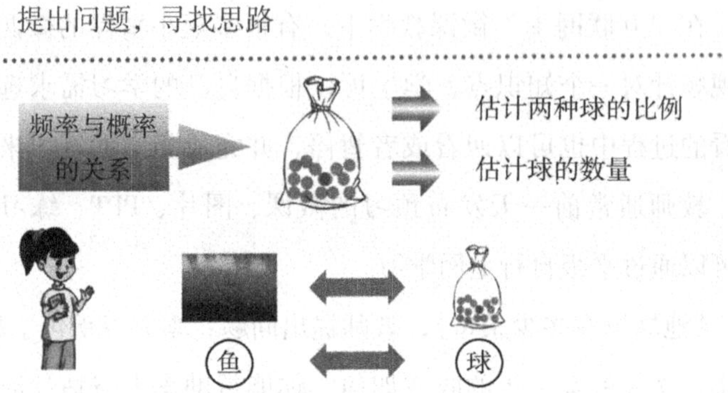

图 4－10

开放性问题激发学生的探索欲望，发散学生的抽象思维，强化形象思维，培养他们的创新精神与实践能力。综上所述，在初中数学教学中，一定要依据新课改的理念，充分利用现有教学资源进行相适应的教学活动，并以此为基础强化学生对数学学科的理解，有效提高学生数学综合素养。“综合与实践”活动课是一种全新的教学形式，还需要一线教师在实际的教学活动中去不断优化教学方法、积累教学经验以及开拓教学资源，这样才能达到切实提升学生的实践应用能力的目的。

五、重视反思评价，培养学生立体空间观念

《义务教育数学课程标准（2011 年版）》指出：“数学活动经验需要在“做，的过程和‘思考’的过程中积淀，是在数学学习活动过程中逐步积累的。”因此，在数学“综合与实践”活动中，教师既要重视通过问题引导学生把所学的数学知识整合起来，使学生体验到数学学习的价值，积极主动地参与数学学习活动，又要关注学生数学学习的兴趣、动机、意志力和自信心。空间观念是几何课程改革的一个课程核心的概念，《标准》描述了空间观念的

主要表现，其中包括“能够出几何图形联想出实物的形状，由实物的形状抽象出几何图形，进行几何体与其三视图、展开图之间的转化”。这是一个包括观察、想象、比较、综合、抽象分析，不断由低到高发展的认识客观事物的过程。在传统课堂讲解中往往因其过于抽象，使学生似懂非懂，极难领会其解题规律，初中学生的思维正处在具体形象思维向抽象思维过渡的时期，利用“互联网+”翻转课堂中的信息技术，能够成功地实现由具体形象向抽象概括的过渡，帮助学生建立空间观念。

例如：《设计制作长方体形状的包装纸盒》一课中，先使用计算机演示长方体和圆柱的侧面展开图，让学生观察动态的变化过程，发展学生的空间观念。通过以上的观察、练习，再用计算机演示本课时的学习难点“长方体的平面展开图”。这样，利用信息技术演示，能让学生建立清晰的表象结构，解决抽象性数学的知识与学生形象思维的矛盾，建立空间观念。

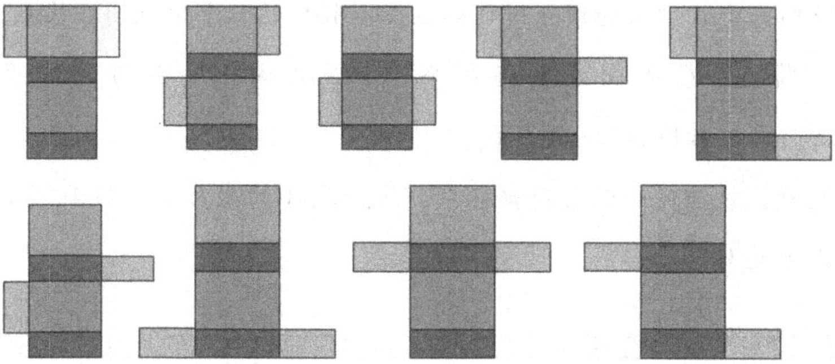

图 4－11

“综合与实践”活动让学生在自主体验、合作探究中经历知识产生、形成和发展的过程，具有独特的情感教化功能，在实践与探索过程中的执着和坚韧、在数学创造过程中的开拓与超越、在不断取证与论证过程中的严谨和求实、在克服困难面前的自信和意志、在前行过程中对数学历史及文化的探索和热爱……在“综合与实践”活动课中，学生学会了数学的思考，使自己的思维变得条理化、清晰化、精确化、概括化，从而促进数学核心素养和智慧的生成，培养学生立体空间观念与情感态度价值观。

六、给学生提供动手操作实验数学的平台

在强调探究式教学、发现式教学和研究性学习下，以前是教师在讲台用黑板加粉笔书写，即使有电脑也是教师一个人在讲台操作，无法满足全部学生。现在，“互联网 +”数学软件为学生开创了一个“数学实验室”，学生可以在自己的平板里利用“几何画板”“Z + Z”超级几何画板、洋葱数学等数学软件，亲自动手操作去实验数学。学生可以自主地在“问题空间”里进行探索，来做“数学实验”。教师可以将更多的探索、分析、思考任务交给学生去完成。学生从“听”数学的学习方式改变成在教师的指导下“做”数学。过去被动接收“现成”的数学知识，而现在可以像“研究者”一样去发现、探究知识。

例如：如图 4 - 12（1）所示，在网格中，每个小正方形的边长均为 1 个单位。我们将小正方形的顶点叫作格点，$\triangle ABC$ 的三个顶点均在格点上。

（1）将 $\triangle ABC$ 先向右平移 6 个单位，再向上平移 3 个单位，得到 $\triangle A_1B_1C_1$，画出平移后的 $\triangle A_1B_1C_1$。

（2）建立适当的平面直角坐标系，使得点 A 的坐标为（ -4，3）后直接写出点 A_1 的坐标。

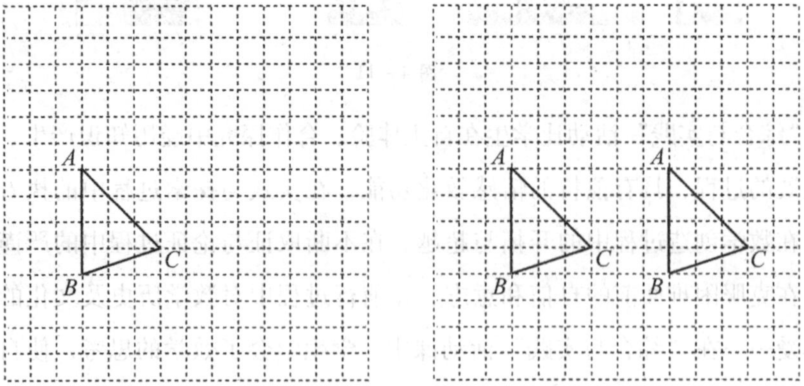

（1）　　（2）

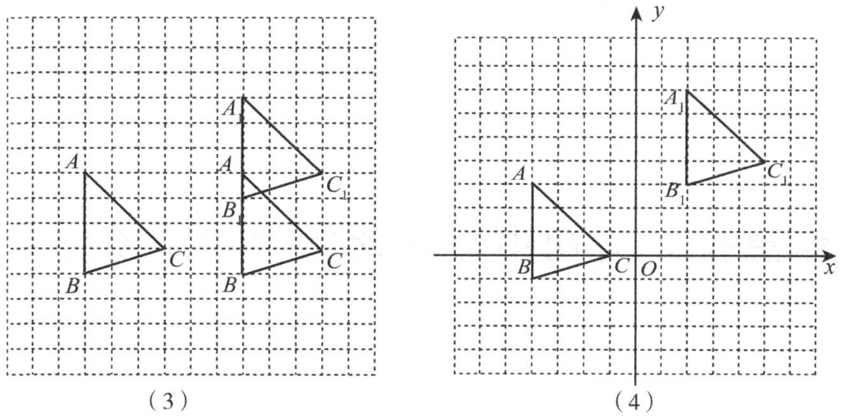

图 4-12

在图形的平移教学中，通过信息技术平台解决传统教学的难题，融合信息技术创新教学，同步动态地演示对应的图，这样的直观教学，使得学生可以深刻地理解平移，掌握平移的性质，发展几何直观核心素养，进而突破学习难点。

七、结语

在教学过程中体现了“以学生为主体，教师为主导”的思想，把学习的主动权真正交给了学生，给学生提供动手操作实验数学的平台，培养了学生的创新思维和实践能力。

总之，“互联网+”与初中数学课堂教学的深度融合，能够充分激发学生的主动性与创造力，有效培养学生的创新能力和信息应用能力。“综合与实践”数学活动课不仅能让数学回归生活、应用于生活，激活学生的思维，发展学生的数学综合能力，拓展学生的数学视野，而且可以使学生体验到数学的应用价值，让数学学习充满生命的活力，有效培养学生的数学核心素养。

信息技术与初中数学课堂教学深度融合

如今信息技术已逐渐成为教育和学习的关键辅助工具和手段，对教师改变教法、学生改进学法、切实提高课堂教学效果等起到了明显的促进作用。只要教师恰当而充分地通过运用信息技术进行教学活动创造性设计，科学运用信息技术的辅助功能，将信息技术和数学的学科特点科学融合，同时采用恰当的教学策略和方法改革传统教学模式，就会使数学课堂焕然一新，使教学内容呈现得更加直观、具体、多样，并且对数学概念的形成与发展，数学思维的演绎过程等提示得更加透彻，进而使数学教学事半功倍。

一、借助信息技术，模拟问题情境，激发学生的学习兴趣

与单调、枯燥的传统课堂引入相比，通过用图文并茂、生动形象的课件来创设教学情境，导入课堂，显然更具吸引力和感染力。信息技术可以帮助教师实现教学内容的开放，创设生动逼真的教学情境，让学生积极主动地参与教学活动，为教师的教和学生的学创设了巨大的空间。通过信息技术与数学教学的融合，将音、形、像、色融为一体，不仅能使枯燥的数学课堂教学变得丰富多彩，还能大大地激发学生学习数学的兴趣。

例如，在教学北师大版教材九年级下册第三章第六节《直线和圆的位置关系》时，可利用课件在大屏幕上呈现如图 4 – 13 所示的画面：太阳从亮丽

的地平线上升起，逐渐露出红红的笑脸，光线效果直接演示了直线和圆的位置关系。在信息技术的辅助下，教学内容更加直观，化抽象为具体，学生很快明白直线和圆的位置关系及变化规律。这样的直观教学，能够使看似静止的、孤立的事物活动起来，形成生动有趣的画面，有利于学生对知识的理解和巩固。

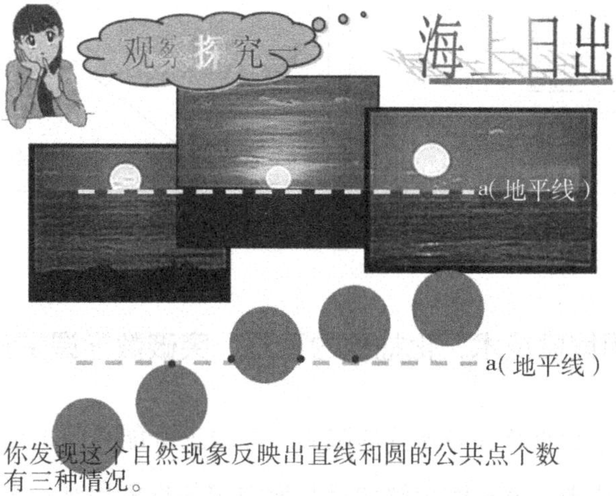
观察探究一
海上日出
a(地平线)
a(地平线)
你发现这个自然现象反映出直线和圆的公共点个数有三种情况。

图 4－13

又如，在教学“无论四边形如何变化，四边形的四边中点顺次连接所得的四边形始终是平行四边形”这一内容时，使用常规工具作图，操作困难，又容易掩盖几何规律。而若运用几何画板等软件来绘制出动态四边形（见图 4－14），只要中点不改变，无论顶点如何拖动，所产生的新的四边形始终是平行四边形。这样利用信息技术辅助教学，教学过程和教学内容非常直观形象，并可以有效实现师生互动、人机互动，对促进学生有效学习、发展学生思维等都有很大的帮助。可见，在数学教学中运用信息技术，既可以创设情境，很好地引入课堂，高度吸引学生的注意力，充分激发学生的学习兴趣，又能有效启发学生思维，激发学生的创造力，让学生学得轻松愉快且高效。

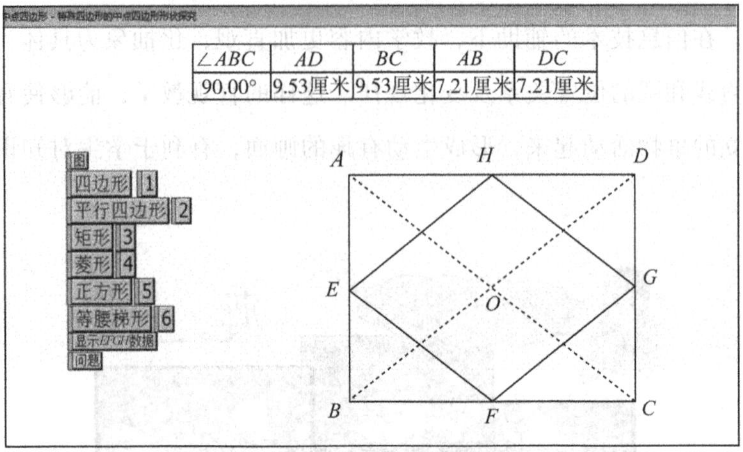

图 4－14

二、巧用信息技术，化抽象为直观，突破数学课堂教学重难点

初中生由于受年龄、心理等的限制，抽象思维能力尚未成熟，因此，对于数学概念、法则、公式的理解和对几何空间的想象均有一定的困难。以往这些都是数学教学的难点，不少教师都会觉得上课时难以说清楚，学生也难以弄明白。可以说，教师教得辛苦，学生也学得痛苦。而巧用信息技术，可以将这些抽象的、难以理解的内容形象地展现给学生，促进学生深刻理解知识，突破学习难点。

例如，在教学“二次函数图像及其性质”时，如何从函数 $y=ax^2$ 的图像变换为 $y=a(x-k)^2+h$ 的图像，是学生学习的一个难点。在传统教学中，教师只能让学生先观察分析列表中的数据，再去想象两个图像之间的联系。这种教学方式，使得一部分学生无法完成学习任务，因为这对学生的空间想象力要求很高，所以，这样的教学很难达到预期的效果。而如果运用几何画板，则可以实现通过拖动滑条改变参数 h、k，同步动态地演示对应的图像（见图 4－15），即拖动滑条 h，h 增大，图像就会向上平移；反之，当 h 不断减小，图像就会向下平移。如果拖动滑条 k，使 k 增大，则图像就会向左平移。这样的直观教学，使得学生可以深刻地理解参数 h、k 的变化规律和意义，进而突破学习难点。

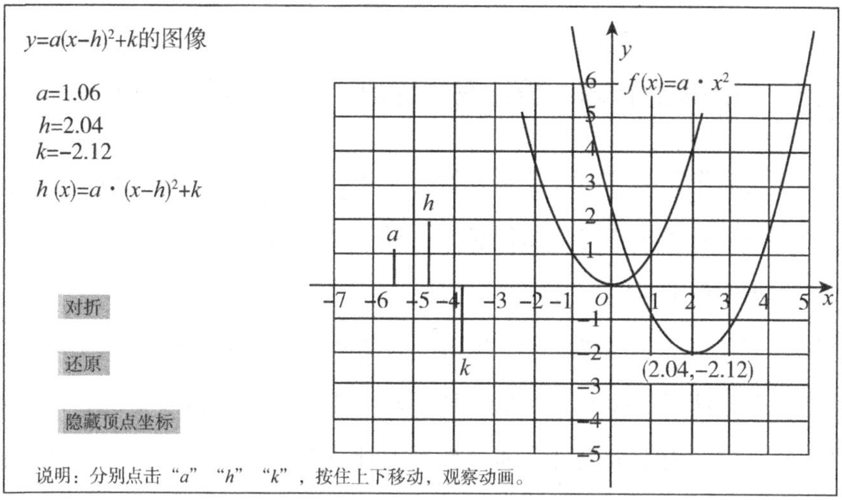

图 4－15

又如，射线具有“可以无限延伸”的特点，在教学这一特点时，由于现实生活中无法用眼睛看到“无限延伸”的现象，学生对“无限延伸”一词很难理解。对此，教师可利用 Flash 软件制作动漫演示课件（见图 4－16），先在屏幕上显示一个亮点，然后向一端延伸，成为一条亮线，亮线越来越长，逐渐延伸出屏幕。教师趁机解说：“像这样无止境地延伸下去，亮线将无止境地延长。”这样动态地演示，学生能在脑海里形成“无限长”的情景，对“无限延伸”一词也就有了更具体形象的认识。这样的教学，既轻松突破了教学的难点，又发展了学生的空间想象力，切实提高了教学效率。

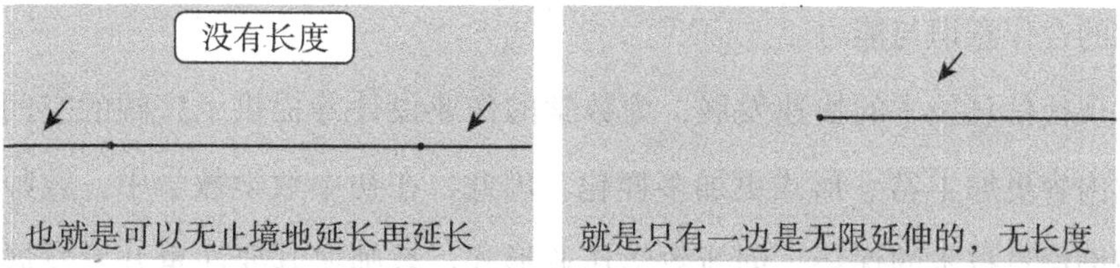

图 4－16

综上，巧用信息技术，有效利用教学资源，改变传统教学方式，可让学生更加深刻地理解教学内容，同时有效突破教学难点，落实标准中提出的各种要求。

三、借用信息技术，设计在线练习，丰富学习和评价方式

在传统的作业练习中，学生先做完作业，然后交作业给教师，要等到教师批改完发下后才能获得反馈信息。这样一来一回，刚好就错过了练习和作业发挥作用的黄金时期。

随着信息技术的快速发展，越来越多的教师将作业“搬”到了网上，实行在线作业，使得教师能及时精准地了解和跟进学生的作业情况，并能及时在线进行评价。而学生也可以通过教师的评价及时了解自己的作业情况，有效提高学习效率。另外，网上在线评价的功能强大，可以使得评价内容由以知识技能为主，发展为学生解决问题的方法、思维方向和情感态度等内容，使得评价更加多样化。

例如，在学生学完“一元二次方程应用销售问题”后，教师首先设计了“构造一元二次方程应用题”的在线作业，接着让学生组建学习小组，小组合作调查工厂、商场、电信公司等地方，与有关人员进行交流，收集数据；然后分工上网搜集相关资源，分析现有的事例、数据和数量关系，完成构造一个或几个能用一元二次方程解决的问题；最后再以书面报告的形式把作业的过程整理成文，并提交到网络上，交由教师和同学交流评价。这样设计在线作业，既调动了学生的学习积极性，激发了学生参与探索的意识，又培养了学生的合作意识与能力。

现代信息技术的快速发展，为数学的作业设计等提供了广阔的空间，使作业内容更加丰富、形式更加多样化。因此，在初中数学教学中，教师可充分借助信息技术的优势，创新数学作业形式。教师尤其要注重开发发展性和开放性作业，帮助不同层次的学生在学习中得到不同的发展，使学生能体验

到数学学习的乐趣。

四、发挥现代信息技术的优势，利用信息资源创新教学方式

培养学生的学习能力，是初中数学教学的一个重要任务。而传统班级授课是以“一对多”的教学模式为主，教师集体授课，学生课下独立完成作业。这样的教学模式很难有效地促进学生“学会学习”这一核心素养的发展。现在，随着信息技术的不断发展，各种新型教学模式不断涌现，如“翻转课堂”“项目学习”等。这些新的教学模式，充分利用现有技术资源重建课堂结构，构建出新的教学形态，有效促进了教学方式的改革与创新。

例如，对于北师大版教材九年级上册《反比例函数的图像与性质》一课实施“翻转课堂”教学，在“自主学习”环节中，让学生对反比例函数的图像进行列表、描点和连线，有的学生认为反比例函数的图像是折线，有的学生则猜想反比例函数的图像是光滑的曲线。如果教师被动地告诉学生，当取足够多的点并将它们连接起来所得就是光滑的曲线，难免没有说服力，而直接画图又存在着误差较大的问题。这时，教师可充分利用信息技术实施翻转课堂教学，在微课设计中选取足够多的点，并利用图像的缩放使学生直观地感受点变线、线变点的神奇过程，潜移默化中让学生心服口服。这样利用网络链接技术，跨越时空限制，切实提升了学生个性化学习的效果。

如今变化莫测的信息技术同印刷型文献相比，类型更为丰富和多元，运用信息技术可以让学生获得更多、更优质的教学资源。例如，在教学七年级上册《正数和负数》一节时，学生对于负数的引入很难理解，教师可以在网络上搜集有关负数的文献和专家的教学视频，让学生与名师面对面，进行在线学习，让学生更好地掌握负数。这真正实现了利用现有信息技术资源重建课堂结构，创新教学方式。

总之，信息技术与初中数学课堂教学的深度融合，能够充分激发学生的主动性与创造力，有效培养学生的创新能力和信息应用能力。这样的教学环

境和教学模式正是创建新型课堂结构必不可少的。我们要把信息技术作为教育的工具、教育的资源、教育的环境、变革教学方式的载体，并把它融合到教学系统结构中去设计、运用、组合和考查，充分发挥信息技术与数学课程融合的优势，努力探索运用信息技术构建新型课堂教学结构的方法和途径，促进课堂教学方式创新。

参考文献

[1] 郭应雷．多媒体技术在初中数学教学中的应用 [J]．初中数学教与学，2012 (6)：13 – 14.

[2] 周居伟．信息技术让数学课堂插上高效的翅膀 [J]．学周刊，2017 (3)：126 – 127.

注：本文在《中学教学参考》2019 年第 7 期发表。

基于线上教学的初中数学作业设计策略

突如其来的疫情迫使很多学校开始采用“停课不停学”的线上教学模式，融入现代化信息技术的线上教学，使教学模式更加丰富多彩，给初中数学教师与学生带来了全新的感受，教学效果更加多样化。设计和布置线上作业，也是教师教学过程中极其重要的一个环节。教师能够透过作业看到学生此段时间的学习状态，在师生之间架起了一座沟通的桥梁。然而，线上教学最大的缺点，就是在对学生监管方面存在较大的技术难题，带来了不同寻常的考验与挑战。

在新课程改革和线上教学背景下，为了充分有效发挥线上作业的教学价值，初中数学教师在教学中，应当本着教育改革的需要，精心设计数学作业，在传统形式的基础上融进新兴元素，以达到推进学生学习的效果。

一、设计预习型作业，提高听课效果

在日常的课堂教学中，学生的课前数学预习是必须落实的步骤，教师严格抓好课前预习对养成学生良好的学习习惯也有重要作用。良好的课前预习能够提高学生的听课效果，增强学生听讲的针对性，尤其是对有疑问的地方，能加深理解，同时能够节省课后查漏补缺的时间，学习效果也能达到事半功倍。笔者认为，讲新课之前，教师不能简单地让学生预习教材的某一节内容，这不适合学习能力及主动性较差的学生，而应该设计相应的预习学案作为作业。

设计时注意的问题：①认真钻研教材，从学生的智力发展及理解能力方面设计问题；②添加本节课的学习目标及重难点，使学生有目的地预习；③将学过的与本节课相关的知识点用填空或者其他形式作为复习题，有利于学生串联知识点；④学案中不仅要有简单的知识点，而且要有思考性的问题，使学生既能学习基本概念，还能深入思考，加深记忆。教师在充分吃透教材的基础上，若能精心设计预习学案，学生预习时就会有据可依，有条不紊，并且通过对学生预习学案作业完成情况进行评价，进而针对性地开展教学，提高课堂效率。

下面列举部分课前预习学案的布置安排：

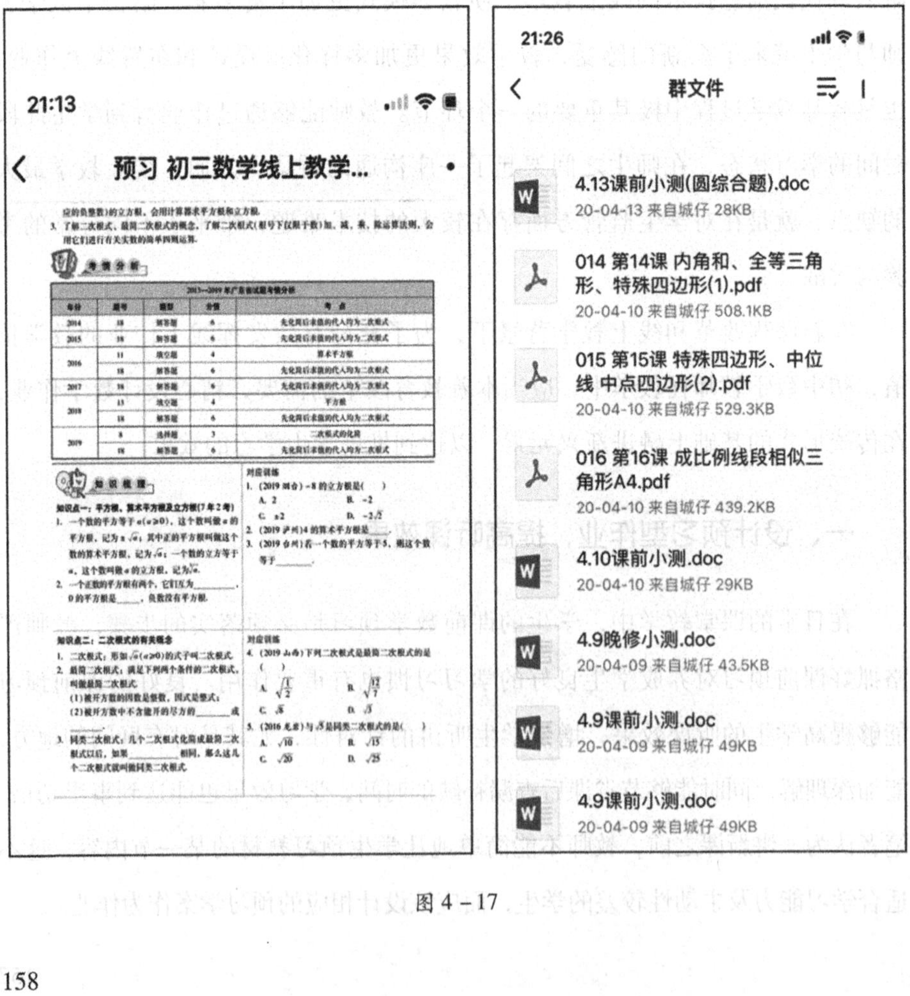

图 4－17

立足于学情的针对预习作业的设计，必须要突破传统的教学观念，关键是能够与学生的兴趣爱好相吻合，这样的预习作业形式必然有助于提高学生主动参与以及自主操作的兴趣，而且可以使学生在自主完成的过程中，养成良好的观察习惯、思考习惯以及学习习惯，不断完善自主预习，不断提升自主学习，以促进学科素养的全面提升。

二、设计层次性作业，增强学习信心

在教育教学中，部分学生由于先天因素以及后天因素，会在日常的数学学习中表现出不同水平，这表现在智力方面，还会在学习风格以及学习能力等方面呈现出差异。教师考虑学生实际，改变作业布置方式，体现作业的层次性，根据相关教学内容及网络教育资源把作业分为难、中、易三个层次，致力于做到图文并茂地分层布置作业，力求使每个学生都能够学有所成。教师要“因材施教”，而线上教学在授课过程中不能完全抓住每位学生的特点及其对知识的掌握情况，统一作业题目不利于每位学生在自己的“最近发展区”充分发展。为此，教师在学生学习能力的基础上，为他们设计多样“量身定制”的作业，让每个学生都能够在作业中获得“做好”作业的成就感，例如对于知识的接受能力以及感悟能力等。所以，教师设计作业，面向所有学生是当前要素，围绕学生当前的知识背景是基础，兼顾学生的学习能力差异是升华。如此，作业的层次性与多样性也就能够很好地体现出来，也有效避免“一刀切”现象的发生。

对于不同层次的学生，可以通过设计不同练习小测、作业等达到因材施教的目的。

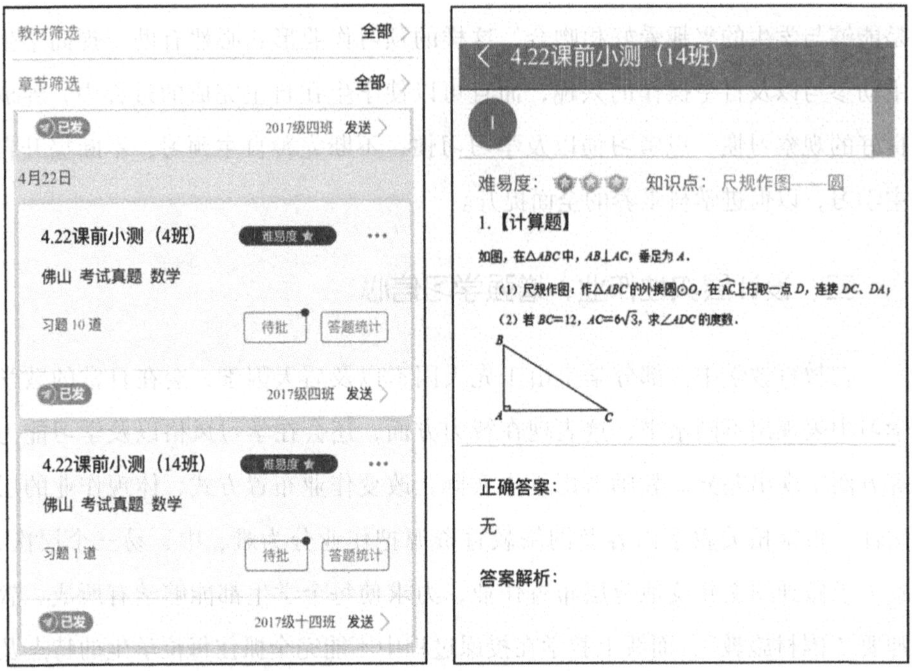

图 4－18

对于一部分数学学困生来说，必须要特别关注这一学生群体对当前知识的接受能力以及接受程度，这样就能够有针对性地设计作业，能够呈现出相对简单、便于他们操作的作业形式，这种形式的作业，只需要学困生做出一定的努力，就可以顺利解决；如果是中等水平的学生，要确保难度适中，同时还应当具有典型的启发性以及探究性特点，能够引导学生展开自主探究；而对于学优生来说，具体的作业形式应当具备一定的深度和难度，目的是使学生通过作业启发智力、自主发现问题，并展开对问题的探究和解决，而且能够基于这一过程，了解知识之间潜藏的内在联系。

以“二次函数的图像”一课的教学为例，可以在布置作业时凸显其层次性：对于基础相对薄弱的学生，作业的核心目标在于“二次函数”理解以及记忆，而且能够结合对例题的解答，了解此类习题的解答方法；如果是中等水平的学生，要能够牢牢记住二次函数的顶点式，除此之外，还应增设相应的习题；对于学优生而言，除上述内容之外，更要熟练掌握由一般式向顶点式的推导过程，同时也能够自主完成相应的习题。由此，以多样化、可选择性的作业为基调，可鼓励不同层次的学生都参与到数学学习中去，自然就能够收到事半功倍的预习效果。

三、设计生活型作业，增加趣味性

新时代对我们的数学作业设计提出了更高要求，需要教师在教授当前知识内容下，突破班级统一的书面作业形式，注重通过体现趣味性、层次性、开放性、实践性等特点的多样化练习设计，使作业内容变得丰富多彩，使学生乐于做作业，而不是敷衍教师布置下来的作业。在这个过程中，使学生学习数学的主动性和积极性得以激发，提高数学成绩也就成了自然而然的事情。我们都说，兴趣才是推动学习的关键因素和主要动力，如果学生不能对学习充满兴趣，更缺少积极的倾向，必然难以实现高效的学习。所以设计生活型作业，还应当立足于学生的个性特点以及年龄特征，更要确保作业的趣味性，这样学生在实际完成的过程中，才能保持愉悦的心情和高昂的情绪，只有在这样的状态下，才能保障积极的思考以及认真的态度，才能使学生真正在写作业的过程中体会到学习的乐趣。这样的预习作业是具有很强的趣味性的，基于此种形式的预习作业，既是对学生自主权利的全面提升，同时又有助于拓展他们的参与度，自然能够收到很好的效果。

四、设计阅读型作业，培养探究能力

《义务教育数学课程标准（2011 年版）》强调：注重学生各种能力的培养，其中包括数学阅读能力、数学应用能力和数学探究能力。有效的阅读可以提升学生的推理、分析问题和解决问题的能力。布置一些奇妙的、具有吸引力的作业，让学生通过上网查资料、阅读相关书籍等方式进行探索，能够激发学生的阅读兴趣，提高探究能力。例如，在学习“完全平方公式”时，为了打破学生的固有思维，避免他们盲目地认为 $(a+7)^2=a^2+7^2$，可让学生查找有关“杨辉三角”的资料，并在课堂上通过连麦的方式与大家分享，教师先提出表扬，再对学生所说的内容进行修正和补充。通过对“杨辉三角”整个计算规律的分享，加深学生对完全平方公式的理解。与此同时，也使学生享受到被肯定、被欣赏的快乐，激发他们的探索精神。

这种富有情趣的作业走进学生的生活，让学生感受到数学是与我们息息相关的。常写数学日记可以在数学与语文等学科之间架起一座联系的桥梁，以数学思维促进学生的写作能力。同时能引发学生对数学知识的二次思考，为用数学语言表达数学情感创造了可能，是学生运用有关知识解决生活实际问题的有效载体，也是发展学生数学素质的一个很好平台。有了兴趣，学生的再次学习、再次创造、再次发展都有了进一步前进的可能。趣味性的数学作业，能够把学生的学习情感、学习兴趣、创新意识、质疑能力、动手能力等融入其中，使学生的素质在乐于做数学作业中得到发展。

五、设计创新型作业，开拓学生思维

创新型作业不仅能培养学生的发散思维，而且能增强学生的创新意识。创新型作业并不是非得难度大，而是能够吸引更多学生学习。笔者认为，创新型作业的最佳布置时间为课堂小结之后的几分钟内，此时学生对整堂课的知识结构有整体把握。我们现实生活中要解决的数学问题，一般在较复杂的、信息不完善的情境中出现。解决这样的数学实际问题，对学生的数学能力有更高的要求，它需要学生具有发散性思维和创新能力。由此，教师在考虑作业的设计时，要与基础性和创新性相结合，灵活地设计一些实践性、具有思考性的作业，让学生发散思维，提出与传统数学不一样的问题，发展创新能力。比如，对于能力较强的学生，可以适当布置制作讲解视频的作业来锻炼和提高其能力。

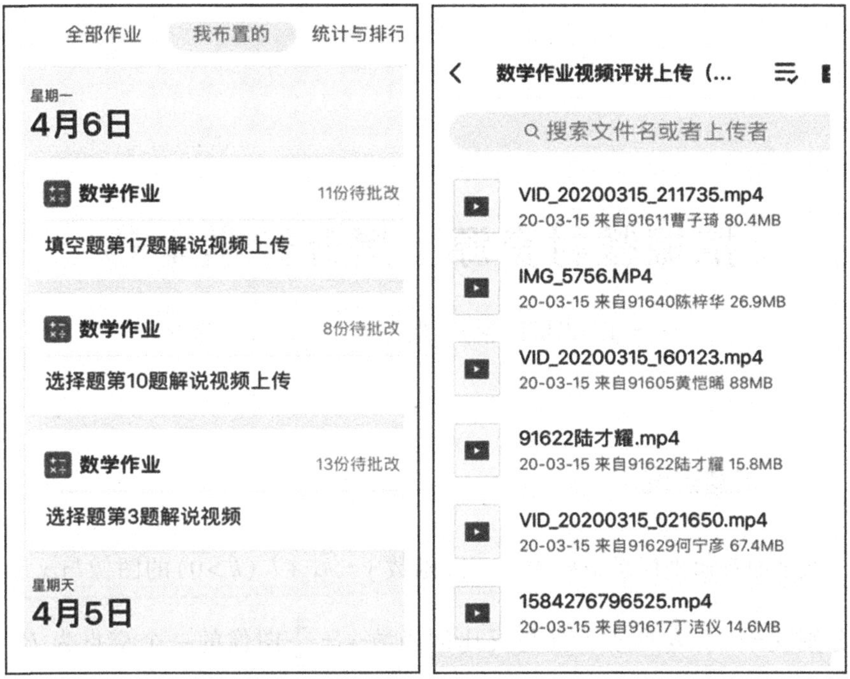

图 4－19

从大量的一线数学教学结果中发现，多样化、开放性的作业，能放开学生的思维空间，在数学的思维王国里自主学习、自由探索。作为一线教师，可以在教学实践中不断摸索，让作业成为学生巩固所学、提高能力的有效载体，为学生的思维创新能力的全面发展打下良好的基础。

由此，在时代潮流的不断进步中，一线数学教师应当认识到当前作业设计存在的问题，积极创新数学作业设计的形式和内容，提高作业质量，教师布置的线上作业应具有整合性和延展性。教师应在教学实践中探索如何巧妙地结合线上和线下两种教学方式的特点，并整合课程资源，以使设计出的线上作业更加全面、精练，进而为学生能力的培养与提升打下坚实的基础。作业是为巩固课堂教学效果而设计的供学生课外进行的练习，它是课堂教学内容的延伸和补充。有效的作业设计对于学生有深刻的意义：能帮助学生较深刻地理解所学内容，使教材知识为自身所用；能帮助学生拓宽视野，了解到教材外广阔的数学世界。

挖掘教材资源　提升数学素养

——以2021年广东中考第21题为例

一、试题呈现

在平面直角坐标系 xOy 中，一次函数 $y=kx+b$（$k>0$）的图像与 x 轴、y 轴分别交于 A、B 两点，且与反比例函数 $y=\frac{4}{x}$ 图像的一个交点为 P（1，m）.

（1）求 m 的值。

（2）若 $PA=2AB$，求 k 的值。

二、特色解读

第21题是反比例函数背景代数几何综合题，题目层次分明，聚焦函数研究方法，符合学生认知规律，立意于知识间交汇和衔接。本题的解决需要学生具备一定的直观想象、数学运算、逻辑推理、数学建模等核心素养，实现了对不同层次学生的客观评价。

1. 考查函数本质学习

本题是反比例函数与一次函数的交点问题，着力点是对数学运算、几何直观、逻辑推理等方面的考查，以促进学生的关键能力的提升，促使核心素养更好地落实。第（1）问起步低，代入点坐标的简单代数运算求值，除了稳定学生情绪外，为后面进阶问题的展开打下基础。第（2）问考查了反比例函数为背景代数几何综合，以线段的二倍关系为载体，巧妙地将线段比转化为相似三角形的相似比、一次方程等核心知识有机融为一体，在充分理解函数图像基础上发现解决问题的图形信息，形成解题的思路，渗透了符号意识、直观想象、读图能力和逻辑推理等数学素养。

2. 培养构图基本技能

作出函数图像是解决函数问题的强力工具，本题目没有图，突出考查了学生的构图能力，客观地评价学生经过初中三年的函数学习是否基于解析式作出函数大致图像，体现了作出图像在函数学习中的重要地位，函数关系得以从直观上变为几何图像，促进学生对函数性质的全面认识，以及在函数情境中分析问题、解决问题的能力。因此，除了掌握准确作图的基本技能外，“作草图”也要成为函数教学的一部分，让学生通过函数表达式深度理解函数图像的特征，将函数构图的基本技能运用到问题解决中，促进学生深度学习。

3. 凸显数学思想方法

初中学段研究函数主要包括关系式、函数图像、自变量取值范围、增减性、最值，如果缺少直观图像，很难理解和把握函数本质。本题第（2）问以反比例函数为背景，考查学生的构图能力和分析问题的能力，渗透了数形结合、分类讨论和几何直观的数学思想，看似常规，但在求 k 值过程中，凸显分类讨论的思维路径，从函数图像走向几何图形，行于逻辑推理，终于数学运算，通过数形结合、符号意识的数学思想的渗透，实现问题的解决，使得思维“可视化”，内化数学思想方法，积累活动经验，形成能力，从而有效提升数学核心素养。

三、解法赏析

1. 第（1）问的解法分析

思路：用待定系数法，把 P（1，m）代入反比例函数解析式即可求得。

解：因为 P（1，m）为反比例函数 $y=\dfrac{4}{x}$ 图像上一点，所以把 P（1，m）代入得 $m=\dfrac{4}{1}=4$，解得 $m=4$.

2. 第（2）问的解法分析

思路1：通过证得三角形相似，分类讨论求得 BO 的长度，进而即可求得 k 的值。

令 $y=0$，即 $kx+b=0$，所以 $x=-\dfrac{b}{k}$，$A\left(-\dfrac{b}{k},0\right)$，又令 $x=0$，$y=b$，所以 B（0，b），因为 $PA=2AB$，由图像可得出以下两种情况：

① B 在 y 轴正半轴时，$b>0$，因为 $PA=2AB$，过 P 作 $PH\perp x$ 轴交 x 轴于点 H，又 $B_1O\perp A_1H$，$\angle PA_1O=\angle B_1A_1O$，所以 $\triangle A_1OB_1\backsim\triangle A_1HP$，所以 $\dfrac{A_1B_1}{A_1P}=\dfrac{A_1O}{A_1H}=\dfrac{B_1O}{PH}=\dfrac{1}{2}$，所以 $B_1O=\dfrac{1}{2}PH=4\times\dfrac{1}{2}=2$，得 $b=2$，$A_1O=OH=1$，所以 $\left|-\dfrac{b}{k}\right|=1$，解得 $k=2$；

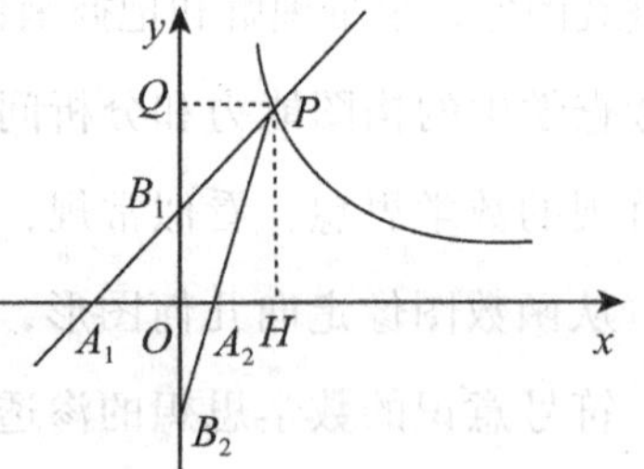

图 4－20

② B 在 y 轴负半轴时，$b<0$，过 P 作 $PQ\perp y$ 轴，因为 $PQ\perp B_2Q$，$A_2O\perp B_2Q$，$\angle A_2B_2O=\angle A_2B_2Q$，所以 $\triangle A_2OB_2\backsim\triangle PQB_2$，所以 $\dfrac{A_2B_2}{PB_2}=\dfrac{1}{3}=\dfrac{A_2O}{PQ}=\dfrac{B_2O}{B_2Q}$，

所以 $A_2O=\left|-\frac{b}{k}\right|=\frac{1}{3}PO=\frac{1}{3}$，$B_2O=\frac{1}{3}B_2Q=\frac{1}{2}OQ=|b|=2$，

所以 $b=-2$，解得 $k=6$，

综上，$k=2$ 或 $k=6$.

思路2：根据两点间距离公式求 k 的值。

设 $A\left(-\frac{b}{k},\ 0\right)$，$B(0,\ b)$，$k+b=4$，

所以 $A\left(-\frac{4-k}{k},\ 0\right)$即 $A\left(1-\frac{4}{k},\ 0\right)$，$B(0,\ 4-k)$，

所以 $PA^2=\left(-\frac{4}{k}\right)^2+4^2$，$AB^2=\left(1-\frac{4}{k}\right)^2+(4-k)^2$，

又因为 $PA=2AB$，所以 $PA^2=4AB^2$.

所以 $\left(-\frac{4}{k}\right)^2+4^2=4\left(1-\frac{4}{k}\right)^2+4(4-k)^2$.

化简得：$k^4-8k^3+13k^2-8k+12=0$，

整理得：$(k^2+1)(k-6)(k-2)=0$，

解得：$k_1=2$，$k_2=6$.

思路3：构造直角三角形法

（1）A，B 均在正半轴上

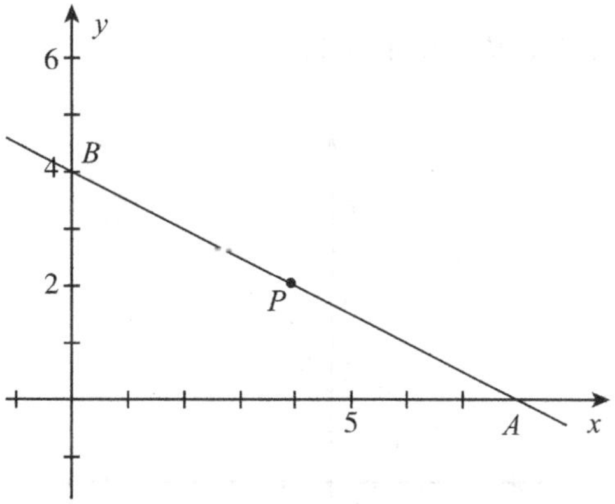

图 4－21

因为 $PA=2AB$，由整体和部分的关系可知，显然不成立。

（2）A，B 均在负半轴上，此时 k，b 均小于0，不经第一象限，所以显然不成立。

（3）A 在正半轴上，B 在负半轴上。

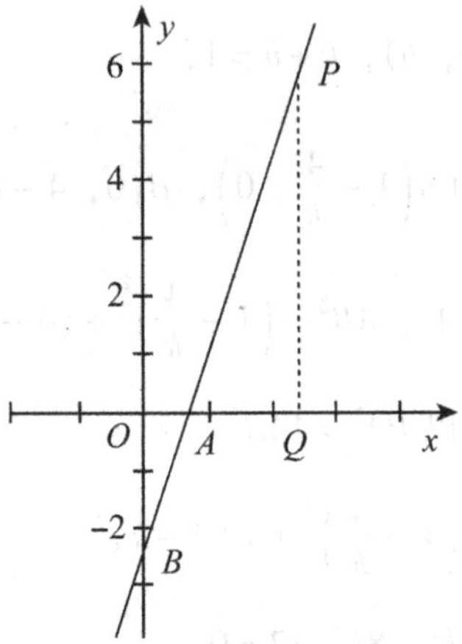

图4－22

此时 $PA=2AB$，所以 $OB=\frac{1}{2}PQ=2$，所以点 B 为（0，-2），

$\because$ 直线 $y=kx+b$ 过点 P（1，4），

$\therefore k+b=4$，将 b 为 -2 代入，得 k 为6.

（4）A 在负半轴上，B 在正半轴上。

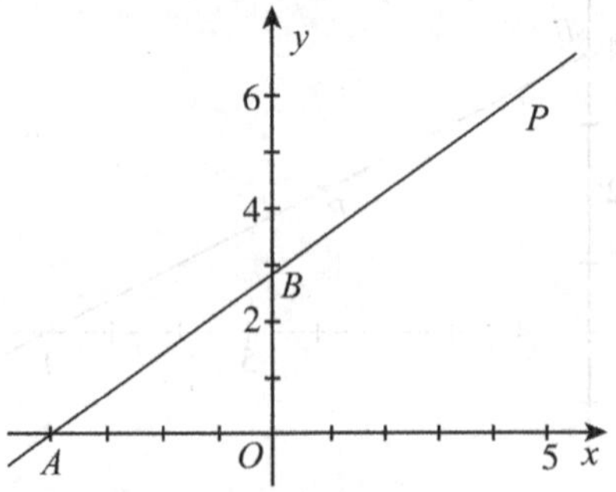

图4－23

此时 $PA=2AB$，所以点 B 为 PA 的中点，所以点 B 为（0，2）.

$\because$ 直线 $y=kx+b$ 过点 P（1，4），

$\therefore k+b=4$，将 b 为 2 代入，得 k 为 2.

综上所述，k 为 2 或 6.

四、教学导向分析

1. 挖掘教材资源，培养数学意识

教师认真研读课标和教材，深刻领会编者的意图，充分理解教材对学生发展的作用和要求。本题源于北师大版教材九年级上册第 162 页复习题第 11 题的改编，因此在平时教学中，不能搞题海战术，而应该钻透教材，用足教材，依托教材资源，抓好学生的数学基础知识的学习和基本技能的培养，做好教材的例、习题二次开发，进行适度有效整合、改编和拓展，编制出更具操作性和实践性的数学探究问题，应用于平时教学中，从而增强学生基本技能，提升其对数学的应用意识和创新意识，发展学生的核心素养。

2. 注重动手操作，积累活动经验

数学活动经验的积累是提高学生数学核心素养的重要标志，因此，在教学中，教师要以题目为重要载体，重视操作体验，组织和设计有效的自主探究学习活动，通过“尝试、探究、操作、猜想、验证”的学习过程，让每一位学生经历知识的形成过程，在经历中无形积累了推理能力、运算能力、几何直观、数学建模、应用意识等数学素养，促进学生的思维不断生长，进而积累活动经验，提升了数学素养。

3. 重视数学运算，落实数学建模

数学运算是一项基本能力，在数学学习中起着关键作用，也是演绎推理的一种形式，是得到数学结果的重要手段。学生失分的原因多是运算出错，因此在教学中，培养学生养成估算、运算、验算的习惯；加强对算理、算法的分析，重视错因分析，基于学生的常见错误针对性给出正确的运算方法；

多安排有层次、针对性强的专项限时训练，提升运算能力。模型思想的建立是学生体会和理解数学与外部世界联系的基本途径，落实数学建模，发展学生的核心素养，需要让他们经历真正的问题解决过程，而不仅仅是套用现成的公式、方法或例题解决类似的问题。在教学中，引导学生经历从具体情境中抽象出数学问题、用数学符号建立能表示数学问题中的数量关系和变化规律的数学模型、求出结果并讨论结果的意义等过程，提升数学关键能力。

信息技术下的初中数学可视化教学

——以 GeoGebra、几何画板辅助教学为例

数学的研究对象是抽象的，其学习过程也是一种抽象问题形象化、具体化的过程。特别是在呈现动点轨迹难题、函数的动态变化、图形的变换、几何模型时，如果能借助信息技术中的“可视化”技术，将数学的抽象性问题、学生看不见的思维过程、不可言说的思想方法等清晰地呈现出来，不仅有利于启发学生的思维，提高学生分析问题、解决问题的能力，更有助于培育学生的数学核心素养。

GeoGebra 与几何画板是当代信息技术的集大成者，也是目前主流的动态数学软件。它们功能强大、交互性强，能将抽象的数学知识变得生动直观，易于理解。而且它们的版面简洁，易于操作，是中学数学课堂常用的辅助教学手段。本文结合具体的案例，论述它们在中学数学教学可视化教学中的独特作用，为教师利用 GeoGebra、几何画板辅助中学数学的可视化教学提供借鉴。

一、抽象问题形象化、具体化，突破动点轨迹难点

近年来，综合了函数、图形变换、方程等知识的动点轨迹问题颇受命题者的青睐，是中考的热点问题，也是难点问题。学生在解答此类问题时，常常不知所措，无从下手，究其原因是不能发现“动”之中的“静”，抓不住

问题的本质。而 GeoGebra 与几何画板凭其强大的功能，化繁为简，化动为静，是解决此类问题的神助攻。

例 1：（2020 年广东省中考 17 题）有一架竖直靠在直角墙面的梯子正在下滑，一只猫紧紧盯住位于梯子正中间的老鼠，等待与老鼠距离最小时捕捉。把墙面、梯子、猫、老鼠都理想化为同一平面内的线或点，模型如图 4－24 所示，$\angle ABC=90°$，点 M、N 分别在射线 BA、BC 上，MN 长度始终不变，$MN=4$，E 为 MN 的中点，点 D 到 BA、BC 的距离分别为 4 和 2. 在此滑动过程中，猫与老鼠的距离 DE 的最小值为________________.

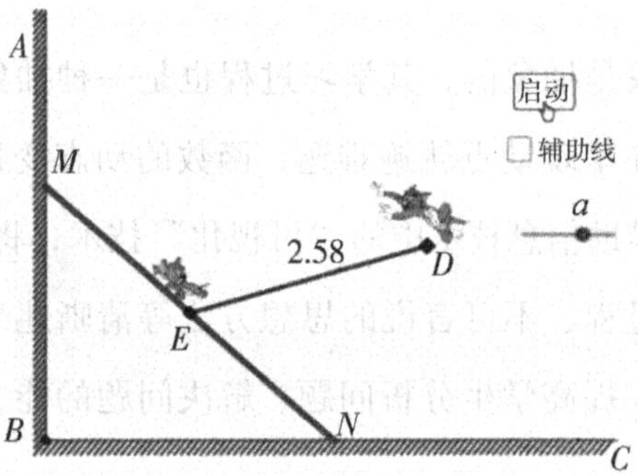

图 4－24

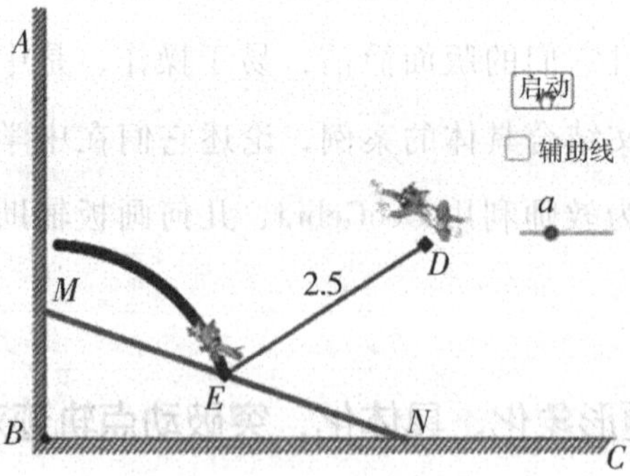

图 4－25

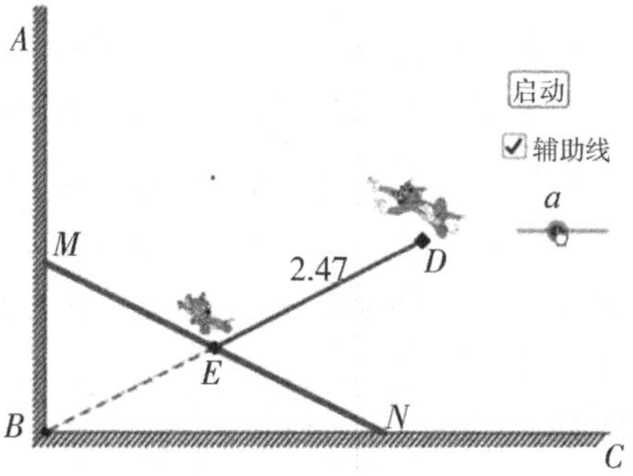

图 4－26　GeoGebra 动态演示

例 2：（2020 年佛山市顺德区中考模拟）如图 4－27 所示，抛物线 $y=-x^2+2x+3$ 与 x 轴交于 A、B 两点，顶点为 D，对称轴交 x 轴于点 E，点 P 为对称轴上一点。以 BP 为边在 BP 的下方作等边三角形 $\triangle BPQ$，当点 P 从点 D 运动到点 E 的过程中，求出点 Q 经过的路径的长度是多少。

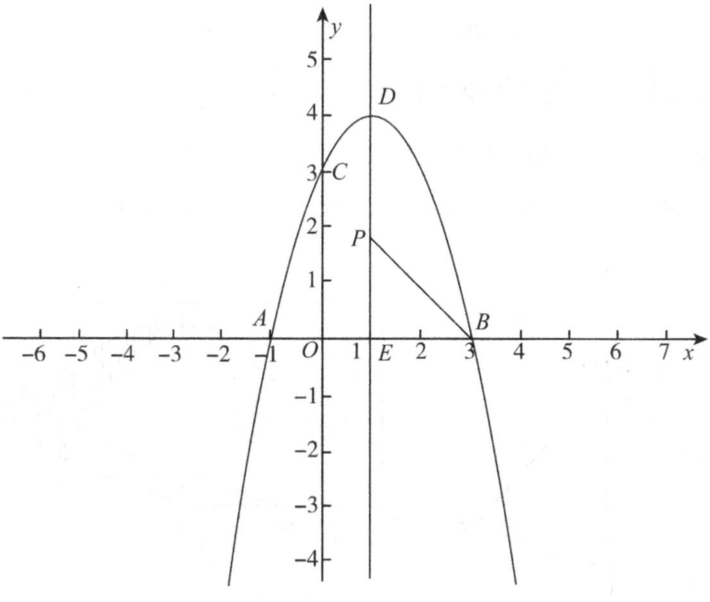

图 4－27　原图

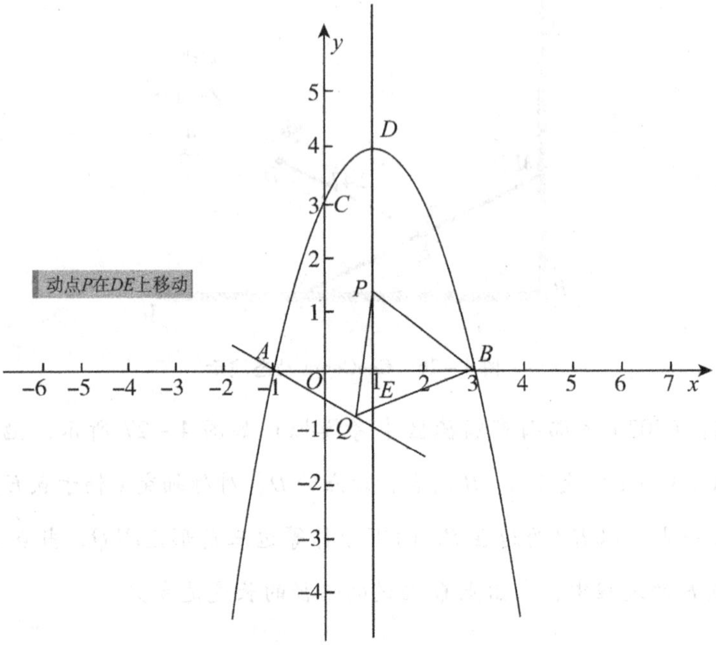

图 4-28　几何画板追踪点的运动轨迹

例 3：（2018 年南通市中考）如图 4-29 所示，正方形 $ABCD$ 中，$AB=2\sqrt{5}$，O 是 BC 边的中点，点 E 是正方形内一动点，$OE=2$，连接 DE，将线段 DE 绕点 D 逆时针旋转 90°得 DF，连接 AE、CF. 求线段 OF 的最小值。

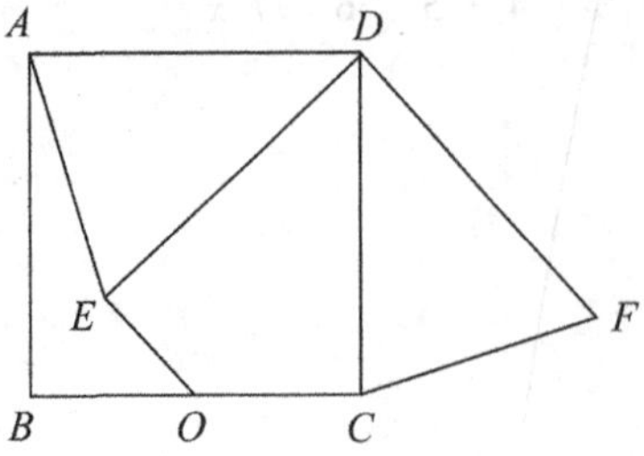

图 4-29　原图

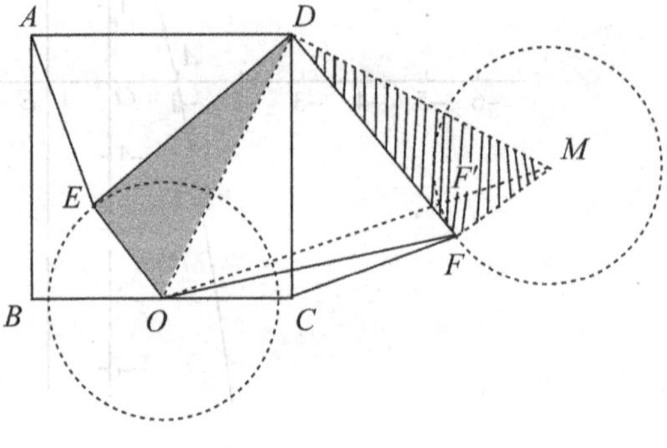

图 4-30　几何画板动画演示图

上述案例都是动点问题，大部分学生看到此类问题，第一反应就是迷茫，无从下手。上述图形都会随着点的运动发生改变，学生若在平时的学习中没有学会抓住“主动点”，理清“从动点”，找出动点的轨迹，那必然不会解决此类问题。

而这种动态问题就是我们数学教学的重难点，如何将“动”化为“静”，抓住本质，这时 GeoGebra 与几何画板就是我们的教学神器，我们可以借助它们追踪点的功能，将运动轨迹形象直观地展示给学生看，同时引导学生发现此类题目的本质。而这也达到了我们教学可视化的目标之一，将学生看不见的思维过程、不可言说的思想方法等清晰地呈现出来，从而提升学生分析问题、解决问题的能力。

二、趣味盎然，简明易懂，激发学生学习的内驱力

脑科学研究表明，人类 80% 以上的信息是通过视觉获得的，常言道“一图胜千言”，因此抽象的知识可视化显得尤为重要。数学历来以其高度的抽象性、严密的逻辑性被人们所赏识，然而也恰恰是这一点，令很多学生望而生畏。教师在教学中将抽象晦涩的数学知识生动形象地展示出来，让学生感受到数学的简单、对称、无限、和谐的美，在数学学习中起着至关重要的作用，而借助 GeoGebra 与几何画板不但能有效激发学生学习兴趣，同时可以将一些抽象的定理通过动态图形演示出来，简洁易懂，激发学生学习的内驱力。

例 4：利用几何画板中的绘图、深度迭代和参数功能，可以绘制出一棵五彩斑斓、动态生长的勾股树（见图 4－31）。点击“生长”“颜色变换”按钮，树就开始动态变化，十分美丽。

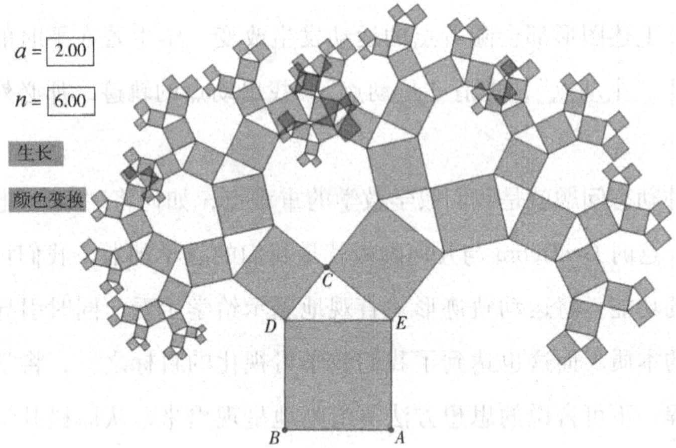

图 4－31　五彩斑斓的勾股树

例 5：利用几何画板中的绘图、点的追踪、动画等功能，可以将“面动成体”的过程形象生动地演示给学生看，加深学生对概念的理解。每每播放这个课件，学生总会发出兴奋的惊呼声。

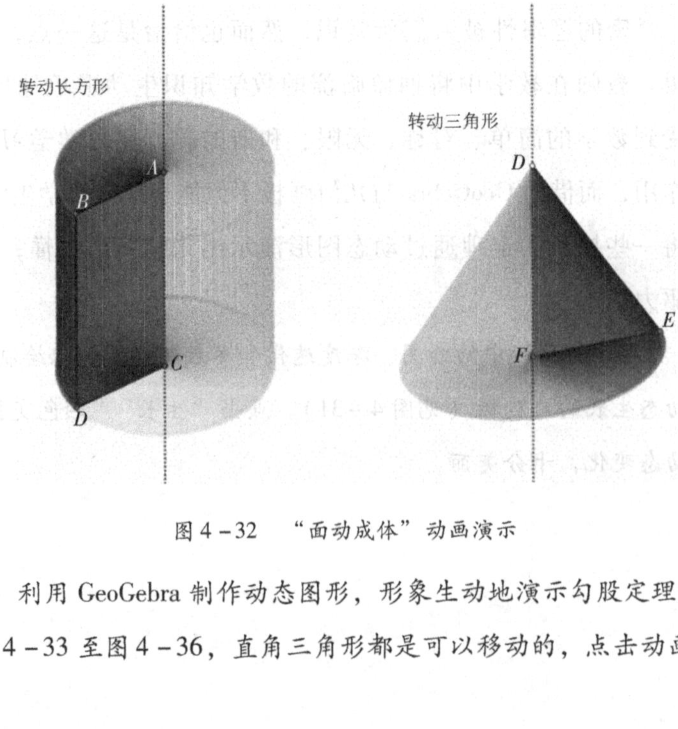

图 4－32　“面动成体”动画演示

例 6：利用 GeoGebra 制作动态图形，形象生动地演示勾股定理的证明。如图 4－33 至图 4－36，直角三角形都是可以移动的，点击动画，学生能形象直观地观察到勾股定理 $a^2+b^2=c^2$。图 4－37、图 4－38 是动态演示的示意图，GeoGebra 以其强大的功能，让勾股定理“活”了起来。

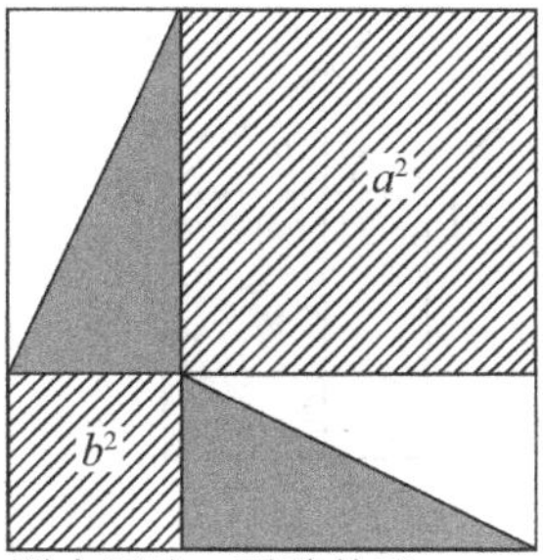

图 4－33

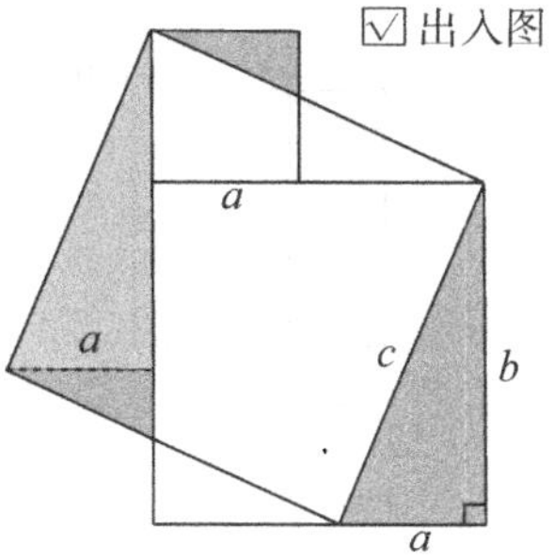

图 4－34

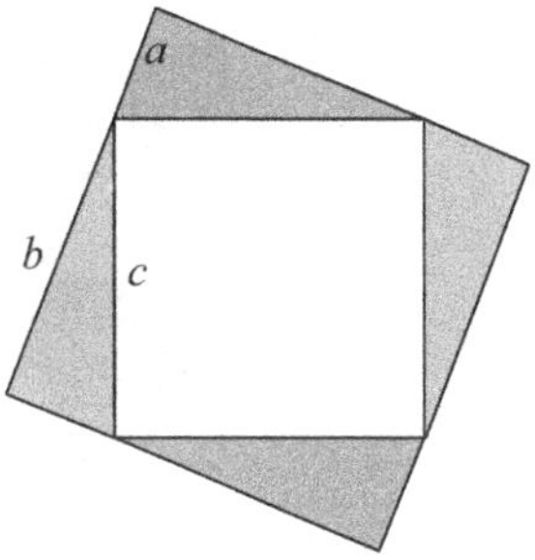

图 4－35

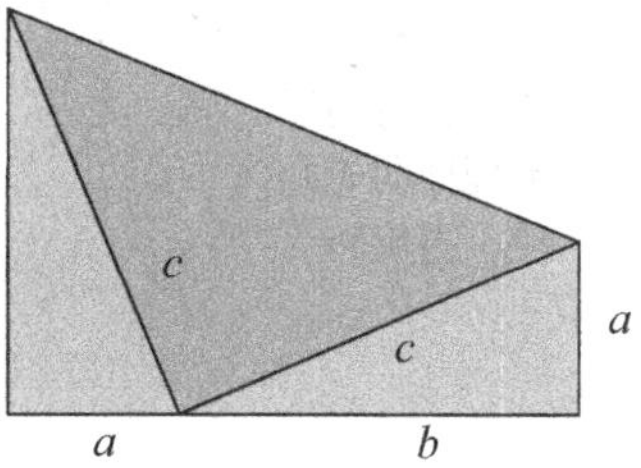

图 4－36

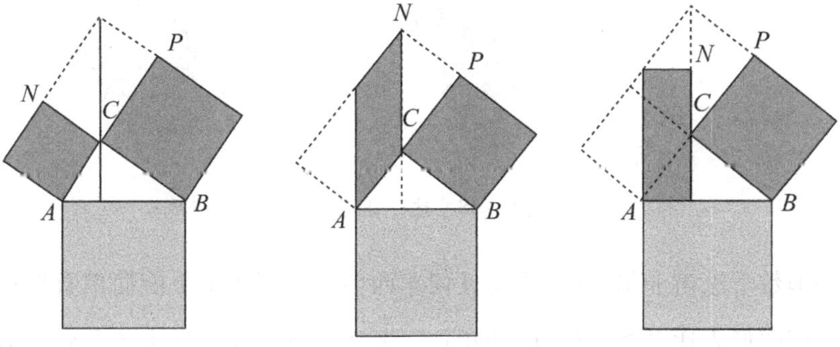

（1）

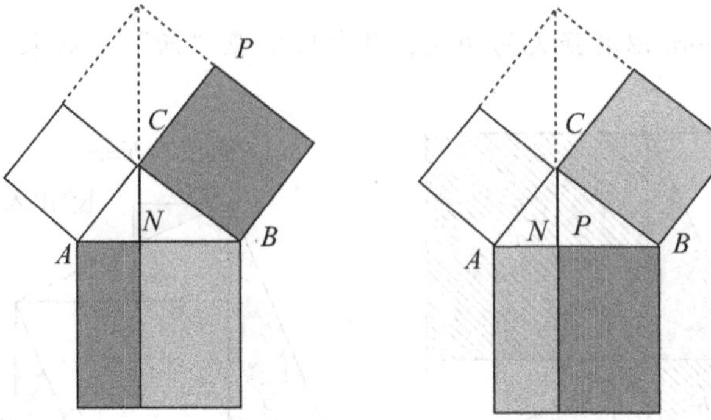

（2）

图 4－37　利用面积相等动态演示 $a^2+b^2=c^2$

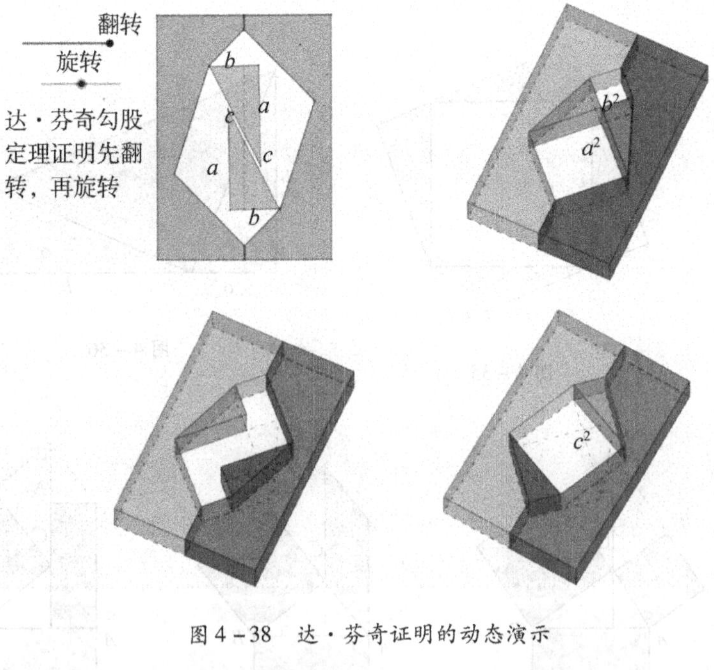

图 4－38　达·芬奇证明的动态演示

法国数学家笛卡尔说："没有任何东西会比几何图形更能简单直接地引入脑海，用图形表达事物是很有帮助的。"上述案例不仅让学生感受到了数学图形的千姿百态的美，激发学生探索的欲望，更是将高深莫测的数学证明变得平易近人。当然，我们不仅仅把数学的教学停留于视觉吸引这一浅层次的目标，我们还会关注更深层的目标，帮助学生把视觉感知到的外在物质工具内化为学习、研究问题的内在心理工具。

三、数形结合，生动形象，加强函数性质把握

数与形是中学数学研究的两大基本对象，数形结合就是将抽象的数量关系与直观的几何图形结合起来，建立对应关系，通过数与形的互相转化，达到“以数解形”“以形助数”的效果。数形结合是一种非常重要的数学思想方法，贯穿于初中三年的数学教学。GeoGebra 与几何画板凭借其强大的功能，完美地将抽象的数量关系与直观的几何图形结合起来，帮助学生深刻地理解函数的相关知识，有效地提升学生数形结合的能力。

例 7：探究反比例函数 $y=\frac{k}{x}$ 图像的性质。在几何画板中，教师利用“绘制函数”功能绘制出 $y=\frac{k}{x}$ 的图像，k 是可变参数，改变 k 的大小，图像发生改变。还可以通过动画制作出函数图像关于 $y=x$、$y=-x$ 对称，关于原点中心对称的动画。学生可以动态地观察图像的变化，深刻理解反比例函数的相关性质。

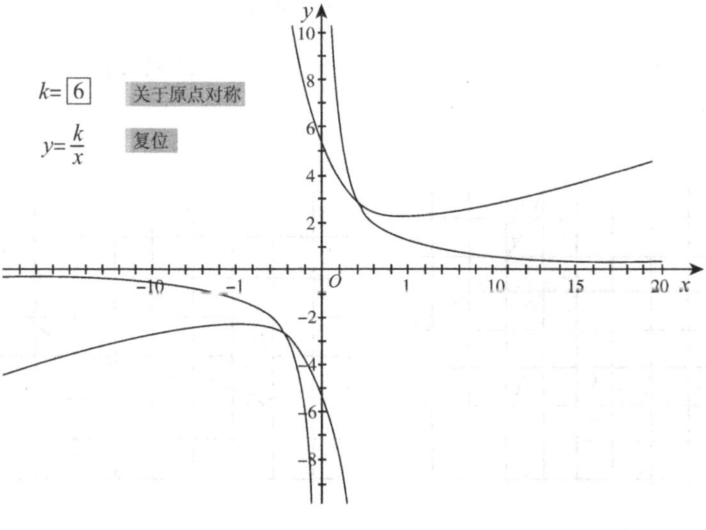

图 4－39　反比例函数图像

例 8：探究二次函数 $y=a(x-h)^2+k$ 的图像分别随 a，h，k 变化的规律。利用几何画板的参数、函数绘制、动画等功能绘制出二次函数的图像，分别点击三个参数的动画按钮，学生能直观形象地观察到每一个参数变化带来的函数图像的变化，从而在头脑中形成一个整体、具体的印象。

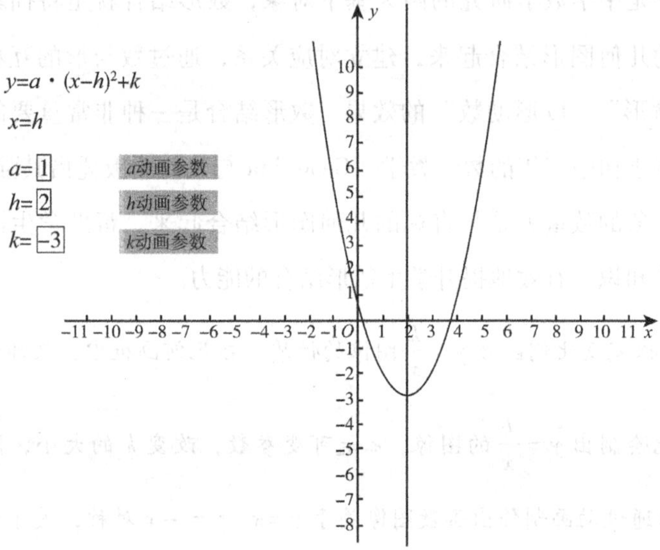

图 4－40　二次函数图像

例 9：利用 GeoGebra 绘制反比例函数图像，并探究反比例函数相关的面积性质。

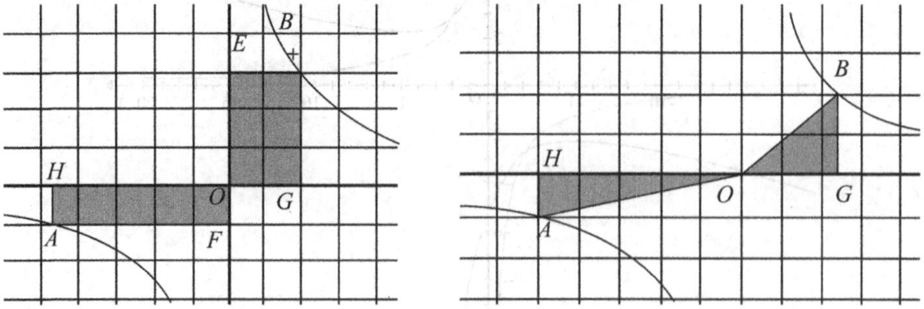

（1）　　　　（2）

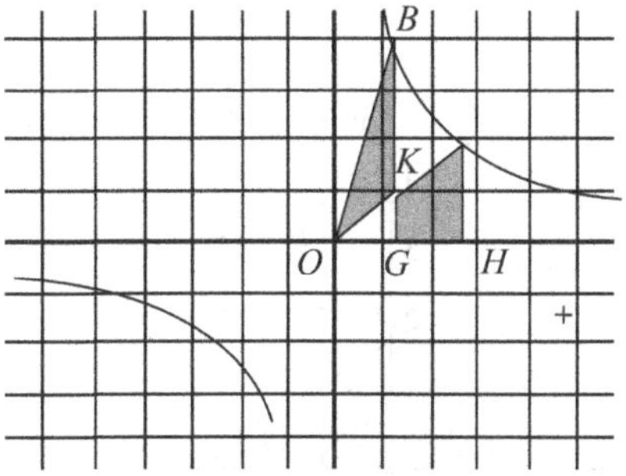

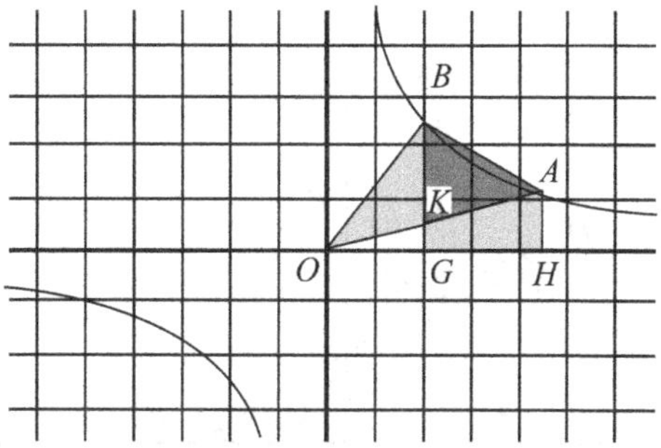

图 4－41　GeoGebra 动态演示面积相等的几种情形

运用信息技术使数学教学视觉化的目的之一，就是化数学的抽象为直观具体，使其有利于学生观察，视觉感知，降低理解难度。而上述三个案例就很好地将抽象的函数直观化、动态化，加强了学生对知识的理解和把握。学生若在平时的学习当中很好地把握了函数的性质，那么遇到相关的问题时就会得心应手。

四、一题多解，举一反三，提升学生数学思维水平

例 10：（2020 年广东省中考 25 题）如图 4－42 所示，抛物线 $y=\frac{3+\sqrt{3}}{6}x^2+bx+c$ 与 x 轴交于点 A、B，点 A、B 分别位于原点的左、右两侧，$BO=3AO=3$，过点 B 的直线与 y 轴正半轴和抛物线的交点分别为 C、D，$BC=\sqrt{3}CD$。第（3）问：点 P 在抛物线的对称轴上且在 x 轴下方，点 Q 在射线 BA 上。当 $\triangle ABD$ 与 $\triangle BPQ$ 相似时，请直接写出所有满足条件的点 Q 的坐标。

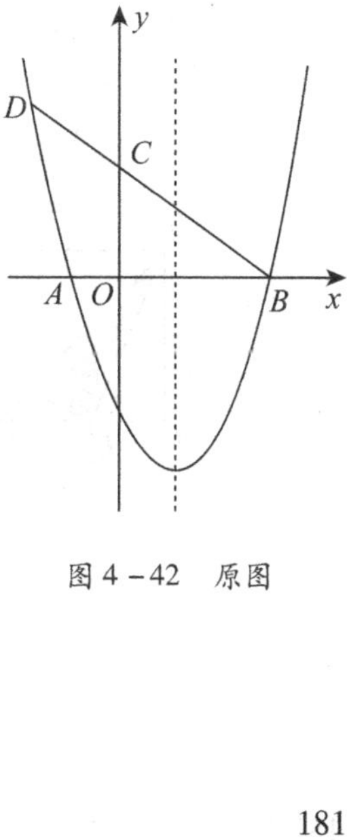

图 4－42　原图

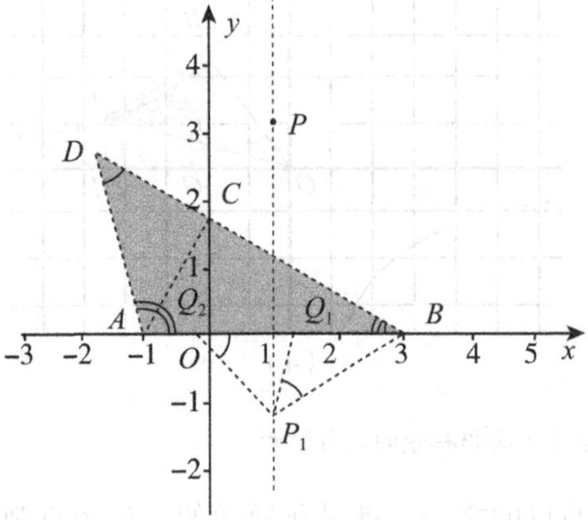

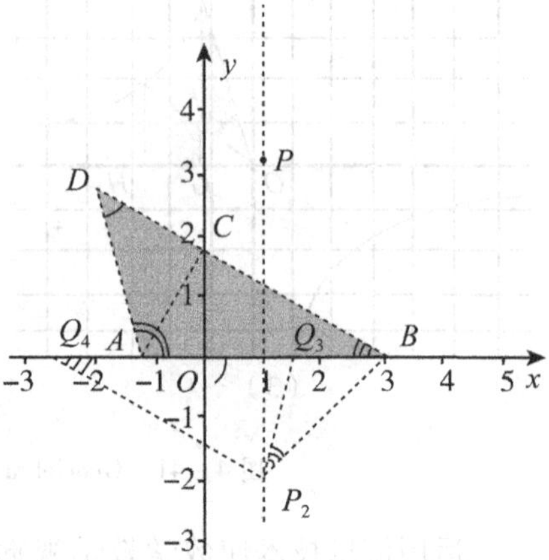

图 4-43　GeoGebra 绘制两种情况

例 11：如图 4-44 所示，在正方形 $ABCD$ 中，点 E 是 BC 边上一点，点 F 是 BC 延长线上一点，$AE\perp EG$ 交 $\angle DCF$ 的角平分线 CG 于点 G，求证：$AE=EG$。

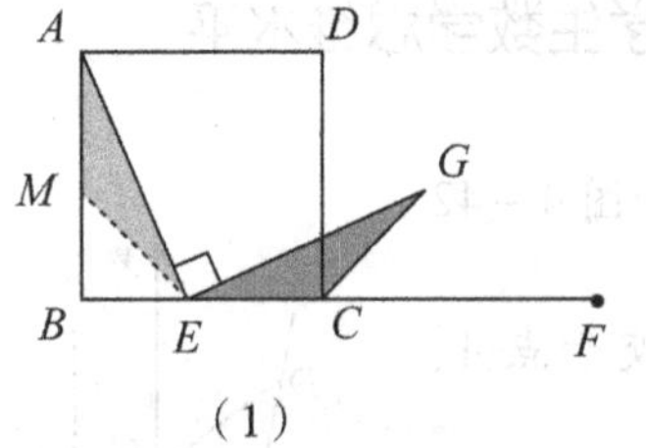

(1)

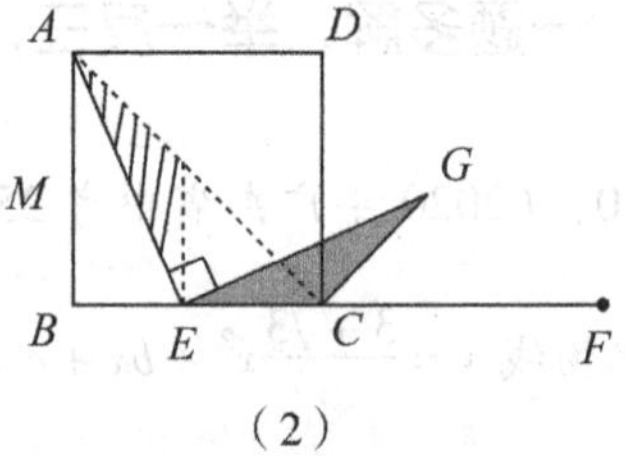

(2)

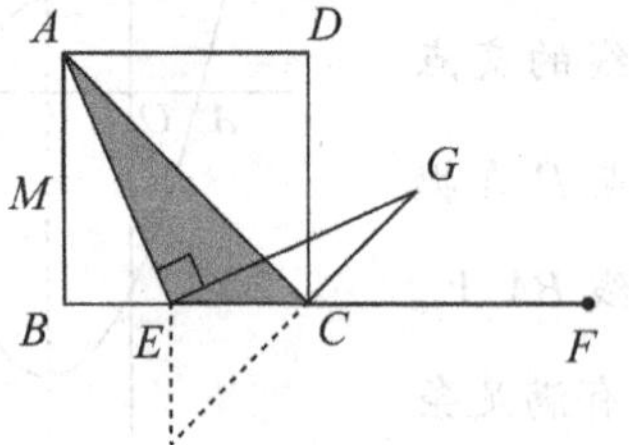

(3)

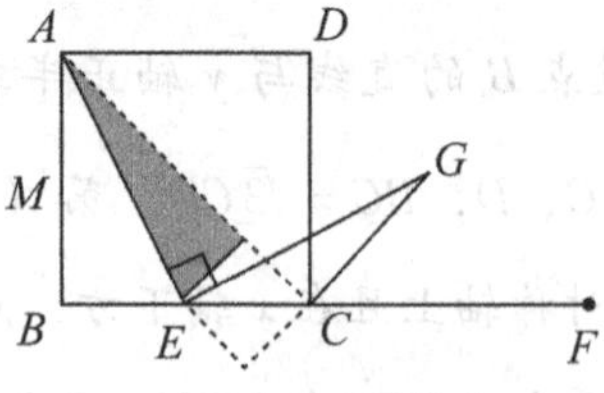

(4)

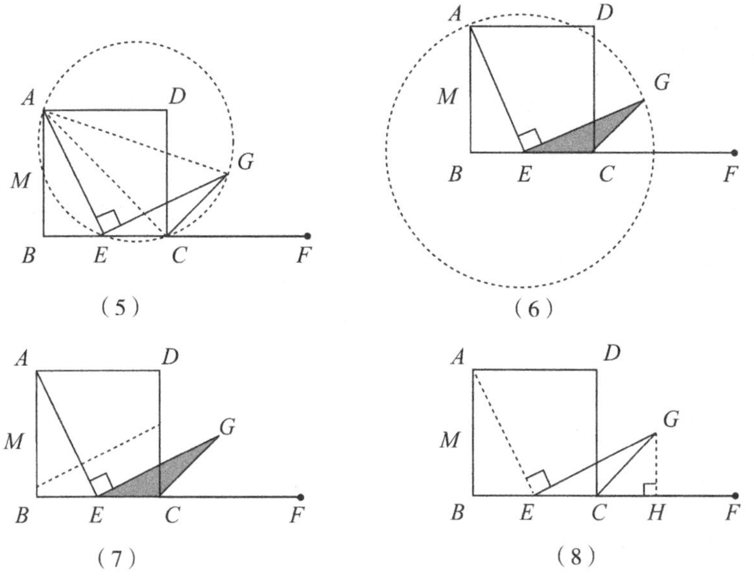

图 4－44　利用几何画板绘制出 8 种解题方案

从上述两个案例可知，我们数学教学中常常需要启发学生思考解决问题的多种可能性。特别是第二个案例，我们希望学生能一题多解，思维发散，举一反三。而几何画板的构图思想，能激发学生在实际分析过程中不断拓展思维，触类旁通，发现解决问题的多种可能性。与此同时，利用 GeoGebra 与几何画板辅助我们的教学，有利于提升学生的思维水平，使其从浅层学习向深度学习转化。

五、结语

总之，运用信息技术使数学教学可视化，能有效地突破动点轨迹难题，能帮助学生更好地理解性质，能让学生有效开展数学探究，提升学生的思维水平。GeoGebra 与几何画板作为辅助性教学手段，在中学数学可视化教学中有着独特的作用，它们能够动态演示过程，揭示数形关系，凸显研究对象之间的内在联系，从而降低学生的认知负荷，优化学生的认知结构，提高教学的效率与质量。

参考文献

[1] 刘燕平．利用几何画板辅助中学数学变式教学刍探［J］．成才之路，2019（16）．

[2] 孙建华．可视化教学：让学生数学学习真正发生［J］．数学教学通讯，2018（28）．

[3] 廖小琴．信息技术下的高中数学可视化U型教学模式——以“与圆有关的最值问题”．专题复习课为例［J］．中学数学教学参考，2020（1）：75－78.

[4] 蓝奇灵．初中数学教学中几何画板的应用［J］．科学咨询，2020（24）：273.

聚焦课堂　开拓创新　巩固落实

——2013学年沙滘中学数学中考备考经验介绍

在章小卫校长的正确领导下，数学科全面贯彻落实校长室工作指示精神，九年级数学团队以“抓落实”为第一要务，积极践行“导学案+小组合作”的教学模式，2014年数学中考成绩继2011年、2012年、2013年取得成功之后，创造了又一个辉煌，在这里，对一年来的科组建设及中考备考做回顾总结。

表4-3　近四年数学科佛山中考成绩同类学校对比

年份	平均分	区平均线	区排名	及格率	区平均线	区排名	优秀率	区平均线	区排名
2011	77.5	75.4%	14	69.3%	68.1%	10	26.1%	17.8%	12
2012	77.9	75.9%	7	71.5%	66.8%	7	20.9%	20.1%	9
2013	76.7	75.3%	1	65.69%	62.3%	1	22.31%	21.9%	1
2014	80.4	73.2%	1	77.2%	59.5%	1	16.8%	9%	1

七、八、九年级期末考试成绩“四率一分”居乐从镇第一名。

七、八、九年级数学竞赛各等次得奖率居乐从镇第一名。

沙滘中学数学科组被评为乐从镇“先进学科组”“示范科组”，数学科课题《初中数学例题教学的有效性探究》在顺德区第六届科研成果评比中获二等奖。刘恋教师主持的《促进学困生在小组合作学习中积极参与的行动研究》立项为顺德区“十二五”规划课题。

一、聚焦课堂，构建课改模式的架构

沙滘中学数学科全面落实乐教〔2012〕12 号文件精神，全面推进初中数学课堂教学改革，转变教师教学理念，革新自己，将国家教材校本化，实行“导学案 + 小组合作”的教学模式，建立数学学科系统的教学架构，真正把课堂还给学生自主学习。

数学科组教师积极参加课改教研活动，课改教研活动让科组教师熟识上课流程和管理细节，强化了课改意识，增强教师对课程改革的实践能力，建立了校本的科组教师培训制度，学生学习小组长、小组纪律委员进行相关的数学课堂培训。开展“推门听课”与“课改达标月”活动，行政、科组长、备课组长巡视课堂、深入听课。

科组长、备课组长每周定期检查、总结、反馈课改工作，各备课组长重点检查教师对“导学案编写质量及使用、课堂教学基本流程与效果、每周的课改反思会”的情况以及学生“小组合作学习和导学案使用”效果的跟踪。

经过革新课堂、改变自己的尝试，沙滘中学的数学科组实现了五个转变：一变以“教师为本”为“以学生为本”。教师是教学活动中的参与者、组织者与引导者，课堂上必须留足学生活动的时间；二变“师道尊严”为“平等、和谐、民主、互动”的师生关系，教师在教中学，在教中悟，尊重学生学习过程中的个体体验，不将个人感悟强加给学生；三变学生“被动接受知识”为“自主、合作、探究性学习”，每单元的“综合性学习”要广泛查找资料，精心设计活动过程，将活动落实到位；四变传统的“聚焦式”的教学为“导学案 + 小组合作”的教学模式，课堂上注意营造生生互动、师生互动的场面，让学生活力涌动；五变“知识传授”为目的为“全面提高学生能力、提升学生素质”为目的，对学生进行动态的发展性的评价，科学评价每一位学生。

二、决战课堂，落实课堂教学路线图

三年的初中课堂教学改革，从不认识到认识，从无抓手到有序，从单一到整合，沙滘中学数学课堂正在转型，一年来给了我们很多启示。

（一）规范课堂教学，用两条腿走路

“导学案 + 小组合作”教学模式要关注以下两个方面：一是导学案编制与使用，二是班级小组建设。这两个方面分别由两条线负责实施，其中导学案编制与使用由教学线负责，以备课组长为首的研究团队编制各学科高质量的导学案，同时在备课组推广使用。班级小组建设由德育线负责，课改小组制订具体实施方案，例如，制定了《沙滘中学班级小组合作学习手册》，数学科教师积极落实，善始善终。到目前为止，学校已基本建立起相配套的教学管理制度，导学案的质量进一步得到了提高，建立了班级小组合作的学习组织结构，规范了教师的课堂教学行为，真正做到用两条腿和谐走路。

（二）组建合作小组，完善小组建设

小组合作学习既能体现学生自主，又能实现学生之间的交流合作，是实现学生主体作用发挥，增强学习实效性的有效途径。然而小组互助学习首先要解决小组的建设与管理问题。

学校按座次采取“π”字形随机组成小组的办法，数学科立足实际，在小组成员的组成上进行微调，以学科特点充分考虑到学生的组织能力、性格特点、学习成绩等因素进行组合，做到组内异质、组间同质。同时，为了便于管理，我们给每名组员编号，其中 1、2 号为组长、副组长，分布在前两排，履行小教师的职责，实行一对一帮扶，1 号帮 4 号，2 号帮 3 号，这样将管理和学习任务分解，更好地提高学生学习的效率和效果。小组长的培养是小组建设的核心工作，我们首先明确组长职责，经常进行培训调度，及

时发现问题，跟踪指导，有时需要变换角色加入小组进行示范，手把手地帮教。小组长的产生也不是固定的，一开始，可由教师指定，随着改革的不断深入，组内成员之间的不断磨合，也可以由推选产生或轮流担任组长，这样更有利于督促后进，建立自信，历练自我，营造比、学、赶、帮、超的良好氛围。

沙滘中学的数学课堂正在发生变化，教师的教学方式和学生的学习方式正在悄然发生变化。一年的实践提升了教师的理论水平，更新了教师的教学观念，转变了教师的教学行为，优化了教师的教学方式方法，带来了教学效果的显著变化。如今的课堂教学教师明显讲得少了，学生活动多了；教师灌输的情况少了，学生合作探究学习时间多了。干巴巴照本宣科的课少了，充满活力与智慧的课多了。以学生为中心的课堂，使学生潜能得到开发，天性得到尊重，思维得到了最大限度地调动和释放。

（三）落实课堂教学路线图

这个路线图是什么呢？就是强调基础，从基础出发，由基础到能力；就是强调教材，从教材出发，在融会贯通教材内容的基础上进行整合。

根据这个路线图，我们九年级数学备课组众口一词：依纲（考试说明）考本，创新求活；立足教材，注重双基；突出主干内容，强调通性通法；重视数学思想方法，提高思维品质。按照时间表，遵循路线图，就是我们九年级数学备课组中考复习的运行轨迹。

1. 确定复习时间表（通常被称为三轮复习）

第一轮复习，基础能力过关（第6周科研测试至区模拟考前）。通过教学载体——导学案，把所学的知识、方法进行归纳、整理，把原来分散学习的知识有机地联系起来，使它形成一个完整的知识系统。其目的是使学生获得稳定、清晰的核心概念，形成良好的认知结构而不是知识进行简单罗列，便于对知识的理解和记忆，便于在解题时对所需知识进行搜索与回忆，便于在规定的时间里解决最多的问题、获得最好的成绩。

第二轮复习，综合应用能力突破与提高（区模拟考前至6月初）。综合模拟与专题复习阶段，强化“核心”内容，把握知识的内在联系，提升实战能力，通过解题限时训练，规范做题格式，结合教师在复习时进行的批改、点评、修正，使知识形成系统、方法形成规律。

第三轮复习（考前最后一周）。回归基础、查漏补缺、消化吸收，适度考前练笔、把握规律，强化记忆，考前心理辅导，调节好心态进入考试状态。

2. 研习考试说明

考试说明是帮助我们把握中考方向的，我们必须研究《考试说明》《课程标准》，必须研究近年来的佛山市中考试题，必须了解课程改革发展的趋势。从中可以对未来的试题做出种种猜想：我们虽然不能说某类题在试卷中一定会出现，但我们可以推测具有某些特征的题在试卷中可能会出现。某个具体的题出现是偶然的，但某类题的出现是有规律的。正是根据《考试说明》、往届试题和课改理念，我们才能深刻地体会《2014 佛山中考数学科考试说明》命题的“八原则”，才能更好地落实《考试说明》的精神，让考点具体化。结合命题趋势来指导备考实践，我们就会多一份清醒，少一份盲目，比如历年的中考试题的来源为我们开发中考复习资源指明了方向；核心内容的基本取向指导我们恰当地选择例题和编例题，把复习引向必要的深度；每年中考试题出题的意图也会给我们一些警示，有助于我们调整复习方式。

3. 导学案

以“导学案”为载体，追求有品质的教学，是沙滘中学数学科的核心工作，精选教学内容和学习目标，“多学少教”，“先学后教”，“以学定教”，达到教学合一，结合小组合作学习，从而提高教学品质。使用导学案的课堂，教师从关注“教”到关注“学”。从学生的角度去设计课堂，学生先学什么，怎么学，再学什么，怎么学，用学生活动串起一堂课，这样的教学能有效减少课堂中的旁观者，人人“动”起来学数学。

沙滘中学的导学案主要做到以下三点：

（1）不搞题海战术。内容的讲解要精讲精练，教会学生举一反三、触类旁通。习题选取有针对性、典型性、层次性、切中要害的强化练习。

（2）训练的题目难度要适宜。结合《课程标准》《佛山中考考试》的考点，做到题目起点尽可能低，但要有适当的思维度。

（3）注重尖子生的"尖"。要站得高才能看得远，抓好尖子生的思维提拔，提高他们综合分析的解题能力，同时还要培养尖子生的学习能力。

我们时间表、路线图、考试说明、导学案串成线、连成片、结成网，形成一个完整的"金字塔"式课堂教学架构。

三、以课题研究为抓手，促进数学团队专业化成长

数学科顺德区教育科研"十二五"规划课题"初中数学例题教学的有效性探究"区立项后，我们重新审定了课题目标，确定了将科研活动与教研活动、课堂教学相结合的策略，依托科组教研活动的形式促进科研的发展。通过课题项目化校本培训，教师的素质得到整体提高，投入教育教学研究成为教师的自发行动。此课题于2013年3月正式结题，在顺德区第六届科研成果评比中获二等奖。

1. 教师的教科研能力得到提升

我们提出在课题研究中促进教师专业化的成长，以课题促教研，让教师在实践中反思，在理论学习中提高教育教学水平，教师勤于学习，善于思考，善于总结。规定全科组教师至少完成一篇教学论文或教学案例，数学科组已形成写论文的良好氛围。

2. 教师教学能力明显提升

教师教学能力的提升，反映在教学质量的提高上，九年级学生在佛山中考取得的成绩在区同类学校中名列前茅，七、八年级"四率一分"居乐从镇第一名。

总之，数学科通过实施以课题促进教师专业化的成长为重点的项目化校本培训，使全科组教师不断更新教育观念，有效提高教师实施素质教育和新课程的水平，全面提升全体教师的整体素质。

路漫漫其修远兮，吾将上下而求索。赢在课堂，才能赢得未来。系统教学，决战课堂，聚焦课改，面对课堂的转型，沙滘初级中学数学教师团队已准备好了。

求变　求新　求实

——2018学年沙滘中学数学科系统教学经验介绍

数学科组坚持改革数学教学模式，实行导学案教学，并以导学案为教学的载体，狠抓落实，通过系列化的主题教研组活动强化了科组活动的有效性，提高了教育教学质量和自身的专业发展。沙滘中学数学人一路走来，始终如一地坚持一步一个脚印去改变自己，一年一个台阶去革新自己。求变、求新、求实，以抓落实为第一要务，落实有效备课、上课，有效反馈测试，有效培优扶困，建立健全的数学科系统教学架构。

一、求变，构建系统教学的框架

从2008学年第一学期开始，沙滘中学数学科模仿尝试之后，“四率一分”还是处于落后水平。我们认识到：“改变才有希望”。唯有改变教学行为，才能改变教学质量。从2009年开始，学科组教师的关键词成了“改变”。一切从零开始，转变教师教学理念，革新自己，将国家教材校本化，建立学科系统的教学架构，真正把课堂还给学生自主学习。

革新教学，不再以“书本”为教学的载体，而是将国家课程校本化，建立健全适合沙滘中学学情的系统教学架构。

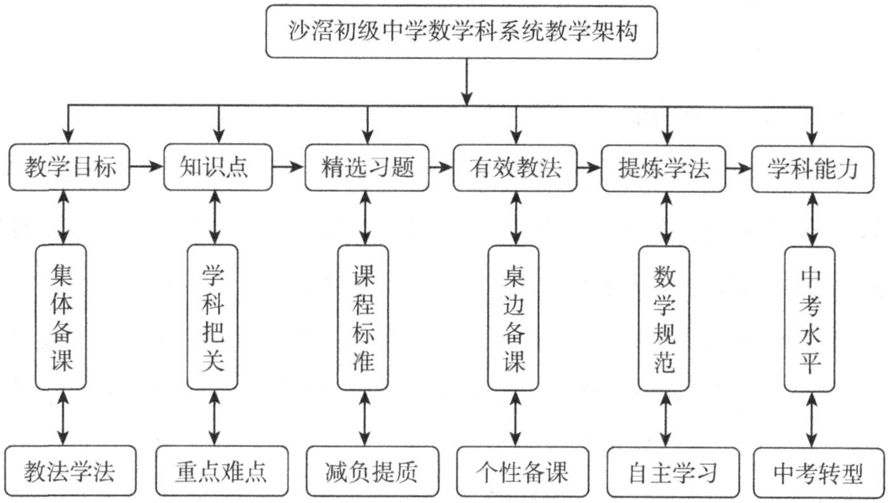

图 4－45　沙滘初级中学数学科系统教学架构

改变数学课堂以教师、书本为中心的教学模式，重视学生在教学中的主体地位，把思考的权利和机会还给学生，不再是倾听者的教育，把学习的时间和空间还给学生，课堂不再是囚禁心灵的场所。教师在课堂上不再是滔滔不绝，反而是沉默是金。因此真正把课堂还给学生，让课堂成为学生自主学习、个性释放、主动探究的家园。

二、求新，探究“导学案”设计的策略

我们以“导学案”为载体，学生借助导学案，带着问题、矛盾、困惑、方法、理解走向自我、走向同伴、走向教师，体验学习过程，引发自主学习意识和兴趣，进行主动的知识建构。使用导学案的课堂，教师从关注“教”到关注“学”，从学生的角度去设计课堂，学生先学什么、怎么学，再学什么、怎么学，用学生活动串起一堂课，这样的教学能够有效减少课堂中的旁观者，人人“动”起来学数学。

导学案不再是过去各备课教师的“教案之和”，更不是网上资料的“下载拼盘”，也不是“标准答案式”的教学方法、教学手段、教学流程，而是将国

家教材校本化，这是沙滘中学数学科教师共同智慧的结晶。系统教学的载体——导学案具有以下特点。

1. 内容设计不错位

发挥导学案的导学功能，从学生的知识水平、生活经验的角度提问题，用数学的眼光厘清学案、教案的功能区别，避免学案与教案格式混淆，而是将学案内容与教材练习有机整合，科学设计学案栏目，突出对学习过程的支持与专业指导。例如，导学案的预习栏目有预习方法指导，题目的旁边设置学习方法、思路提示等，作业习题设计有明确的分层，同时我们的导学案有旁批、订正的位置，以便教师的二次备课，学生进行二次改进。在重点知识与内容上，加强导学案的反馈功能，保证学生对重点、难点内容的及时巩固与内化。要做到设计内容不错位。

2. 目标设计不盲从

学习目标是学案的首要内容，它的设计意图是告诉学生本节课的重点知识，以及各知识的把握层次。教师设计学习目标不结合学情，而是照抄教参上的教学目标，就会拔高学习要求，使学生云里雾里，产生畏难情绪。我们树立目标达成意识：通过兼顾学生的共同特征，贴近学生的视角，设计学习目标，并与教师的教学目标相呼应；其次关注学生差异，分析学生原有知识起点和最近发展区，有针对性地将总体目标细化，设计成阶段目标，进而确定每节课具体的弹性课时目标。

3. 形式设计不单一

导学案不应是对教材内容的简单重复，好的导学案需要二次创造。我们把知识点进行拆分、组合、深挖，编排出最合理的知识体系，区别对待各种课型，精选典型例题与反馈练习，设计成有不同层次的问题的导学案。而这样做把教材的例题、习题简单地移位到学案中，势必导致教学的弱化，因此我们各种课型呈现各种导学案，减少学生视觉上的疲劳，激发学生学习兴趣。杜绝填空式的单纯知识复制，精选例题，突出典型，注意设计弹性练习，选择变式习题，处理好基本与提高的关系。

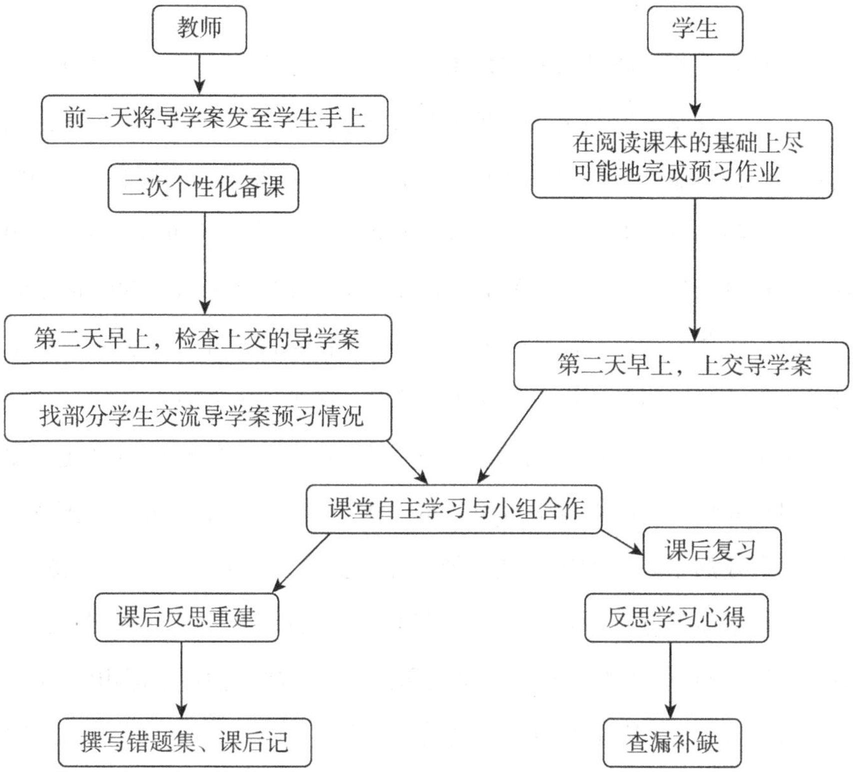

图 4－46　沙滘初级中学数学科“导学案”教学架构

我们以数学学科的规律组织教学，改良创新了导学案，明细教学路线图，策划性做到什么时间点给学生做什么题，积极做到教学有策略，教后有反馈，跟踪有落实，坚持以少胜多，举一反三，选择一些具有代表性、点睛性的题编入导学案。改良创新后的导学案不再是知识的简单罗列，而是用联系的观点将知识进行有机的重组，进一步建立知识结构，其目的是使学生获得稳定、清晰的核心概念，形成良好的认知结构，便于对知识的理解和记忆，便于在解题时对所需知识的搜索与回忆，从而把“知识形成系统，方法形成规律”，提高自主学习的能力，便于在规定的时间里解决最多的问题，获得最好的成绩。

三、求实，追求集体备课的有效

我们坐下来共同商讨如何突出重点，突破和分解难点，深入挖掘教材资源，如何使“导学案”最大限度地发挥作用，在教学中培养学生的创新精神和实践能力，凸显学生的主体地位，真正体现课改精神。在集体备课中，数学科组的教师们群策群力，充分发挥各自的聪明才智，它可以是和风细雨式的述说，也可以是面红耳赤的争论。通过集体备课这个平台，教师相互借鉴，相互启发，集各家之长，避自己所短。通过集体备课，互利互惠，相得益彰，使教学过程真正达到最优化，既发展了学生，又成长了教师。当然，“教学有法，而无定法”，由于各班学生都有其各自的特殊性，教师也各有自己个性化的教学风格和特长，所以数学科组实行二次个性化备课，因地制宜地采用最为合理而有效的手段和方法施教，创造性地去设计，去发挥，去拓展，去创造，而不能集体备课“一包到底”。我们是“统分结合”，“宜统则统，宜分则分”，防止出现“千人一面”的模式和格局，二次个性化备课由“写教案”变为“设计教学”，从注重如何教到关注学生如何学。每节课给自己定下三问：课程要达到什么目标？通过什么途径达到目标？最大限度地调动学生参与教学了吗？主要改变是：一变备知识为兼备教法学法，二变只备教学过程为兼备教学反思。

备课不受固定时间的限制，时时集备，天天教研，遇到疑问，桌边备课，即时研讨。每天学习新课标，领会教材的设计意图，制定教学策略，设计问题情境，制作课件、教具等。加强教师之间的合作与交流，避免教师走弯路。结合学校试点方案，以集体备课组为单位，每人至少上一次课改“尝试课”，做到人人有内容，个个有分工。选择一个教学难点或重点，先个人写教学构思，后备课组集体讨论并修改，再上课，课后集体评课，上课教师谈得失感受，其他教师按“2 +3”的方式评课，即每个人都要提出至少两个值得自己学习和借鉴的地方，至少 3 个教学中的不足及改进措施，真正形成探索与争鸣的局面。

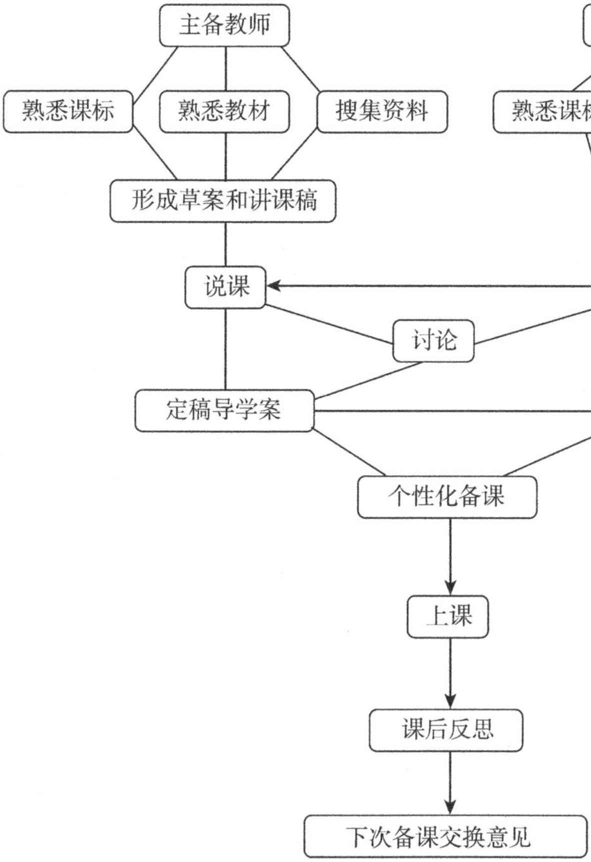

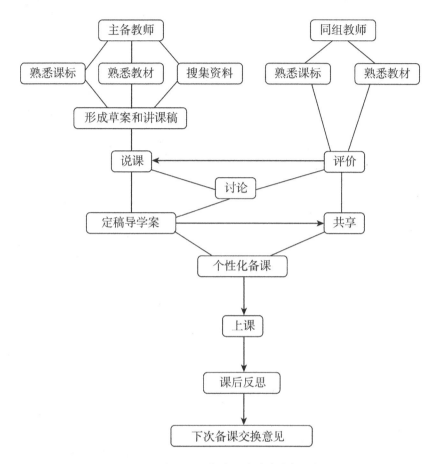

图 4－47　沙滘初级中学数学科精进备课架构

注重反思，总结经验。课后反思为沙中课改提供宝贵的第一手资料，是改进教学策略，提高教学水平，真正练好教学基本功的有效途径。我们主要反思教材安排是否合理，是否符合学生实际，反思导学案设计是否恰当，反思每个问题是否激发了学生的思维，并想办法解决教学中存在的问题，做到节节清，日日清，周周清。

第五章 课题研究

《初中数学例题教学的有效性探究》结题报告

一、课题提出的背景、意义与所要解决的主要问题

《全日制义务教育数学课程标准（实验稿）》指出："有效的数学教学活动，使学生获得适应未来社会生活和进一步发展所必需的重要的数学知识以及基本的数学思想方法和必要的应用技能"；"学生学习应当是一个生动活泼的、主动的和富有个性的过程，除接受学习外，动手实践、自主探索与合作交流也是学习数学的重要方式，学生应当有足够的时间和空间经历观察、实验、猜测、计算、推理、验证等活动过程"；"什么是好的教学？第一条，除了知识传授之外，必须调动学生学习积极性，激发学生的思考；第二条，既能培养学生良好的学习习惯，也能让学生掌握有效的学习方法。从教育学专业角度来说，有效性指通过课堂教学使学生获得发展"。

教材中的例题在教学活动中起着重要作用，在不同内容中充当着各种不同的角色，它是由众多专家经过多重思考与仔细推敲后编写的，编选的例题虽然不能说最好，但它具有科学性、示范性、典型性和导向性。通过例题教学，①可让学生较快熟悉本堂课的基本内容，加深对概念、公式、法则、定理的理解；②渗透数学思想方法，对提高学生解题能力、启迪学生思维、发展学生的数学思想观大有帮助；③潜在的德育功能，新课标非常重视数学的文化价值，"数学课程应帮助学生了解数学在人类文明发展中的作用"，而教

材中不少例题恰恰体现了这一文明发展中的作用，逐步形成正确的数学观点；④较好的示范作用，解题时思路正确但表述混乱是不少学生的通病，而教材中的例题，书写格式及过程叙述一般都比较规范，符号的使用、图形的绘制也比较准确，有较好的示范作用，解答中缜密的思维和严密的逻辑推理更是为学生提供了良好的学习素材，有利于学生养成良好的答题习惯。

数学新授课少不了“例题教学”部分，而传统的数学例题教学过分强调教师的主导作用，常常是教师讲，学生听；数学课堂离不开例题教学，但好多教师受传统教学观念的束缚，在例题教学中把自己的经验塞给学生，让学生模仿做题，只授之“鱼”而非“渔”，缺少师生之间的交流与合作，缺乏对自己的教和学生的学进行反思、研究和创新。经常有这样的情况：精心准备的例题，教师在上面讲得津津有味，学生在下面听得稀里糊涂，一做配套练习还是无从下手，然后又是“教师再讲、学生再听”，一节课下来效果很差，更谈不上提高学生的解题能力了！

因此我们便想通过对初中数学课堂的例题教学有效性探究，找到一个时时以激发学生的学习动机为前提，以引发学生质疑为实质，以帮助学生解惑为关键的有效教学平台。只要我们多反思自己的教学理念和行为，及时做出调整，我们的数学课堂例题教学就一定能改变现状，收到实效。

此课题于 2011 年 4 月 27 日接到立项通知书，被批准为顺德区教育科研“十二五”规划课题立项课题，立项编号为：SD2011103。2011 年度个人课题立项时间统一为 2011 年 4 月 27 日，结题时间为自 2011 年 3 月起至 2012 年 6 月止，研究时间为一年。

二、课题的核心概念及其界定

初中数学课堂例题教学的有效性是指通过例题教学使学生在知识技能、过程方法、情感态度、价值观方面得到协调发展。作为课堂教学的对象，学生是衡量教学有效性的载体，因此对数学课堂例题教学的有效性的考查不能光看教学目标是否有效达成，更要关注学生运用数学知识和数学思想方法独立分析问题、解决问题的能力是否得到提高，学习结果是否增进，学习体验是否得到强化。因此，初中数学课堂例题教学是否做到有效，就必须研究教师的教和学生的学，使教学相长。

三、本课题研究的主要理论是“有效教学”

1. 有效果

通过研究，教学活动结果要与预期的教学总目标相一致，体现教学的目标达成性。

2. 有效率

通过研究，师生双方为实现教育目标而投入时间、精力及各种教育资源，教育目标得以实现，包括学生知识、技能得到增长，身心素质得以进步、成熟，个性成长，创造力获得培养以及教师素质和教学能力有了提高。

3. 有效益

通过研究，教学目标要与特定的社会和个人的教育需求相吻合且吻合的程度较高。“初中数学课堂例题教学有效教学的实践研究”不是简单地重复别人的研究，而是要对所记录的典型教学事件进行理论分析，反思。有利于改进今后的教学，提高教学效率，大幅提高学生的素质。在研究过程中体现出我们特有的研究思路和研究方法，提高师生的教与学的有效意识。

四、研究过程

由于在之前笔者对这些现象都有所思考，课题被立项后正好能督促笔者去及时学习、查阅资料、研究、摸索、实践，并把一些想法和结论整理上传。即“把想好的做出来，把做好的说出来，把说好的写出来，把写好的献出来”，数学科组所有教师在完成教学任务的同时，克服重重困难，对“初中数学例题教学的有效性探究”做了细致的研究：研究了教师课前如何设计例题、课堂何时讲解、怎样讲解、课后怎样反思调整；研究了学生怎样阅读例题、怎样听讲、听后如何反思升华；研究了师生怎样互动才有效，教师如何视学情而讲、在讲中察学情，教学相长。具体做法：

立项后笔者及时制订了《初中数学例题教学的有效性探究实施方案》；编制《学生学习数学例题习惯的调查表》，并在本校所有数学教师之间先进行问卷调查：修改了部分问题后，每个年级抽取一个班级进行调查。然后对数据进行统计、分析，写了《影响例题教学效果的原因》论文。

笔者积极要求参加教研活动，曾赴育贤中学、禅城区吉利中学听课，回到本校作为课题主持人上了研讨课《用“公式法”解一元二次方程》，写了《用“公式法”解一元二次方程教学案例（北师大版）》。

为了使研究更彻底，组织了本校数学组刘恋老师上研讨课七年级的《简单的轴对称图形》、韦元惠教师上九年级的《中点四边形》、关玉萍老师上八年级的《三角形的外角》，郑春明老师对《探索三角形相似的条件》进行了说课，并代表顺德区参加广东省青年教师说课比赛荣获一等奖。结合科组的课题内容进行评课，陈育芳老师写了《以教材为本提高例题教学的有效性》。

（一）从教师方面研究

1. 课前如何准备例题

得出“数学课堂设计的例题应抓基础、重过程、渗透思想、突出方法、强调应用、注重创新、拓宽视野、提高能力”，笔者写了论文《如何在“例题教学”中渗透数学思想方法》，并在华南师范大学、广东省数学会主办的《中学数学研究》2012 年第 2 期发表，在 2011 学年顺德区论文评比中荣获顺德区一等奖，廖武雄老师写了论文《如何挖掘教材中“例、习题”的潜在价值》，在 2011 学年顺德区论文评比中荣获顺德区二等奖，陈先老师写了论文《新课程下例题设计的原则》。

2. 课堂上何时出示例题

我们尝试实践研究后得出：“一道例题出示以后，凡是没有学会流利地、有理解地阅读的学生，他是不可能顺利地掌握知识的。”因此笔者写了论文《对数学课堂“例题教学”的一些认识》，并于2011年《顺德教育》第3期发表，在2011学年佛山市论文评比中荣获市二等奖；刘福斌老师写了论文《数学例题学习前的准备》，王彬老师写了论文《浅谈初中数学例题教学的有效性》。

3. 教师如何讲解例题

“教师要把例题讲到位而不越位，要讲在学生对例题的需求点、兴奋点、思考点和感悟点上，把例题讲懂、讲活、讲深”，下列教师分别写了论文，关玉萍老师的《谈例题教学的讲解点》、韦元惠老师的《教师在例题教学中要暴露自己的思维过程》、黄莹老师的《立足“讲，是为了不讲”》。

4. 教师及时对课堂进行反思

只有及时总结成功或失败的经验，才能使课堂教学的有效性得到提高。研究得出“教师的反思意识是教师改变其数学教学行为的基础，通过实践性反思可以使其数学教学活动更理性、更自觉。因此，数学教师应树立反思意识，明确自己在个体专业发展中的主体地位，不断地反思自己的教育教学理念与行为，不断地进行自我调整、自我构建。教师下课后要反思预先的例题目标设计是否合理；反思课堂的动态生成处理是否得当；反思例题的教学效果是否得到落实”，董水清老师写了论文《教师要反思例题教学》。

（二）从学生方面研究

1. 学生如何审题

针对“例题出示后，好多学生只是粗略地读一遍题就等着教师讲”这一现象进行了研究，得出：“要让学生边思边读，由题中的哪些数学语言想到哪些相关的性质定理等”，笔者写了论文《在例题教学中培养学生的正确审题习惯，提高审题能力》，何家富主任写了论文《一道中考数学试题对例题教学的启示》。

2. 学生“如何”和“怎样”小组学习

学生在例题学习中如何组建合作小组，如何进行小组合作学习，对小组成员学习任务的要求等。

何家富主任写了论文《浅探初中数学课堂例题教学中的小组合作学习》，郑春明老师写了论文《如何在例题教学中落实分层教学》，陈碧莹老师写了论文《怎样使不同程度的学生在课堂上获得不同的发展》，刘恋老师写了论文《中考数学复习例题教学的有效性》。

3. 学生学习例题后如何反思升华

经研究得出：只有反思已学习过的典型题目及典型方法，才能加强学生的“题性”“题感”，让学生不断吸取其中的智育营养，感悟隐藏于模式中的数学思想方法。这是从量的积累到质的变化的过程，只有靠“反思—消化—吸收”才能“升华”。王小辉老师写了论文《学生如何反思例题》。

4. 针对“概念、定理”类型的例题

学生听后并不能仿照给定的格式去做题或做题就出错，结合自己的课堂思考，笔者在两个班用不同的方法讲同一道例题，效果截然不同，发现确实应像《数学课程标准》说的那样：“在数学学习的过程中，要让学生经历知识与技能形成的过程，经历数学思维的发展过程，经历应用数学能力解决问题的过程，从而形成积极的数学情感与态度”，笔者写了《二次函数一般式用“配方法”化成顶点式教学反思案例》，并在2011学年佛山市论文评比中荣获市二等奖，余彦威副校长写了论文《例题教学“先学后教”模式中知识形成的教学研究》。

五、研究成果

经过约一年的研究，笔者认识到：例题教学的有效性是指通过例题教学使学生在知识技能、过程方法、情感态度价值观方面得到协调发展。作为课堂教学的对象，学生是衡量教学有效性的载体，因此对例题教学的有效性的

考查不能光看教学目标是否有效达成，更要关注学生的独立分析问题、解决问题的能力是否得到提高，学习结果是否增进，学习体验是否得到强化。

数学科组的教师学到了很多先进的教学理念，养成了爱读教育专著的好习惯，通过研究、研讨活动拉近了和本校数学组成员的距离，也增进了和学生的感情，不论是从理论知识还是从专业知识上都得到了提高。

（1）黄金雄《如何在“例题教学”中渗透数学思想方法》，在华南师范大学、广东省数学会主办的《中学数学研究》2012 年第 2 期发表，在 2011 学年顺德区论文评比中荣获顺德区一等奖。

（2）黄金雄《对数学课堂“例题教学”的一些认识》，于 2011 年《顺德教育》第 3 期发表，在 2011 学年佛山市论文评比中荣获市二等奖。

（3）黄金雄《对初中数学开展第二课堂活动的探讨》发表在江苏省教育厅主办的《初中数学教与学》2012 年第 3 期。

（4）黄金雄《二次函数一般式用“配方法”化成顶点式教学反思案例》，在 2011 学年佛山市论文评比中荣获市二等奖。

（5）何家富《一道中考数学试题对例题教学的启示》发表在《南方教育》。

（6）廖武雄《如何挖掘教材中“例、习题”的潜在价值》，在 2011 学年顺德区论文评比中荣获顺德区二等奖。

（7）郑春明对《探索三角形相似的条件》进行了说课，并代表顺德区参加广东省青年教师说课比赛荣获一等奖。

（8）教学设计：黄莹获乐从镇一等奖，王彬、刘福斌获乐从镇三等奖。

（9）在课题研究的过程中收集了大量的图片、文献资料、教学案例、课堂实录视频、导学案设计、课题阶段小结、课件光盘资料、有关课题的研究论文集，并成功建成数科组资源库。具体如下：

录像光盘资料：①余彦威副校长《探索三角形相似的条件（一）》课题研讨课；②胡少军级长《图形的平移》课题研讨课；③黄金雄科组长《用“公式法”解一元二次方程》课题研讨课；④郑春明老师对课题的研究《探

索三角形相似的条件》进行了说课；⑤关玉萍老师上八年级的《三角形的外角》；⑥刘恋老师上研讨课七年级的《简单的轴对称图形》。

论文集共收集23篇有关课题的研究论文、教学案例。

更重要的是，通过对“初中数学例题教学的有效性探究”的研究，表明只要教师在课前精心准备例题，在课堂上多关注学生的感知、思维、注意力和脑力劳动的积极性，时时以激发学生的学习动机为前提、以引发学生质疑为实质、以帮助学生解惑为关键来进行例题教学，多反思自己的教学理念和行为，及时调整，我们的数学课堂例题教学就一定能改变现状，一定能收到实效。2012年九年级数学中考，七、八年级顺德区期末统考成绩，沙滘中学数学科组各年级的四分一率全居乐从镇第一名，其中九年级数学中考取得了平均分77.91，及格率71.51%，优秀率20.87%，高分率2.82%，低分率7.9%的好成绩。所以数学科“以科研促教改　以教改促质量”，成绩是显著的，也为我校结合“试点方案”全面推行教育教学改革和提高教育教学质量奠定了坚实的基础。

注：本课题是顺德区“十二五”规划课题。

课题立项号：SD2011103。

课题主持人：黄金雄。

《初中数学“综合实践”课教材校本化探索与实践》结题报告

一、研究背景、意义与价值

《全日制义务教育数学课程标准（实验稿）》（以下简称《课标》）指出：“学生学习应当是一个生动活泼的、主动的和富有个性的过程。除接受学习外，动手实践、自主探索与合作交流也是学习数学的重要方式。”与此要求相适应，新教材在每一册中加入了“综合实践”的内容，以培养学生的数学实践能力。但由于“综合实践”耗时、费力，且对考试成绩起不到立竿见影的效果，许多教师误认为可有可无，多数教师把教材中的研究性综合实践的内容及作业作为应用题讲一下，缺少真正意义上的探索，甚至教师直接跳过不讲。在我们所处的地方，由于教学条件较为落后、设施不全、教师的教育教学思想还有一点陈旧等诸多原因，对“综合实践”这一部分内容的教学实施更是不重视。

《课标》同时指出：“学习评价的主要目的是全面了解学生数学学习的过程和结果，激励学生学习和改进教师教学。应建立评价目标多元、评价方法多样的评价体系。”但在实际教学中，由于缺乏具体的可操作的案例，不少教师依然以考试作为唯一的评价标准，难以适应新教材的要求，同时也严重挫伤了一部分后进学生学习数学的积极性。

我们提出这一课题，旨在探索教材中“综合实践”这一内容在我校切合实际的实施方式及合理的评价标准，以落实课程标准、改变学生学习习惯、提升学生数学素养为最终目的。

二、研究意义与所要解决的主要问题

1. 研究意义

“综合实践”是教材的一大特色，它是一种新型的学习活动，用“综合实践”的模式开展学科内的探究性学习，是近几年来我国数学教育理论与实践领域提出的一个崭新的课题。“综合实践”体现了一种教学理念，是一种以学生研究活动为中心的开放式学习，改“学数学”为“做数学”。开展《初中数学“综合实践”课教材校本化探索与实践》这一课题研究的意义在于：

（1）提升教师的教学理念。通过课题的研究帮助教师了解《课标》对教学的要求，渗透新的教学理念，改变以往“以教师为中心”的教学模式。

（2）提高学生学习效率。研究如何开展符合学校实际，适合学生心理需求、知识基础的数学活动，使学生理解和掌握数学知识与技能、数学思想和方法，提高教学的有效性。

（3）让不同层次的学生都获得发展。研究具体的综合实践活动方案，让不同层次的学生都能承担力所能及的活动任务，并制定科学合理的评价标准，使每个学生都能获得激励性的评价，真正做到“不同的人在数学上得到不同的发展”。

（4）充分利用我校教师力量和教学资源，在“综合实践”的教学实践中加强研究，及时反思，提高认识，改变目前“综合实践”的教学被忽视的现状，初步探索符合实际的数学“综合实践”的教学方法和模式。

（5）七、八、九年级各个单元的课题活动方案及评价指标。

2. 通过课题研究所要解决的主要问题

（1）参与综合与实践活动，积累综合运用数学知识、技能和方法等解决简单问题的数学活动经验。

（2）在综合与实践活动中，发展合情推理与演绎推理能力，能清晰地表达自己的想法。

（3）初步学会从数学的角度发现问题和提出问题、增强创新意识；综合运用数学知识解决简单的实际问题，增强应用意识，提高实践能力。

（4）获得分析问题和解决问题的基本方法，体验解决问题方法的多样性，发展创新意识。

（5）学会与他人合作交流，积极参与数学活动，保持对数学的好奇心和求知欲。

（6）在数学学习过程中，体验获得成功的乐趣，锻炼克服困难的意志，建立自信心。

（7）体会数学的特点，了解数学的价值，养成良好的学习习惯和科学态度。

三、“综合实践”的概念界定与研究现状

1. 概念界定

本课题中的“综合实践”以北师大版义务教育课程标准初中数学教科书里的“综合实践”内容为基准，同时也包括教科书外的一些研究性学习活动。

“校本化”为学校自己出自己的教材，结合学校的特色来创办相关的体系。华东师范大学教育学博士郑金洲在《走向校本》中这样解释：所谓校本，一是为了学校，二是在学校中，三是基于学校。为了学校，是指要以改进学校实践、解决学校所面临的问题为指向；在学校中，是指要树立这样一种观念，即学校自身的问题，要由学校中的人来解决，要经过学校校长、教师的共同探讨、分析来解决，所形成解决问题的诸种方案要在学校中加以有效实施。

2. 国内外研究现状

“综合实践”是新的课程标准的要求，是根据我国国情和教育现状新增加的学习内容，虽然有了十多年的实践基础，但在这方面的研究尚无成果，尤其是针对初级中学，如何有效地开展“综合实践”是广大教师希望解决的问

题。一方面，国内在“综合实践”活动课程的实施没有现成的经验可循，教育部下发的《课标》仅仅给出了课程目标、内容、实施和评价的一些大的要求和原则，初中“综合实践”活动课程方面，可供实施的课题案例较少，给操作层面的课程实施带来了困难；另一方面，综合实践活动从课程资源上说具有极强的地方性，不同地区自然条件、社会经济文化状况、文化传统千差万别，使得综合实践活动在具体的课程内容上不可能统一，无法形成统一的教材或参考资料。近年来，综合实践课校本化研究蓬勃开展，已经有了一批成果，出了不少书，但是，由于地区、学校的不同，教育资源不同，加以中小学生的生理、心理特点及知识、能力储备的差异，有的课程资源根本无法借鉴使用，因此，要加强学校“综合实践”课程的实践探索，积累课程实施经验，将包括校情、学情、学生所处的地域环境、团队活动、社区服务等大量的非指定领域与指定领域衔接、互补地加以整合，共同构成内容丰富、形式多样的综合实践课程，使“综合实践”课程校本化。本课题研究的定位就是引导我校开发与构建独具特色的“综合实践”课校本化课程体系。

四、研究实施设计及措施

在研究过程中，课题组围绕研究的目标、内容与创新之处，有计划、按步骤地进行了不同层次的探索和实质性的研究。

1. 研究目标

（1）运用现代教学手段和理念，探索一套切合初中学生实际的“综合实践”学习模式，推动我校乃至我区的教学改革进程。

（2）通过“综合实践”学习，初步使学生学会综合运用数学知识和方法解决简单的实际问题，激发学生的数学学习兴趣，培养学生的创新意识和科学发展观，获得终身学习的有效学习方式。

（3）初步构建具有本校、本地特色的数学“综合实践”学习资料库，并进行推广，在一定区域内形成辐射。

（4）通过课题研究，提高学校管理者和教师开发、设计、实施校本课程的能力，提高教师的科研和理论水平，增强教师之间的凝聚力。

2. 研究内容

（1）内容一："综合实践"的内容在教材中的地位与作用的研究。

初中教材中，每册教材几乎每章内容中都安排了一些"综合实践"或与"综合实践"相关的内容，本课题研究了这些内容在教材中的地位和作用，研究每个"综合实践"内容对本章知识乃至整个数学的学习起到什么样作用，对学生的终身发展有何意义。

（2）内容二："综合实践"的教学模式的探索与研究。

"综合实践"在内容和学习要求上与其他知识有所不同，有不少"综合实践"属于实践活动内容，不同的"综合实践"应该有不同的课堂教学模式，如何构建"综合实践"的课堂教学模式是本课题研究的重要内容之一。

（3）内容三："综合实践"的学习方式的探索与研究。

有人说，明天的文盲不是那些目不识丁的人，而是那些没有学会怎样学习的人，这是很有道理的，一个人不懂得怎样学习，不善于学习，就不能独立而有效地获得新知识、新技能。这样，就会远远落伍于时代，成为一种特殊的"文盲"。因此，在"综合实践"中，教师既要注重于改进课堂教学方法和手段，更要注重于指导学生掌握合理的学习方法，让学生真正地愿学、会学、乐学。在不断的探索过程中，学生逐渐形成自主学习、合作交流、勤于动手、善于思考的学习方式。

（4）内容四：现用教材中"综合实践"的内容存在哪些缺陷及如何选取适当的综合实践素材的研究。

"综合实践"的内容是在新的数学课程标准下增加的内容，是新生物，它不可能完美无缺，再加上社会在不断发展，知识在不断更新，不同的地区也存在一些差异。因此，不是每一个"综合实践"内容对学生的发展都有价值。同时，我们还可以结合当地环境和区域发展的需要，开发一些适合于学生实际并且符合时代发展、对学生有价值的“综合实践”素材。

（5）内容五：“综合实践”与学生的数学能力培养的研究。

“综合实践”的教与学，是否培养和提高了学生的数学能力，是否促进了学生的思维发展，是否提高了学生的创新意识，是否提升了学生的创新能力。以上五项内容相互渗透，相互制约，密不可分。

3. 研究内容的创新之处

（1）理念创新：课题研究中，大胆打破传统的教学模式，以联合教研、集聚全新的教育教学理念为指导，联合我校优秀骨干教师共同研究，以学促研、以研促教。

（2）研究内容创新：以初中数学综合实践课为载体，具体、深入地分类研究重要的课型，具体做到“四个一”：每学期每个班上一节实践活动课；交一幅优秀的学生作品；每一个年级有一篇自创的“综合实践”教学案例；每个备课组开展一次“综合实践”公开课活动。

（3）实践总结、形成系统：课题覆盖了初中三个年级的全部数学内容，便于研究成果形成系列，预计形成初中阶段不同课型的系列成果。

通过《初中数学“综合实践”课教材校本化探索与实践》这一课题的开展，探究符合本校实际情况的数学“综合实践”方案的制订、实施和评价的策略，形成可区域推广的经验，开发符合校本、学情的教学资源。同时增强课题组教师科研意识，促进教师新的教学理念的形成，并在校内起到辐射引领的作用，进一步推进教学质量的提高。

五、研究方法

1. 文献法

主要用于资料收集与自我学习阶段。

2. 教育实验研究法

主要通过我们设计的案例，在教学实践中进行分析和反思，为数学“综合实践”的实施提供活动方案和案例。

3. 问卷调查法

主要通过我们设计的调查问卷，对师生进行问卷调查，了解教师开展数学“综合实践”的现状，实施中存在的问题，并分析其原因。主要用于课题中期检查与总结阶段。

4. 对比试验法

在我校对开展的班级和未开展的班级进行数学学习兴趣的对比、数学考试成绩的对比、不同方式开展后学习效果的对比，来逐步完善实施方案。

5. 行动研究法

开展课题期间，进行数学教研组内研讨，校际进行研讨，聘请专家指引，查阅相关文献资料，寻找最优方案。

六、研究主要过程

1. 研究架构

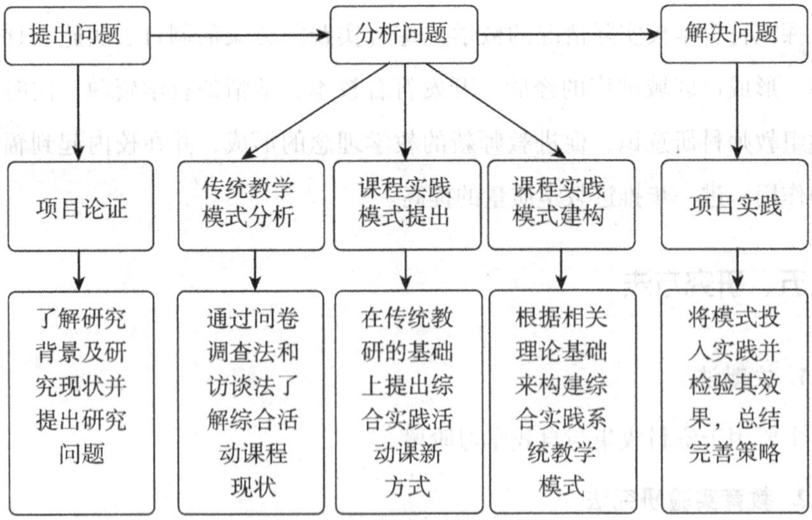

图 5-1 研究架构明细

（1）以数学科组教研活动的方式，分成两个大组，将每册课本上有关“综合实践”的内容汇总、归类，从内容上进行讨论、交流，每学期期初和期末各举办一次，先理论，后实践。

（2）每个学期，各成员在所教本学期教材中选一至两篇“综合实践”内容，先撰写教学设计，然后实施课堂教学（必要时进行课堂实录），并组织教师听课、评课，同时对教学设计进行讨论交流。课题组有目的、有针对性地确定几个“综合实践”作为重点研究项目（一般一个年级一个），比如九年级中的《哪种方式更合算》。

（3）教学过程中，各教师与学生共同探索，成员之间自行交流，每学期期末组织所有成员进行相互交流、总结、撰写论文。

（4）教学过程中，各教师积累自己的经验和亲身感受，将意见或创意形成文字，每学期期末进行交流汇总，若有重大问题或者有价值的创意，临时召集课题组成员进行讨论研究。

（5）以年级为单位，对部分学生进行跟踪调查，对个别学生进行个案分析，对不同班级进行对比实验，后期进行分析与研究，撰写相关论文。

2. 主要过程

第一阶段：初步建立理论框架

（1）对教育行政部门、学校、教师、学生、家长、社区深度访谈，找出他们对综合实践的认识、开设情况、实施中遇到的突出问题等。(2018. 6)

（2）组织有关专家在文献研究和访谈的基础上设计问卷，对教师、学生、家长等不同主体的人员进行调查，调查全区综合实践开展的总体状况、不同主体对初中数学综合实践活动的认识、态度等。(2018. 9)

（3）根据已有基础，初步构建初中数学综合实践活动课程的理论框架。(2019. 10)

第二阶段：开发课程，应用实践，完善理论

（4）以备课组为主，完成北师大版初中数学教材的 15 个综合实践课例的

开发与实施。（2018. 3 ~ 2019. 1）

（5）完善理论：依托课题研究小组，对这15个课例做研究分析，进一步梳理完善初中数学综合实践活动课程体系，并组织专家论证，通过课题中期评估。

第三阶段：进一步拓展实践，开发校本化资源

（6）依托黄金雄名师工作室更多的学校，进一步开发“综合实践”板块之外的初中数学综合实践活动课程资源（包括课内资源和课外资源），特别是校本化资源的开发，形成一系列典型案例，并做梳理分析。（2019. 11 ~ 2020. 6）

七、课题研究主要成果

（1）黄金雄论文《基于数学核心素养的初中数学“综合实践”教学策略》获佛山一等奖。

（2）黄莹论文《基于“深度学习”综合实践复习课教学策略》在华南师范大学《中学数学研究》2019年第2期发表。

（3）教学设计《探索高空玻璃清洁机器人设计》获佛山一等奖。

（4）课例设计《测量物体的高度》获佛山三等奖。

（5）校本教材《生活中的数学》，教学设计、课例及典型案例10个。

八、课题研究存在的问题及设想

（1）构建初中数学综合实践活动课程体系。包括课程理念、课程目标、教学设计流程、课程实施方案、成果展示与评价、课程资源、课程分类等。

（2）形成初中数学教材（2011年北师大版）中“综合实践”板块完备的典型课例研究。

（3）研制完成若干校本化初中数学综合实践活动课程典型案例。

参考文献

[1] 侯志伟．论初中数学教学中学生综合能力的培养［J］．学周刊，2015（14）：165.

[2] 施良方．课程理论——课程的基础、原理与问题［M］．北京：教育科学出版社，1996：128.

[3] 唐风仙．论初中数学课堂"实践与综合应用"教学研究［J］．教育实践与研究（B），2016（7）：57－60.

[4] 高建方．初中数学综合实践活动：意义、形式与要求［J］．成功（教育），2012（7）：162.

[5] 胡妙玲．给学生触摸数学的双手——一年级小学生数学综合实践能力的培养［J］．教育实践与研究（A），2011（12）：52－53，58.

[6] 阳雨君．构建主义学习观与自主学习能力的培养［J］．教育教学论坛，2013（17）：106－108.

[7] 褚宏启．对杜威课程理论的再认识［J］．课程·教材·教法，2000（7）：51－55.

[8] 吴根旺．"发现学习法"应注意的两个问题［J］．科学教育，2000（2）：23－24.

[9] 赵娅．数学综合实践活动课的探索与实践［J］．中外交流，2016（22）：217－218.

[10] 黄莉．浅谈数学综合实践活动课的作用［J］．科学大众（科学教育），2012（4）：108.

[11] 康绩．数学综合实践活动课与可持续发展教育［J］．亚太教育，2015（5）：150.

[12] 刘传恩．小学数学综合实践活动课的认识与有效性实践［J］．中外交流，2016（35）：295.

[13] 王亚莉．初中数学综合实践活动课的探究与实践［J］．课堂内外．教师版，2012（4）：40－42.

［14］王维．中小学综合实践活动课现状及对策分析［J］．新教育时代电子杂志（教师版），2016（24）：108.

［15］陈香．初中数学综合实践活动中探究式教学研究［M］．南京：南京师范大学出版社，2015.

［16］中华人民共和国教育部．义务教育数学课程标准（2011 年版）［S］．北京：北京师范大学出版社，2012.

注：本课题是顺德区“十三五”规划课题。

课题立项号：SDGH2018069。

主持人：黄金雄。

《基于网络研修的名师工作室建设研究》中期报告

一、研究计划落实情况（包括研究资料收集的意义，课题研究的交流、研讨、培训等情况）

1. 研究资料收集的意义

一年来，我们工作室及数学科组根据课题的研究计划，以教师的观念转变为突破口，为教师进行基于网络研修的名师工作室建设研究的思想、观念培训，引导教师加强学习，学习新课程改革的思想和方法，学习信息技术与课堂教学深度融合的相关理论，促使教师具有融合的思想，掌握新的教学艺术与方法，为更好地实施有效课堂教学奠定理念基础。懂得运用现代信息技术独特的交互性和智能性，创设教学情境，将枯燥抽象的概念、复杂的思维过程，以生动逼真的教学情境展现在学生面前，感染、吸引每一位学生，促进学生有意义学习。

2. 课题研究的交流、研讨、培训等情况

以点带面，构建区域内网络研修体系，推进工作室建设的发展。

（1）研训一体，实现教师自主成长。

要以点带面，扩大辐射范围，需要形成工作室成员带动所在学校学科教师乃至本地区学科教师的培训网络体系。培训中，一方面要把指导教师准确

自我定位并制定出适合自身发展和追求的职业生涯规划结合起来；另一方面，注重开发教师个性化课程，内容与形式应灵活多样，突出参与式、案例式、情境式、菜单式等专题培训内容与形式，以适合不同地域、不同层次教师自身发展的需求。依托名师工作室，以课题为载体，研训一体，搭建网络研修学习共同体，就能够使不同层次教师在合作交互中敞开心扉，交流思想，积聚智慧，在相互影响中获得有效的教育和发展，最终实现专业化自主成长。带领工作室成员到广东省陈维坚名师工作室、清远市欧阳雄峰名师工作室进行学习交流。

（2）送教下乡，推进城乡教师的均衡发展。

名师工作室定期安排一定数量面向区域内教师的指导性工作，担负起引领和带动作用。工作室并不局限于几个相对比较好的学校或者是城区学校进行活动，而是把研究的触角伸向更广阔的空间，以工作室为一个点，以成员所在的学校拉出一条线，以此覆盖一个面，把工作室的成果辐射到全市各所学校，积极送教下乡，推进城乡教育的均衡发展。分别送教到阳山县韩愈中学、阳山中学，顺德文田中学、成美中学。

（3）网络辐射，搭建混合式教师培训模式。

工作室建立专门网站，在网站上介绍各种教育教学信息和研究动态，上传活动报道、项目研究的成果和经验总结，在网上开展学术沙龙、建立名师工作室博客、专业的聊天室等，使更多的教师在网上就能分享他们的成果和优秀的教育资源，放大培训的效益。如可以让名师录制自己的课堂或课堂的一个片段，供青年教师学习，青年教师将自己的课堂录像上传到网上，接受名师的指点，与名师共同探讨。这样不仅能够便于教师观察课堂事件，也便于教师从学生的角度考虑学习的过程。这样基于围绕自己教学课堂的“共同事件”的学习吸引了教师，辅导者与学习者便组成了一个实践共同体，进一步共享知识、资源和信念。

二、阶段性成果情况

重点检查课题研究所取得的阶段性成果（包括初步形成的主要研究观点、阶段性课题研究报告、已经公开发表的研究论文及课题研究过程中形成的案例）的数量、质量和效果等情况。

1. 初步形成的主要研究观点

（1）通过“名师工作室的网络研修”激发教师内在的变革动力、开放的心态和合作的精神，是新课程背景下促进教师主动发展、整体发展、持续发展的核心要素。

（2）名师工作室作为一种专业学习共同体，将成为促进教师专业发展的新模式和提升骨干教师课程领导力的新途径。

（3）名师工作室应充分发挥示范辐射作用，进行拓展名师工作室的辐射范围、拓宽辐射宽度的系统性研究。

2. 阶段性课题研究报告

一年来，在各级教育行政部门、专家的指导下，课题组成员和科组教师的共同努力下，开展了一系列的课题实验活动，研究工作进展顺利，给我校的教育教学工作注入了新鲜的活力，为我校进一步实施课改工作创造了有利条件。现将课题中期检查汇报如下：

（1）完善设备，提供保障。

学校主要从两个方面为工作室网络研修提供课题实验环境，一方面，我校有4间学生电脑室和2间专用多功能教室和多媒体教室，我们充分发挥现代多媒体教育技术的作用，充分利用网上的信息资源为课堂教学服务，改变了以前的传统教育技术和手段，改变了学生的学习方式，提高了教学效率，为构建有效课堂奠定了基础；另一方面，是在学校信息化软件资源上投入了大量的资金，开通菁优网、学科网、洋葱数学等账号，学校建立了对外网站和校园内网络学习平台、教师交流群、教研交流平台等，校内的办公、师生之间的交流与互动，都已经形成了气候，通过购买和下载以及教师自制课件、微课等方式获得的相关的教育教学资源累计达到3000多件，初步建成了具有一定规模和数量质量支撑的素材库，基本能满足全校48个班级进行教学和实验的需要。

(2) 开展研讨，构建模式。

教是根，研是本。一年来，我校以“信息技术与初中数学课堂教学深度融合案例研究与实践”所倡导的教学模式，所提供的教学理念，有序地开展各种课堂教学研讨活动。我们就如何创设教学情景、如何引导学生自主学习、如何将信息技术与课堂教学融合的有效性等做专题研究与探讨；利用联合教研、集体备课、教学观摩等形式，引导教师共同探索教学中的困惑，不同知识类型设计出不同的课型。一年来，课题组教师每周至少上2～3节多媒体课，写一篇运用网络资源组织教学的教案，以及课后反思。每学期根据课题内容，以“课堂教学有效”为落脚点，上传第九、十届“中国移动‘和教育’杯”全国教育技术论文12篇，上传广东省服务平台参与信息技术与学科系列评比：三个多媒体课件、三节微课、三篇教学设计。目前课题组共收到自制课件110个，教学设计100个，录像课10节，工作室获奖16人次。

(3) 以赛促练，共同提高。

为了促进课题研究的不断深化，把点辐射到面，让更多的教师参与到研究当中，让更广大的教师研有所得、研有所获，并服务于教学，促使学生在轻松愉悦的学习氛围中自主学习，充分挖掘潜能、张扬个性，实现课题所提倡的“融合”教育理念，一年来，我校先后举办了青年教师优质课评比（选派参加市、区优质课比赛）、现场案例设计点评等活动，以竞赛促研究，以竞赛促发展，促进了课题研究进一步向纵深发展。3名教师（钟小玲、李逸成、关玉萍）在市、区级优质课比赛中获奖。

(4) 加强总结，不断提升。

课题研究的开展给我校教学注入了新鲜活力，为我们全面实施核心素养创造了有利条件。一年多来的“信息技术与初中数学课堂教学深度融合案例研究与实践”专题研究，让我们觉得该课题所倡导的教育教学理念能有效落实学生学习的主体地位，新课标所提倡的理念、所设置的目标在教学实践中均能得到较充分体现，学生在民主、愉悦的氛围中自主学习求知，为学生的和谐、全面发展奠定良好的基础。同时，通过研究，激发教师课堂教学智慧，使教师掌握融合的内涵，享受专业成长的快乐。

（5）课题研究创新之处。

① 通过本课题的研究，将名师工作室建成目标定位明确、具有共同愿景、成员的发展意识强烈的共同体。

② 本课题研究目标之一是构建区域内教师网络研修体系，探索构造青年教师快速成长的机制，形成青年教师成长的训练策略，缩短青年教师的成长周期。

③ 不同学科的名师工作室共同参与课题，形成“跨越边界”（跨区域、跨学科）的研究团队，相对于以往的教育教学研究，具有一定的创新性。

④ 通过构建名师工作室成员发展共同体，增强名师的辐射能量；通过构建区域教师发展共同体，扩大名师的辐射范围；通过构建跨学科教师发展共同体，增强名师的辐射能量。以构建教师发展共同体为核心，多维度、立体化、系统化地发挥名师工作室的引领作用，这也应该是本课题的创新之处。

（6）课题研究技术路线。

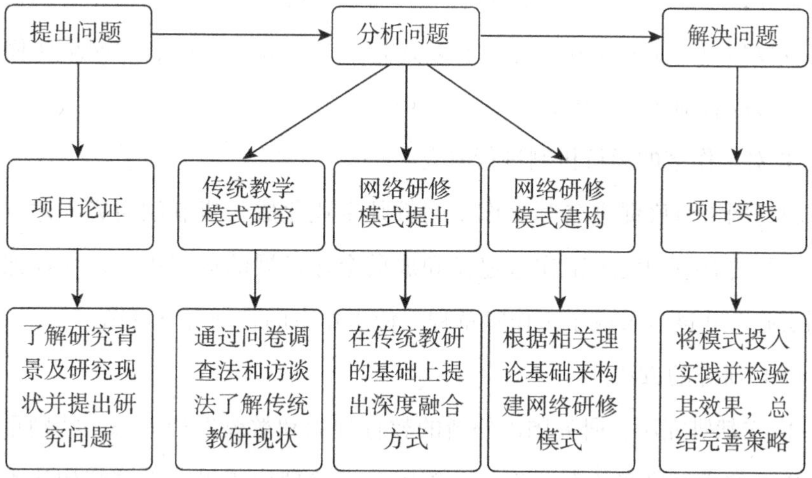

图5－2　课题研究技术路线

（7）课题研究内容。

① 利用名师工作室新平台，探讨如何有效提升名师工作室主持人及成员的专业素养。

名师工作室开展教研、科研、培训带帮活动，能有效促进区域教师的专业发展。做好名师工作室教研、科研、培训带帮活动，构建区域间网络研修一体化操作策略，搭建教研平台，建立网络研修机制，给教研注入新的活力，加大资源与经验共享，促进课改、提高课堂教学质量。名师工作室肩负着教研、科研、培训等特殊任务，同时更是一种学习型的教师组织共同体，工作室成员与受培训骨干教师互相学习、共同研修，有效促进了工作室主持人和成员的专业素养。

② 利用网络研修平台和教师信息互联互通，探讨如何打造高质量、高效率的名师工作室。

整合区域内的学科资源，构建网络平台、信息平台（微信公众号）、资源平台、交流平台（建群），为区域内教师提供理论自修和学科教育教学资源。工作室是由区域内名师组成的学习共同体，名师本身就是丰厚的学科教育教学资源，他们拥有丰富的信息资源，这些资源通过工作室网站无偿为区域内教师服务，一定会受广大教师的欢迎。探索名师工作室的建设，为加快促进本区域教师的专业成长开辟新的有效途径，打造高质量的名师网络研修交流平台，形成名师培养新模式。

③ 对工作室的运行机制进行研究。

通过网络研修促进名师工作室的教师专业化成长机制的研究，建立和完善一套行之有效的促进工作室建设和成员个体发展的运行机制，保证课题的顺利实施，并逐步形成了工作室章程，使工作室的管理有章可循。

（8）研究的方法。

① 文献研究法：研究国内外新的教育理论和教改发展动态，特别重视名师工作室的建设研究的有关理论；借鉴已有的理论成果，支撑和构建本课题的理论框架和方法论，转变教育思想。

② 行动研究法：行动研究法是指工作室成员基于解决实际问题的需要，与专家、学者及学校的成员共同合作，将实际问题作为研究的主题，进行系统的研究，以解决实际问题的一种研究方法。

a. “主题研讨式”的联动。

b. “精品展示式”的联动。

c. “循环跟进式”的联动。

d. “网络研修”的方式寻求策略。

③ 个案研究法：本研究主要关注教师的教育行为的改善和发展。通过案例研究，帮助每一位教师制订专业发展计划，进行个案研究，促进教师不断反思，使课程改革与教师的专业发展结合起来。

④ 经验总结法：根据研究计划，对比传统的教学与深度融合的优劣，融合两者的优势，总结经验，将研究课题进行完善。区域教研后进行调查研究，了解并掌握教师的体验和评价，最终形成项目的研究成果。

（9）工作分工。

表 5－1

姓名	研究专长	分工情况
黄金雄	数学教育　信息技术	开题报告、结题报告、论文、教学案例
刘　恋	数学教育　信息技术	论文、案例、研修方案
李逸城	数学教育　信息技术	论文、中期报告、案例
钟小玲	数学教育　信息技术	论文、调查报告、案例
王　彬	数学教育　信息技术	调查报告、研修案例
陈育芳	数学教育　信息技术	论文、案例
赖静纯	数学教育　信息技术	论文、案例、网络教研实录
何素素	数学教育　信息技术	论文、案例、网络教研实录、微课
邓婉怡	数学教育　信息技术	论文、案例、空间平台、微课
关玉萍	数学教育　信息技术	论文、案例、微课
陈武锐	数学教育　信息技术	论文、案例、空间平台建设及维护

3. 阶段性主要研究成果

一分耕耘，一分收获。通过一年多的努力，课题组成员的理论研究水平和教学能力大为提高，撰写了130余篇有一定价值的教学论文及案例，其中有61篇在省、市级论文评选中分别获一、二、三等奖。一年来，我校先后成功举办了5场市、区级教研活动。数学科组被评为佛山市示范科组，课题组主持人黄金雄科长被评为广东省中小学“百千万人才培养工程”名师培养对象、顺德区名师工作室首席主持人、顺德区首席教师，钟小玲老师被评为佛山市优秀青年教师、顺德我最喜爱教师，王彬老师被评为顺德优秀教师、教学案例《认识三角形》获广东省二等奖、公开课《大数据下个人信息安全》获佛山市一等奖，刘恋老师的《促进“线上教学”在初中数学课堂的应用研究》获佛山一等奖。具体如下：

（1）研究论文、案例发表情况：

① 钟小玲老师的论文《信息技术下的初中数学可视化教学》华南师范大学《中学数学研究》2021年5月发表。

② 黄金雄老师的论文《基于深度学习的变式教学研究》在《中学教学参考》2021年4月发表。

③ 李逸城老师的论文《运用信息技术，突破九年级数学教学中的重难点》于2021年5月发表。

④ 黄金雄、林日文老师的论文《核心素养视角下提高初中生数学课堂参与度的思考》华南师范大学《中学数学研究》2021年3月发表。

（2）研究论文、案例获奖情况：

① 何素素《基于信息技术的初中数学课堂教学策略》获广东省一等奖。

② 钟小玲《信息技术下的中学数学可视化教学——以GeoGebra、几何画板辅助教学为例》获广东省一等奖。

③ 黄金雄《基于“互联网+”的初中数学综合实践活动课教学策略》获广东省三等奖。

④ 赖静纯《基于 STEM 理念的初中数学教学研究初探》获广东省三等奖。

⑤ 关玉萍《几何画板在初中数学动点问题的应用》获广东省三等奖。

⑥ 郑春明《教育信息化提升中学教师信息素养的研究》获佛山市三等奖。

（3）教学设计、优质课获奖情况：

① 黄金雄、钟小玲在广东省教学成果评比中《认识三角形》获广东省二等奖。

② 邓婉怡《“问题驱动”教学法结合信息技术教学的实践与思考——以〈探究二次函数图像的性质〉教学为例》获佛山市二等奖。

③ 公开课《大数据下个人信息安全》获佛山市一等奖。

三、课题研究存在的主要问题、困难

一是如何进一步转变教师的教育观念，实现教育思想、教学内容、教学方式全方位的现代化，突破传统模式，强化学生的主体意识，激发其自主探索、实践创新的精神，使教师的主导作用和学生的主体作用达到完美统一，经过组合、重构，相互整合，在整体优化的基础上产生聚集效应，从而促进传统教学方式的根本变革。

二是如何进一步引导教师提高自身的业务素养，研究在推广现代信息技术下的教学模式，提高学习效率，掌握运用现代技术手段的方法和措施，提高开发适合于课堂教学的课件的能力，进一步提高课堂教学效率。

三是如何建立更合理、更科学的课堂教学评价方案，使之能更好地体现新课程理念下的课堂教学特征，促进“融合”课堂教学的实施，有利于促使教师专业化成长和学生个性化发展，为进一步构建和完善信息技术与课堂教学整合的课堂模式，为增效减负建立高效课堂保驾护航。

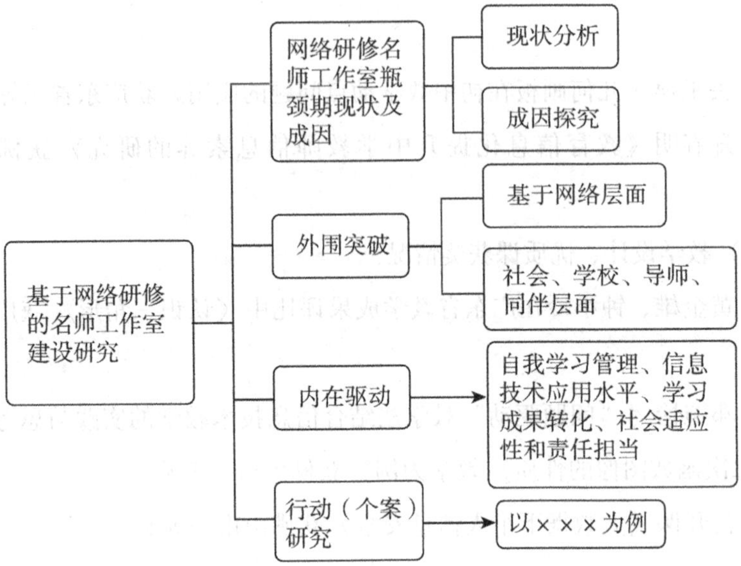

图 5－3

参考文献

［1］董伟，高茜．网络研修促进教师的专业成长［J］．江西教育，2021（12）：10.

［2］林韵思．“网络＋校本”研修促进教师专业发展的模式探究与构建［J］．教育信息技术，2021（4）：10－14.

［3］徐敬建．教师网络研修与校本研修整合培训的规划与设计［J］．现代中小学教育，2021，37（3）：63－68.

［4］徐铄，徐敬建，赵敏华．移动互联网时代教师网络研修的实践与探索［J］．教育观察，2021，10（11）：19－21.

［5］孙睿．以教师专业共同体建设为导向的网络校本研修策略探究［J］．辽宁教育，2021（6）：43－46.

［6］王友兵．“两平台、三学习”提高县域信息名师工作室网络研修实效［J］．安徽教育科研，2020（24）：73－74.

［7］庄静文．网络研修的集体备课模式构建及策略探究［J］．中小学信

息技术教育，2020（10）：59－60.
［8］岑健林，胡铁生．微课：数字化教学资源新形式［J］．教育信息技术，2013（4）．
［9］中华人民共和国教育部．义务教育数学课程标准（2011年版）［S］．北京：北京师范大学出版社，2012.

注：本课题是佛山市教学科学“十三五”规划2020年度教育信息化应用融合创新课题，2021年6月通过佛山市教育局中期检查。

课题立项号：fset202034。

课题主持人：黄金雄。

《信息技术与初中数学课堂教学深度融合案例研究与实践》结题报告

信息技术软硬件的飞速发展为数学实验教学提供了优良的平台，先进的信息技术为学生进一步理解抽象的数学理论知识提供了直观、形象的解释。教师不仅可以利用信息技术的强大功能设计出形象生动、多姿多彩、比较接近实际的教学情境，使抽象的数学问题以直观的图形、动画等形式表现出来，学生通过对直观的图形及其相应的变化透彻地观察，来理解抽象的数学性质，进行自主探索或合作学习，而且还可以把有关的信息以超文本的形式提供给学生，为学生进一步实验、探索性学习提供条件。

在教师角色的转变，教师成为学习资源的组织者，学生学习的组织者、指导者、帮助者和促进者。因此，对教师的教学能力提出了更高要求，教师除了具备专业知识和能力以外，还必须具备组织能力、协调能力、反思能力和终身学习的能力，同时信息社会的教师还必须具备信息技术应用能力。如何更好地利用信息技术帮助我们实现新课程的目标？这是每一位教师都无法回避的问题。本课题在信息技术与初中数学课堂教学深度融合方面进行探索，试图寻找信息技术支持下实施初中数学新课程的有效途径，希望对广大教师有所启示，促进学科教学的成功，促进学生的数学学习能力和实践运用能力的提高，最终有利于学生的终身发展。

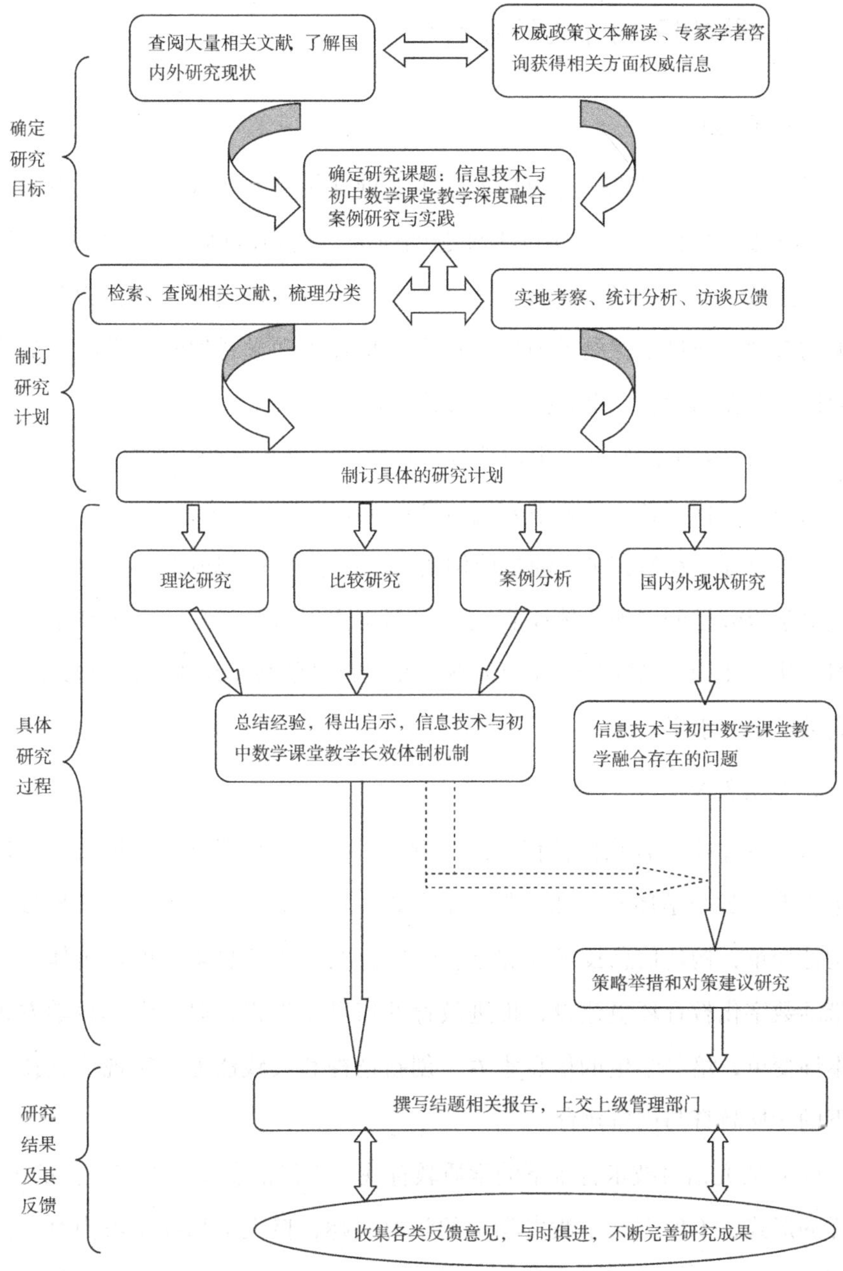
查阅大量相关文献 了解国内外研究现状
权威政策文本解读、专家学者咨询获得相关方面权威信息
确定研究目标
确定研究课题：信息技术与初中数学课堂教学深度融合案例研究与实践
检索、查阅相关文献，梳理分类
实地考察、统计分析、访谈反馈
制订研究计划
制订具体的研究计划
理论研究
比较研究
案例分析
国内外现状研究
具体研究过程
总结经验，得出启示，信息技术与初中数学课堂教学长效体制机制
信息技术与初中数学课堂教学融合存在的问题
策略举措和对策建议研究
撰写结题相关报告，上交上级管理部门
研究结果及其反馈
收集各类反馈意见，与时俱进，不断完善研究成果

图5－4　内容结构图

一、课题研究目标及研究意义

1. 研究目标

通过此课题的研究，努力培养学生的创新精神和实践能力，激发学生的潜能，优化学生的素质。通过本课题的研究，增强教师融合的意识和能力，优化课堂教学的主要环节，提高教育教学能力，发展自我，成长为新一代科研型的教师。通过本课题的研究，探究信息技术和学科课堂教学融合的成功经验以及存在的问题，有效提高学科教学质量。

基本目标：通过研究，形成体现信息技术与初中数学课堂教学整合思想、教学策略多样化、教学模式系列化的课堂教学实例及理论成果。

衍生目标：在研究中，通过课例实践，让学生在“做中学”，激发和增强学生对学习数学的兴趣，体验自主学习与探究思考的过程，发现和掌握数学学习方法，建构自己的数学知识体系，发展自己的数学思维，感悟数学之美，提高数学学习水平。

2. 研究意义

（1）探索出符合我校教育信息化发展目标的新型课堂教学模式，在运用技术改善“教与学环境”和“教与学方式”的基础上，进一步去实现教育的结构性变革，构建信息技术与课堂教学融合及学生信息素养的评价体系。同时带动数字化教育环境建设，推进教育的信息化进程，促进中学教学方式的根本性变革，培养学生的信息素养、创新精神和实践能力，实现信息技术环境下的素质教育与创新教育。

（2）研究信息技术背景下的素质教育观。现代信息技术以其丰富的内容，多样的形式，不但有利于激发学生的学习兴趣，极大地拓展学习内容，而且有利于培养学生对信息的获取、分析、处理、应用能力，使学生真正学会学习。

3. 研究假设

利用信息技术与初中数学课堂教学深度融合，优化教学过程，提高学生获取信息、运用信息的能力，促使学生学习能力的提高，具体内容包括：

（1）研究在信息技术环境下如何实现教学内容的显现方式、学生的学习方式、教师的教学方式和师生互动方式的变化。

（2）研究在信息技术环境下课堂教学中如何实施因材施教，使分层教学的思想真正得以落实。

（3）研究在信息技术环境下如何更好地发展学生的自主性、合作性、创造性。

（4）研究在信息技术下的网络与初中数学课堂教学深度融合的基本操作。

（5）研究在信息技术下的网络初中数学课堂教学深度融合之际，如何保持原来学科的特点。

（6）研究在信息技术环境下，如何灵活运用各种教育规律、方法、手段。

本课题准备从课堂教学的以下几个方面发挥信息技术的优势：

（1）运用信息技术创设情境，激发学生学习的兴趣；

（2）运用信息技术化静为动，突破教学重难点；

（3）运用信息技术巧设练习，巩固新知。

通过以上教学过程的优化，寻求教师和学生消耗最少的时间和精力达成目标的有效途径，以达到课堂教学“高速度、大面积”的要求，提高教学质量，真正实现信息技术与数学学科教学的有效融合。

4. 核心概念

信息技术：指人们获取、分析、加工、利用信息的知识和能力。它是通信技术、计算机技术、多媒体技术和网络技术等的总称。

信息技术与课堂教学的深度融合，就是通过将信息技术、信息资源、信息方法深度地融合于各学科教师的教学和学生学习活动各环节，共同完成课程教学任务的一种新型的教学方式。教师能利用信息技术应用优质教育资源开展教学活动、改进教学方法、改变知识的呈现、实施教学评价、开展个性化学习。学生利用信息技术发现、分析和解决问题的能力普遍提高，把学生的主动性、积极性、创造性较充分地发挥出来，使传统的以教师为中心的课堂教学结构发生根本性变革，从而使学生的创新精神与实践能力的培养真正落到实处。

二、研究背景和文献综述

1. 理论基础

信息技术与其他课程教学的融合，正在成为当下信息技术教育乃至整个教育信息化进程中的一个热点问题。在奥苏贝尔的“学与教”理论和布鲁纳的建构主义的“学与教”理论等指导下，信息技术与学科整合的研究日益普及，理论研究日益深入细化，何克抗教授《信息技术与课程整合》等专著已经对信息技术与学科教学的问题进行了全面的阐述；从实践层面，各种基于信息技术环境下的课堂教学模式不断涌现，如基于微课的教学模式、“自主—探究”教学模式、翻转课堂、“在线学习”教学模式，而且推出了大量精彩的教学实例。早在2010年11月，佛山市教育局就启动了首届中小学新课程优秀微课征集评审活动，佛山是我国开展微课大赛最早的一个城市，如今已经举办了六届微课大赛，佛山市教育局全国首创“微课”；利用微课实现信息技术与教学的深度融合，以短小的教学视频为主要载体，针对某个学科知识点（如重点、难点、疑点、考点等）或教学环节（如学习活动、主题、实验、任务等）而设计开发的一种情景化、支持多种学习方式的新型网络课程资源。为贯彻落实党的十八届三中全会提出的“构建利用信息化手段扩大优质教育资源覆盖面的有效机制”，教育部从2014年开始，每年开展“一师一优课、一课一名师”活动。因此，本项目将针对信息技术与初中数学课堂教学深度融合案例研究与实践作为主要研究点，为初中数学课堂学习方式提供借鉴参考。

教育部在全国中小学现代信息技术教育工作会议上指出：“要努力推进现代信息技术与其他学科教学的整合，鼓励在其他学科的教学中广泛应用现代信息技术手段，并把现代信息技术教育融合在其他学科的学习中。”

建构主义认为，知识既不是客观的，也不是主观的，而是个体在与环境相互作用的过程中逐渐建构的结果。现代信息技术与学科的整合的最终目的，是要通过优化学习环境和教学过程来提高教师的教学质量和学生的学习效率。现代信息技术为中学教学提供了丰富多彩的资源，可促使学生多种感官参与并发挥作用。有利于学生主动地建构对信息的理解，以已有认知结构为基础，对信息进行主动选择、推理、判断，从而建构新知识。可见现代信息技术所具有的多种特性特别适合于实现建构主义学习环境。因此，以建构主义学习理论作为本课题研究的理论基础是最适宜的。

现代教育技术的理论：当代信息技术的发展使人们的学习方式发生了根本的变革，使静止、封闭、模式化的东西变为“虚拟现实”“开放的”“参与式”、“有个性和创造性”的，让学生有了“思维实验室”与“理想空间”。

现代心理学：认知领域与情感领域的学习活动中，情感兴趣以及兴趣的动机虽然不是直接承担认知任务，却是动力因素。学生学习积极性的心理因素，是提高教学效率不可或缺的。而利用现代信息技术下的网络与学科课程整合的探究，使师生课堂互动，无疑将更好地发挥学生的主体作用，调动学习的积极性，走向自主创新的学习之源，实现真正意义上的运用现代信息技术培养学生的创新能力，学习、实践能力。

2. 主要研究成果

通过一年多的努力，课题组成员的理论研究水平和教学能力大为提高，促进了专业化成长，撰写了50余篇有一定价值的教学论文及案例，其中有26篇在省、市级论文评选中分别获一、二、三等奖。一年来，我校先后成功举办了5场市、区级教研活动。数学科组被评为顺德区优秀科组，课题组主持人黄金雄科长被评为顺德区名师工作室首席主持人，黄莹老师被评为佛山市优秀教师、顺德我最喜爱教师，王彬老师被评为顺德优秀教师，何家富副主任被评为顺德区优秀教师，钟小玲老师说课《认识三角形》获佛山一等奖，优质课《探索三角形相似的条件》获顺德区一等奖，温嘉俊老师解题讲题获佛山一等奖。具体如下：

（1）研究论文、案例发表情况。

① 钟小玲老师的论文《初中数学信息化教学在课堂的上运用研究》在华南师范大学《中学数学研究》2019 年 1 月发表。

② 黄金雄老师的论文《信息技术与初中数学课堂深度融合》在《中学教学参考》2019 年 7 月发表。

③ 黄莹老师的论文《基于“深度学习”的初中数学单元复习课教学策略》于 2019 年 2 月发表。

（2）研究论文、案例获奖情况。

① 邓婉怡《有效运用信息技术，提升毕业班学生的解题兴趣——以〈小路问题〉教学为例》获广东省三等奖。

② 赖静纯《基于信息技术的新型教学模式研究——如何让信息技术与初中数学教学有机融合》获广东省三等奖。

③ 黄金雄《基于数学核心素养初中综合实践活动课教学策略》获佛山市一等奖。

④ 李逸城《信息技术与初中数学教学的有效融合——以七年级几何教学为例》获广东省三等奖。

⑤ 钟小玲《小组合作模式下“认识一元一次方程”教学的两种设计》获广东省一等奖。

⑥ 刘福斌《谈谈例题学习前的准备》获顺德区一等奖。

⑦ 钟小玲《透析本质，巧妙建模》获顺德区一等奖。

（3）教学设计、优质课获奖情况。

① 钟小玲老师在佛山市初中青年数学教师说课评比中《认识三角形》获佛山市一等奖。

② 黄莹老师在广东省中学青年教师数学问题讲授核心片段《完全平方公式》展示获广东省特等奖。

③ 钟小玲老师优质课《探索三角形相似的条件》获顺德区一等奖。

④ 黄金雄老师《初中概率学法指导》在2020年佛山市中小学线上教育课程资源建设中被评为优秀课例。

⑤ 刘恋老师《初二（下）几何学法指导》课例，在2020年佛山市中小学线上教育课程资源建设中被评为优秀课例。

⑥ 刘恋老师《一元一次不等式（组）复习4（拓展提升)》课例，在2020年顺德区中小学线上教育课程资源建设中被评为优秀课例。

⑦ 刘恋老师《一元一次不等式（组）复习（知识梳理)》课例，在2020年顺德区中小学线上教育课程资源建设中被评为优秀课例。

⑧ 刘恋老师《一元一次不等式（组）复习（例题讲练)》课例，在2020年顺德区中小学线上教育课程资源建设中被评为优秀课例。

⑨ 刘恋老师《一元一次不等式应用复习》课例，在2020年顺德区中小学线上教育课程资源建设中被评为优秀课例。

⑩ 黄金雄、李逸城、钟小玲老师在2020年佛山市中小学项目式学习案例比赛中提交的作品《测量学校旗杆、建筑物的高度》被评为三等奖。

三、研究程序

1. 研究设计

（1）课题组通过调查研究、查阅资料，初步掌握现代教育技术的研究发展动态，充分认识转变教育观念、运用现代教育技术、丰富教育手段的重要性，把运用现代教育技术作为提高教育教学质量的增长点和切入点，组织课题参与人员系统学习有关运用信息技术理论知识，对全体课题组人员进行运用信息技术培训。

（2）通过运用信息技术参与学科教学，激发学生的学习兴趣，创设学生主动参与的氛围，增强课堂教学的感染力，促使学生积极参与课堂的教与学，探索有效的信息技术运用于课堂教学的模式，深化课堂教学的改革，促进教与学的优化，从而达到提高课堂效率，全面提高学生素质的目的。

2. 研究对象

（1）融合环境下学生和教师能力的研究。

学生能力：使用多媒体计算机、移动终端、网络以及其他技术设备，并初步评价在学习和日常生活中使用技术的优缺点的能力；使用通信技术和在线资源参与合作解决问题的活动，开展自主学习、协作学习与探究学习，向同学和教师展示与交流课程学习成果的能力；使用日程和任务管理软件进行自我学习管理，如制订学习计划、安排日程等的能力；通过多渠道获取学习资源，并能初步评价资源的准确性、适用性的能力；指导每位学生建立一个虚拟的、彼此连通的个人学习空间来进行学习管理、网络交流、在线测试等。

教师能力：熟练使用计算机、移动终端和网络进行电子备课和教学研讨的能力；熟练使用搜索引擎、资源网站、资源库系统等，检索、下载和合理使用各种数字化教学资源的能力；自主制作或改造课件、微课的能力；熟练使用网络教学平台辅助课堂教学的能力；灵活使用信息技术工具与学生及家长进行交流的能力；每位教师建立一个虚拟的、彼此连通的个人学习空间，教师能进行教学资源管理、学习活动设计、教学任务安排等各种网络教学活动……

（2）融合环境下的教学内容及课堂教学各个环节呈现的基本特点。

（3）融合环境下优化课堂教学环节、提高课堂效率的主要方法。

（4）融合环境下课堂效率评价的主要方法。

3. 研究方法

（1）文献研究法：对国内外有关信息技术与课程整合的理论研究、实践经验进行总结、分析和提炼，以形成信息技术环境下整合教学的理论和方法。

（2）调查法：调查目前我校教师在学科教学与信息技术整合方面的现状；

调查研究过程中教师运用信息技术的水平与教学效果，搜集资料，了解情况。

（3）案例研究法：选取不同类型的研究对象进行信息技术学科教学整合的课堂实例个案研究。

（4）经验总结法：根据研究计划，各年级对阶段或全过程进行分析概括，总结工作，促进感性认识到理性认识的转化，最终形成课题的研究成果。

4. 技术路线

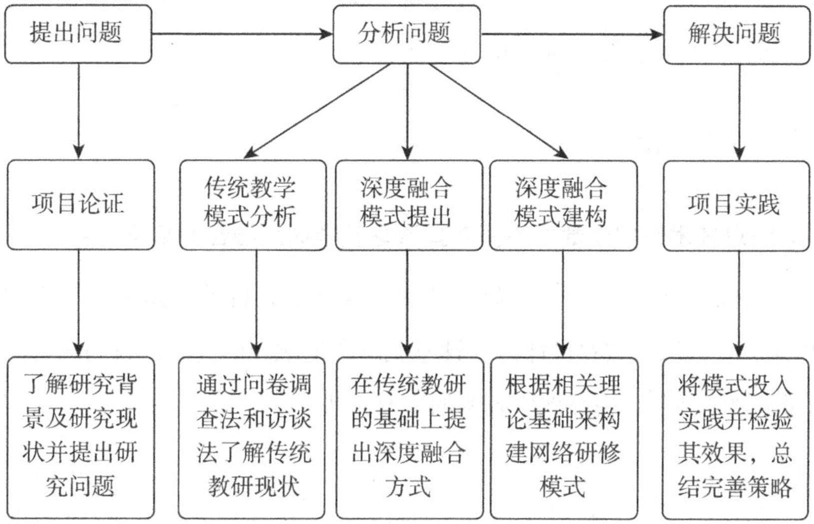

图 5－5

四、研究发现或结论

1. 信息技术初中数学课堂教学深度融合为构建创新教学模式提供支撑

教学模式是在一定教学思想或教学理论指导下建立起来的较为稳定的教学活动结构框架和活动程序。现代信息技术的介入，为教学模式的建构创造更好的条件。现代信息技术在教育教学中的应用，使教材多媒化、教学个性化、学习自主化、活动合作化、环境虚拟化……基于现代信息技术的教和学是建立在数字化、交互性和多媒体的基础上，这将更利于发挥师生的主体作用，有利于构建有效课堂，推动师生的共同发展。

2. 信息技术初中数学课堂教学深度融合为课堂创新提供了新的教学环境

信息技术已从教学手段扩展为新的教学环境，任何形式的教学活动，最有价值的方面应该包括提供学生交互与合作的机会，使之建立起合作学习体系。教育信息技术的发展，使我们的教学方式将由以教为中心逐渐转变为以学为中心。有效的学习应该使学生掌握新的知识与技能以及评判性的思维，协调发展智能与个体。各种教育技术能够完全支持学生之间的联系，促进交互与合作，支持情景化的虚拟世界活动。

五、分析和讨论

1. 信息技术与初中数学不同课型课堂教学深度融合的案例研究

我们开展多种形式的教学研讨活动，探索信息技术与初中数学不同课型（新授课、复习课、试卷讲评课）课堂教学深度融合的方法，找到融合环境下优化课堂教学环节、提高课堂效率的主要方法。

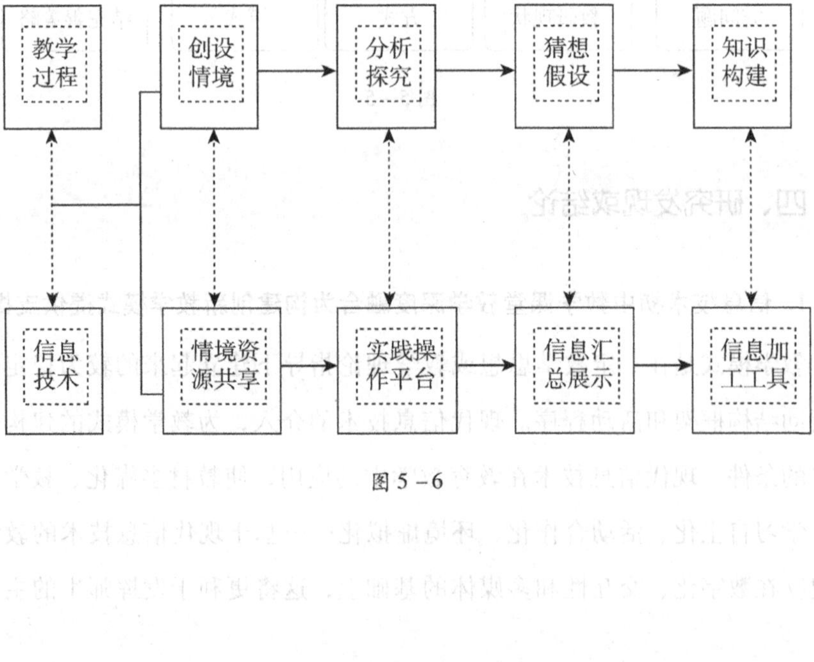

图 5－6

2. 融合环境下课堂效率评价方法的研究

拟通过创建“实践和交流平台”“反思和分享平台”，探索融合环境下课堂效率评价的有效方法。

3. 融合环境下学生和教师能力发展的研究

拟从教学方式、学习方式、学习习惯、教学质量等方面进行总结，分析师生的能力发展情况。

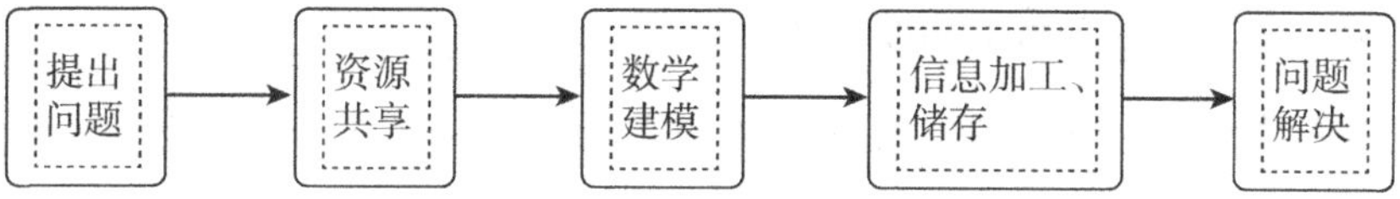

图 5－7

4. 影响信息技术与初中数学实验教学融合的因素

（1）教师的信息技术使用水平。包括对信息技术的理解，熟练技术的使用，对信息技术发展的敏感性，自觉更新信息技术的知识和技能等。

（2）“融合”的教学设计能力。要求教师具有较高的数学理论修养，能够根据教学实际选择恰当的信息技术，设计出有效的数学认知情境，发挥信息技术的力量。

（3）“融合”的教学实施能力。要求教师能够有效地实施教学设计方案，运用信息技术构建学习环境，引导学生的数学思维，理解数学的本质，并能根据教学的发展及时调整教学方案。

（4）“融合”的教学评价能力，即在信息技术的环境中对学生的数学实验活动进行及时、有效的评价和反馈。

六、建议

针对已有研究的缺陷，提出需要重视或改进的事项；根据研究结论获得的启示。

（1）如何进一步转变教师的教育观念，实现教育思想、教学内容、教学方式全方位的现代化，突破传统模式，强化学生的主体意识，激发其自主探索、实践创新的精神，使教师的主导作用和学生的主体作用达到完美的统一，经过组合、重构，相互整合，在整体优化的基础上产生聚集效应，从而促进传统教学方式的根本变革。

（2）如何进一步引导教师提高自身的业务素养，研究在推广现代信息技术下的教学模式，提高有效地学习，掌握运用现代技术手段的方法和措施，提高开发适合于课堂教学的课件的能力，进一步提高课堂教学效率。

（3）如何建立更合理、更科学的课堂教学评价方案，使之能更好地体现新课程理念下的课堂教学特征，促进“融合”课堂教学的实施，有利于促使教师专业化成长和学生个性发展，为进一步构建和完善信息技术与课堂教学整合的课堂模式，为增效减负建立高效课堂保驾护航。

参考文献

[1] 邢克辉．信息技术与初中数学课堂的有效融合［J］．现代教育科学：中学教师，2014（3）．

[2] 岑健林．“互联网＋”时代微课的定义、特征与应用适应性研究［J］．中国电化教育，2016（12）．

[3] 胡铁生，詹春青．中小学优质“微课”资源开发的区域实践与启示［J］．中国教育信息化，2012（22）．

[4] 岑健林，胡铁生．微课：数字化教学资源新形式［J］．教育信息技术，2013（4）．

[5] 杨进喜．初中数学教学与信息技术有效结合的策略［J］．甘肃教育，2018（22）．

[6] 陈琦．关于信息技术与中学数学课程整合中新型教学模式的探讨与实践［J］．数学学习与研究，2016（1）．

[7] 王溯．信息技术与初中数学课程整合的现状调查与对策研究［M］．

武汉：华中师范大学出版社，2015.

［8］李华政．信息技术如何与初中数学课堂有效融合［J］．华夏教师，2018（25）．

［9］潘敬贞，杨晓宏．信息技术与初中数学教学整合的现状调查［J］．中小学信息技术教育，2009（1）．

［10］中华人民共和国教育部．义务教育数学课程标准（2011 年版）［S］．北京：北京师范大学出版社，2012.

注：本课题是佛山市“十三五”规划课题。

课题立项号：fset2018077。

课题主持人：黄金雄，科研成果获佛山市二等奖。